KB150318

정치외교학총서

외교론
Diplomacy
by
Sir Harold Nicolson

정치외교학총서

외교론

H. 니콜슨 경 지음

신복룡 역주

평민사

Diplomacy

by

Sir Harold Nicolson

Oxford University Press, London

1969

차 례
Diplomacy

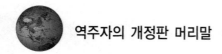

역주자의 개정판 머리말

초판을 낸 지 20년 만에 수정판을 낸다는 것은 흉인지 자랑인지 가늠하기가 어렵다. 한편으로는 초판의 번역에 그만큼 자신이 있었다는 뜻도 되겠지만 달리 생각하면 그만큼 게을렀다는 뜻도 되기 때문이다. 그러나 아무리 훌륭한 번역이라 할지라도 초역은 운명적으로 오역을 내포할 수밖에 없다는 점에서 본다면 초판을 낸 지 20년 만에 수정판을 낸다는 것은 자랑이 아니지만, 인쇄술도 엄청나게 바뀌게 된 지금에 와서 그나마 이렇게 다른 모습의 수정판을 내게 된 것이 기쁘다.

나는 수정판을 내면서 한 젊은이의 모습을 회상하고 있다. 정확히 1991년 1월 말일에 나는 어느 낯선 청년으로부터 한 통의 편지를 받았다. 당시 서울대학교 외교학과 1학년이라고 자신을 소개한 그 청년의 이름은 배철호였다. 그는 나의 이 번역서를 읽고 불충분하거나 오역된 문장, 그리고 오탈자를 바로 잡은 장문의 글을 내게 보낸 것이다. 나는 그 편지를 받고 망연자실했던 기억이 지금도 생생하다. 그가 대학 1학년 학생이라는 사실이 나를 무안하고도 고맙게 만들었다. 그의 지적은 정확했다. 나는 그로 인해 개정판을 써야겠다는 생각을 늘 마음에 담고 있었고 지금쯤은 어느 외국 공관에서 야망찬 외교관으로 활약하고 있을 모습을 상상하곤 했다. 이제 다시 수소문하여 그를 찾았더니 그는 영화를 전공하는 대학원생이 되어 있어 나를 두 번 놀라게 했다.

다시 서문을 쓰려 하니 초판을 낼 당시 나를 도와주었고, 그래서 서문에 거명한 여러 학생들에 대한 군(君)의 칭호가 마음에 걸린다. 외무부의 서현섭(徐賢燮) 학제는 일본통으로 문명(文名)을 날리더니 이미 대사(大使)가 되었고, 한인희(韓仁熙) 군은 박사 학위를 받고 어엿한 교수(大眞大學校)가 되었으며, 김수동(金洙東) 군은 교사가 되었다. 이철수(李哲洙) 군과 김수련(金

洙鍊) 군은 소식이 없다. 정현주(鄭賢珠) 양은 엄마가 되어 이제 우아한 중년의 아낙이 되었다. 원고를 손으로 작업하던 그 시절과 그 얼굴들이 그립다.

한 편의 책이 나오기까지에는 많은 분들의 도움을 받는다. 이 책은 그 유려하고도 탁월한 문장에도 불구하고 난해한 곳도 많이 있다. 끝까지 의미가 잘 통하지 않았던 부분에 대하여 좋은 지적을 해 주신 건국대학교 영문학과의 조용남(趙用南) 교수님과 프랑스 관계의 주석을 도와준 건국대학교 불문학과의 송기형(宋基炯) 교수님에게 감사를 드리며, 출판계의 어려움에도 불구하고 좋은 책을 만들기 위해 애쓰시는 평민사의 가족들, 특히 편집부의 서상미, 정민영 선생에게 깊은 감사를 드린다.

1998년 3·1절에
신복룡 씀

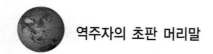

역주자의 초판 머리말

　인간은 사회적 동물이라던 아리스토텔레스(Aristoteles)의 경구를 굳이 빌리지 않는다고 할지라도 인간의 의미는 결국 '만남'에 있다. 이것은 단순히 개인의 만남만이 아니라 집단의 만남, 그리고 더 나아가서는 국가의 만남에서도 마찬가지이다. 다만 그 만남을 '조화'로 볼 것인가, 아니면 '투쟁'으로 볼 것인가에 따라서 동·서간의 이데올로기는 크게 양분되고 있다.

　이 '만남'이 국가 간에 이루어질 때 우리는 그것을 '외교'라고 부른다. 투쟁을 위한 것이든, 아니면 화해를 위한 것이든 간에 인간은 태초부터 만났었다라는 점을 생각할 때 외교는 원시 사회에서부터 존재했었다고 볼 수 있다. 그러니 외교는 인간이 군집(群集)하면서부터 그 역사를 시작한 것이다.

　이 책은 국가의 만남이라고 할 수 있는 외교의 문제가 원시 사회로부터 오늘에 이르기까지 어떻게 생성·변모했는가를 머리에서 다루고, 동시에 어떠한 외교가 이 시대에 가장 바람직한 것인가를 다루었으며, 끝으로 외교의 실무적인 면과 외교 용어를 수록하고 있다. 이런 점에서 본다면 이 책은 외교의 이론서이며 또한 실무서라고 할 수 있다.

　니콜슨 경(Sir Harold George Nicolson,　KCVO, CMG, November 21, 1886~May 1, 1968)은 외교관이었던 아더 니콜슨(Arthur Nicolson) 남작의 근무지인 테헤란에서 태어났다. 그는 아버지를 따라 어린 시절에 테헤란·헝가리·불가리아·모로코 등을 돌아다니는 동안 외교란 무엇인가를 체험할 수 있었고 국제적인 성품을 갖추게 되었다. 그는 웰링턴 칼리지(Wellington College)와 배리올 칼리지(Balliol College, Oxford)에서 공부했다.

　1909년에 외무성으로 들어간 니콜슨은 1911년에 마드리드 주재 영국대사관의 대사관원(Attaché)으로 출발하여 콘스탄티노플 3등 서기관 (1912~1914)을 지냈으며, 제1차 세계 대전 당시에는 본부에서 근무하면서 2등 서기관으로 승진했다. 파리강화회의(1919)에서는 말석에서 역사의 현장을 목격했다. 그는 이 당시의 공로로 성미카엘 · 조지 훈장(Companion of the Order of St. Michael and St. George, 1920)을 받았다. 1920년에는 초대 국제연맹 사무총장인 드럼몬드 경(Sir Eric Drummond)의 개인 비서로 임명되었으나 곧 사임했다.

1925년에 니콜슨은 참사관이 되어 테헤란 주재 대리 공사가 되었으나, 본부에 보내는 외교 문건에서 외무대신 로레인 경(Sir Percy Loraine)을 비난했다는 이유로 본부로 소환되어 1등 서기관으로 강등되었다. 그 후 1928년에 베를린 주재 대리 공사로 부임하여 참사관으로 승진하였지만 1929년에 외교가에서 물러났다. 그의 명성에 비해볼 때 그가 맡았던 직책들은 그리 높았다고 볼 수는 없다.

1930~31년 동안 언론계(*London Evening Standard, Daily Express, People and Things*)에 종사하면서의 기고(寄稿) 활동은 흥미를 느끼지 못했다. 1931년에 그는 모슬리 경(Sir Oswald Mosley)이 창당한 신당에 가담하여 의회 진출을 도모했으나 실패하고 모슬리 경이 파시스트 동맹(British Union of Fascists)을 창당하자 그와 헤어졌다. 니콜슨은 1935년에 노동당(National Labour Party) 후보로 라이체스터 웨스트(Leicester West)에서 출마하여 의회에 진출했다. 1930년대 후반에는 대체로 처칠(W. Churchill)과 노선을 함께 하며 그를 도왔다. 제2차 세계 대전 중의 처칠 전시 내각에서는 정보성(Ministry of Information)의 의회 담당 국장을 지내며 지난날 외교관으로서의 경력을 십분 발휘했다. 그는 1945년의 총선에서 실패한 후, 1948년 선거에서는 재기

했으나 곧 의석을 잃었다.

니콜슨 자신의 기록에 의하면 "나는 둥근 얼굴에 넓적 코의 호감 가는 인상이다. 나는 테니스를 지지리도 못 쳤고, 나이에 걸맞지 않게 젊은이의 옷을 입었다. 그림을 좋아하는가 하면 음악을 싫어했고, 특히 미국인에 대하여 관심이 많았다."라고 했다.

니콜슨은 1913년에 소설가인 비타(Vita Sacksville-West)와 결혼했다. 아내는 남편의 문재(文才)를 알아보고 그에게 글쓰기를 권했고, 니콜슨은 이때부터 전기 문학에 심취하여 많은 전기를 남겼는데, 그 중에서도 조지 5세(George V)를 쓴 공로로 1953년에 작위(Knight Commander of the Royal Victorian Order)를 받았다. 니콜슨은 전체적인 일생으로 미루어 볼 때 외교관이라기보다는 전기문학가라고 표현하는 것이 옳다. 그는 매우 부지런한 작가였다. 열심히 읽고, 자신이 쓰고자 하는 주인공의 연고지를 일일이 탐방한 다음에야 붓을 들었다. 그들 부부는 각기 동성애 문제로 아픔을 겪었으나 지혜롭게 극복했다. 슬하에 두 아들을 두었는데 각기 작가와 역사학자가 되었다.

만년에 집필에 몰두한 니콜슨은 초인적인 정렬을 보이며 많은 작품을 남겼는데, 『테니슨 평전』(A. Tennyson, 1923), 『바이론 평전』(G. Byron, 1924), 『영국 전기 문학의 전개』(The Development of English Biography, 1927), 그의 아버지인 『아더 니콜슨 평전』(Arthur Nicolson, 1930), 『커즌 평전』(G. Curzon, 1934), 『모로우 평전』(D. Morrow, 1935) 등의 전기와 『달콤한 호수』(Sweet Waters, 1921), 『공민의 얼굴』(Public Faces, 1933) 등의 소설을 썼다. 이밖에도 그는 외교관으로서의 체험을 토대로 한 『평화의 건설』(Peacemaking, 1919, 1933), 『파리 평화회의의 회고』(Being Reminiscence of the Paris Peace

Conference, 1933), 그리고 본서인 『외교론』(*Diplomacy*, 1939)을 썼다. 그에 관한 전기로는 리스−밀네(James Lees-Milne)가 쓴 『니콜슨 평전』(*Harold Nicolson, A Biography*, London: Chatto & Windus, 1980-81)과 로즈(Norman Rose)가 쓴 『니콜슨 평전』(*Harold Nicolson*, London: Jonathan Cape, 2005)이 있다.

그는 82세의 천수를 누리고 1968년, 켄튼에서 세상을 떠났다.

이 책의 표지에 쓰인 역자가 나의 이름이라는 사실은 매우 뻔뻔스러운 일이다. 왜냐하면 이 책은 나의 번역이라고 말할 수 없을 만큼 여러 사람의 손을 거쳤기 때문이다. 애당초 나는 이를 번역할 뜻이 있었던 것은 아니다. 그러나 1978년도 건국대학교 정치학과 3학년생들에게 이를 가르치면서 이의 번역을 리포트로 부과한 후 그들의 성의 있는 번역문을 받아보고서는 이를 버리기가 아까워 일일이 윤문을 하여 원고를 만들었다. 그러니 이 책의 역자는 정확히 말해서 1978년도 건국대학교 이부대학 3학년 학생들이고 나는 지도교수였을 따름이다.

주석을 달기 위해서도 많은 분들에게 폐를 끼쳤다. 건국대학교의 이철수(李哲洙)·김수동(金洙東) 군은 삼복염천에 영국·프랑스·이탈리아·스페인·독일 대사관을 쫓아다니느라 고생을 했고, 원고 정리는 정현주(鄭賢珠) 양과 김수련(金洙鍊) 군, 그리고 건국대학교 대학원의 한인희(韓仁熙) 군이 맡아 주었다. 본문의 전문적인 독일어는 건국대학교의 안인길(安仁吉)·오현일(吳賢一) 교수의 도움을 받았고, 전문적인 프랑스어의 번역은 문주석(文珠石) 교수의 도움을 받았다.

또한 외교사와 외교 용어의 문제는 외무부의 서현섭(徐賢燮) 학제가 도와주었으며, 마지막까지 알 수 없었던 몇 개의 주석에 대해서는 이주영(李柱

郢) 교수에게 도움을 받았다. 그러니 이 책이 어찌 나의 번역서라고 말할 수 있을까마는 여기에 담긴 오류는 전적으로 나 자신의 책임임은 더 말할 나위도 없다. 다만 이 책이 외교학의 기본서가 부족한 학생들과 실무자들에게 한 가지 보탬이 되기를 바라며, 부족한 책의 출판을 허락해 준 평민사의 일꾼들에게 감사한다.

1979년 10월 3일
옮긴이 신복룡

해롤드 니콜슨(Harold Nicolson)이 그의 '일기'와 '서간집'으로 상당한 인기를 모으고 있는 차제에 '외교'에 관한 그의 글 중의 하나를 추천하게 된 것은 시의적절한 것으로 보인다. 니콜슨 자신은 이 문제에 대한 저명한 해설자였다는 점을 생각할 때 그가 그의 재능을 충분히 발휘하기도 전에 현직에서 물러났다는 사실은 유감스러운 일이기는 하지만 그는 그의 문재(文才)로써 그 아쉬움을 씻어 주었다. 니콜슨은 자기가 외교를 터득하게 된 것이 새토우 경(E. Satow)[1]의 저서인 『외교실무입문』(A Guide to Diplomatic Practice, 1932)의 덕분이라고 겸사하고 있지만 이 책은 외교 실무에 종사하게 될 젊은이와 국제정치에 조예가 깊거나 관심을 가지고 있는 역사학도에게는 무한한 가치를 갖는 것이라고 나는 늘 생각해 왔다.

　제3판에는 1961년 10월에 씌어진 한 편의 글이 수록되어 있다. 이 글은 첫째로는 이데올로기의 충돌에 의하여, 그리고 둘째로는 국제연합과 같은 국제 기구나 국제심판소에 의하여 국제 문제에 부상하게 된 하나의 혁명을 보여주고 있다. 니콜슨이 지적하고 있는 바와 같이 아세아 · 아프리카 블럭의 창설은 내가 방금 언급한 강대국 간의 충돌과 더불어 몇몇 구외교가 구시대의 유물이 될는지도 모르는 새로운 상황을 전개시키고 있다.

　그렇다고 할지라도 우리는 아직도 '이론과 실제'의 분리를 피해야 하며 한 국가로서의 우리가 항상 준수해야 할 국제 도덕에 집착해야 한다는 사실을 유념하게 된다. 니콜슨은 국제 회의를 통하여 외교를 터득한 인물인데 이러한 식의 훈련은 오늘날 우리를 지배하고 있는 새로운 지배 체제 하에서 매우 성행되고 있다. 이 글이 다루고 있는 범위는 현대에까지 이르고

---

1) 새토우(E. Satow, 1843~1929) : 영국의 외교관. 우루과이(1888), 모로코(1893), 일본(1895), 중국(1900~06) 등지에서 영사를 역임했다.

있다. 그러나 그 어느 것으로서도 외교의 영원한 진실들을 바꿀 수 없는데 이러한 것은 '이상적인 외교관'을 다룬 제5장에 특히 부합되고 있다.

　노련한 외교관에게서 참을성이야말로 가장 칭찬받을 만한 덕목(德目)이라고 니콜슨은 평가하고 있다. 그는 깡봉(Pierre Paul Cambon)[2]이 런던에서 오랫동안 불철주야 노력했던 사실을 예로 들면서 외교관에게서는 침착성을 잃는다는 것이 위험하다는 사실에 대하여 주위를 환기시키고 있다. 그는 이 책의 여러 곳에서, 진실성이 중요함을 강조하고 있으며, 사실을 직시하기보다는 외무성의 비위나 맞추려는 나약한 외교관을 경고하고 있다. 그는 외교관의 자질로서는 정보, 지식, 통찰력, 신중성, 자비로움, 매력, 근면, 그리고 조용한 책략을 들고 있다.

　아마도 이 책은 유럽의 외교 유형을 기술하는 문제에서는 타의 추종을 불허할 것이다. 영국의 제해권(制海權) 행사를 다루면서 니콜슨은 우선 크로웨 경(Sir Eyre A. Crowe)[3]의 글을 조심스럽게 인용하고 있다. 이와 같은 태도는 분명히 대영제국의 영광에 대한 향수를 불러일으키는 하나의 고리라고 볼 수 있으나 이 책의 제5장에서 인용된 바 있는 크로웨 경의『비망록』일부는 아직도 타당성을 가지고 있다.

---

[2] 깡봉(Pierre Paul Cambon, 1843~1924) : 프랑스의 외교관. 파리 태생. 1870~82년 사이에는 국내에서 활약하다가 1882년부터는 외교계에 투신하여 주 런던 대사(1886), 주 터키 대사(1890), 그리고 주 런던 대사(1898~1929)를 역임한 바 있다. 그의 아우인 마르맹 깡봉(Jules Martin Cambon : 1845~1935)도 저명한 외교관으로서 주미 대사(1897~1902), 주 스페인 대사(1902~07), 그리고 주 독일 대사(1907~14)를 역임했다.

[3] 크로웨 경(Sir Eyre A. Crowe, 1864~1925) : 영국의 외교관. 제1차 세계 대전 이전의 대표적인 반독일정책론자. 독일인 어머니의 영향을 받아 뒤셀도르프, 베를린, 그리고 파리에서 수학했으며, 1885년에 외무성에 들어가 제2차 국제평화회의(1907)의 대표를 역임했다. 국제연맹 초안자 6명 중의 한 명으로서 파리강화회의(1919)에 참가했으며, 종신 외무부상으로 있었다.

영국이 가지는 우선적인 관심사는 첫째로 독립이요, 둘째로는 무역이다. 우리 영국인은 약소 국가의 독립에 대하여 직접적이고도 구체적인 관심을 보여야 하며 그들의 독립을 위협하는 어떤 나라에 대해서도 필연적으로 적국이 되어야만 한다. 크로웨 경의 말을 빌릴 것 같으면, 이것이야말로 우리들이 취해야 할 필연의 행동이다.

자연의 섭리가 국가의 형태를 어떻게 지배하는가 하는 점은 주목할 만한 가치가 있다. 나는 보수주의에 관한 세실(Edgar A. Cecil)[4]의 글을 읽은 적이 있는데 그 글에서 그는 한 국가의 외교 정책이란 일진광풍을 만나 피난처를 훌륭하게 찾아가는 양(羊)의 행동만큼이나 철저하게 기류를 타는 것이라고 설명하고 있다. 니콜슨이 주장하는 바에 의하면 지난날 독일의 외교 정책은 국력에 기초를 두고 있었다고 한다. 그는 독일의 체제와 정반대를 이루고 있는 이탈리아의 외교 정책에 관하여 특히 혜안(慧眼)을 가지고 있다.

니콜슨이 간명하게 표현한 한 가지의 전형적인 예를 여기에서 들어 본다면 이탈리아의 체제는 외교를 국력의 기초 위에 두는 것이 아니라 국력을 외교의 기초 위에 둔다고 한다. 프랑스와는 달리 이탈리아는 동맹과 적을 언제나 바뀔 수 있는 존재라고 생각한다. 그는 프랑스의 외교에 대하여 다음과 같은 말을 하고 있다.

"일반적인 프랑스인은 자신의 지적 탁월성과 자기 문화의 우월성을 너무 확신하고 있기 때문에 그들은 다른 나라에 살고 있는 야만인들과

---

4) 세실(Edgar A. Cecil, 1864~1958) : 영국의 외교관. 자작. 1919년의 파리강화회의 대표를 역임했고, 국제연맹규약의 초안 작성에 참여했으며, 1937년에 국제연맹에서의 공로로 노벨평화상을 받았다. 저서로서는 『우리의 국교(國敎)와 평화의 길』(Our National Church and the Way of Peace, 1928)이 있다.

교섭하면서 자신의 조바심을 숨기기가 어렵다는 사실을 때때로 발견하게 된다. 이러한 현상에서 그들의 공격적인 태도가 나온다."

최근에 우리는 확실히 이에 대한 충분한 증거를 가지고 있다. 이 구절에는 영국 외교의 대외관이 포함되어 있는데 이러한 견해야말로 어떤 칭송의 수단을 가미한 '믿을 수 없는 영국인'(*Perfide Albion*)[5]의 견해가 여실히 나타나고 있다. 니콜슨의 어휘를 음미하다 보면 그가 다름 아닌 『익살의 영국적 의미』(*The English Sense of Humour*)의 저자라는 사실을 불현듯 깨닫게 된다. 그는 각하(Excellency)라는 단어에 관하여 다음과 같이 말하고 있다.

"영국에서는 대사(Ambassadors), 인도 총독(Viceroys), 그리고 총독(Governors-General)에게만 이 어리석은 칭호를 부여한다. 그러나 외국에서는 각료와, 그러한 칭호를 주는 것이 바람직하다고 생각되는 적령(適齡)의 모든 명사들에게까지도 각하라는 칭호를 준다."

나는 이 『외교론』을 읽고 나서는 니콜슨 경을 기꺼이 '각하'라고 부를 수 있다.

1968년 1월

버틀러 경(The Rt. Hon. Lord Butler of Saffron Walden)[6]

---

5) '믿을 수 없는 영국인'(*Perfide Albion*)이라는 말을 최초로 쓴 사람은 나폴레옹 1세(Napoleon Ⅰ)였다.
6) 버틀러(Richard A. Butler, 1902~1982) : 영국의 정치가. 보수당 의원. 외무차관을 거쳐 문부상(1944), 노동상(1945), 대장상(1951) 등을 역임했으며, 1953년에는 병중의 처칠을 대신하여 수상 서리를 지냈다.

이 책이 1939년에 처음으로 출판된 이후 중대한 사건들이 숱하게 일어났다. 주권 국가 사이에 협상을 통하여 합의에 이르는 기술인 외교술이 대화나 선전 또는 독설과는 무관하다는 사실을 시인하는 문제는 과거 어느 때보다도 더 필요한 것처럼 보인다. 외교의 목적은 국제적인 신의를 창출하는 것이지 국제적인 불신을 심으려는 것은 아니다. 나는 이 책이 러시아어로 번역되어 소련 정부에 의해서 그들의 재외 사절단과 영사들에게 배포되었다는 사실을 정말로 기쁘게 생각한다.

나는 이 새로운 개정판에서 내가 10년 전 올바른 외교의 원칙과 이상에 관하여 쓴 것을 한 글자도 바꾸지 않았다. 이러한 원칙들이 필요하고도 불변하는 것이라고 나는 생각한다. 그러나 이 책의 초판이 나온 이후 이든(A. Eden)[1]에 의해서 착수되어 베빈(E. Bevin)[2]에 의해서 실행된 개혁에 따라 영국의 외무성은 전면적으로 개편되었다. 이와 같은 사실로 인하여 새로이 개편된 외교계에 투신하기 위한 조건을 이 시대에 맞게 다루기 위해서 제9장의 대부분이 수정되었다.

이 개정판에서 채택되고 여기에서 개괄적으로 다루어진 법칙들은 오직 나의 경험에 의한 것이며 따라서 결정적인 것은 아니라는 사실을 나는 외교관 지망생들에게 경고하지 않을 수 없으며, 외교계에 투신하기 위해서

---

1) 이든(A. Eden, 1897~1977) : 영국의 정치가. 백작. 처칠(W. Churchill)의 사위로서 1923년에 보수당의 하원의원으로 정계에 진출하여 외상(1935~38, 1941~45)과 수상(1955~57, 1965)을 역임했다. 저서로는 『태양이 비치는 곳』(Places in the Sun)과 『회고록』이 있다.

2) 베빈(E. Bevin, 1884~1951) : 영국의 노동 지도자. 정치가. 젊어서 노동 운동에 투신하여 성공한 후 처칠 내각의 노동상(1940)을 지냈고, 애틀리(Clemence R. Attlee) 내각에서 외상을 지내면서 반소 · 친미 정책을 취하였다. 저서로서는 연설집인 『과업』(The Job to be Done)이 있다.

필요한 지금의 조건에 대한 나의 이 짧막한 글이 결정적인 것이라고 생각하지 말고 인사위원회 사무국장(The Secretary to the Civil Service Commission, Burlington Gardens, London, W. I.)을 찾아가서 확인해 보도록 또한 충고하는 바이다.

1949년 1월
해롤드 니콜슨

국제연합 총회에 아세아 · 아프리카 블럭이 등장하고, 또 그들의 책임과 힘을 어떻게 조화시키는가 하는 문제가 등장함에 따라서 국제 외교는 어려운 상황을 맞이하게 되었다. 나는 1961년 10월호의 『외교 문제』(*Foreign Affairs*)에 이와 같은 변질된 가치들을 다룬 논문을 기고한 바가 있다. 그리고 내가 이 책의 제2판을 보충할 수 있는 최선의 방법은 그 논문을 다소 그 원문대로 복사하여 첨가하는 수밖에 없다고 느껴진다. 뉴욕의 외교관계평의회(Council on Foreign Relations Inc., New York)에게 판권이 있는 이 논문을 전재(轉載)하면서 나는 『외교 문제』에 대하여 많은 빚을 지고 있다.

1962년 4월
해롤드 니콜슨

I
조직적 외교의 기원

Diplomacy라는 용어는 '접는다' 는 뜻의
그리스어 동사인 diploun에서 유래한 것이다.
로마제국 당시의 모든 여행증, 도로 통행증,
그리고 통행료 납부증은
두 겹으로 된 금속판에 인쇄되어 접은 다음,
독특한 방법으로 꿰매어져 있다.

Diplomacy by Sir Harold Nicolson

1918년 이후 민주국가에서의 여론은 대외 문제에 관한 관심을 급격히 증가시키고 있다. / 그러나 '외교 정책'과 '협상'에 대한 이해는 감소되고 있다. / 많은 상이한 사항을 의미하는 용어로서의 '외교'라는 단어가 무분별하게 사용되기 때문에 이와 같은 혼란이 일어나고 있다. / 이 책에서 사용되고 있는 '외교'라는 용어의 의미 / 외교 관례의 기원 / 역사 이전에서 볼 수 있는 외교의 원류(源流)와 금기(禁忌) / 전령(傳令)과 그 보호자인 헤르메스(Hermes) / 전령적 외교관으로부터 변론가적 외교관으로의 전환 / 그리스 도시 국가에 의하여 조직된 바와 같은 외교의 한 실례로서의 스파르타회의 (The Congress of Sparta, 432 B.C.) / 로마인과 자연법의 개념 / 비잔틴제국의 외교 / *diploma*라는 단어에 함축된 일층 과학적인 측면과 그 부수적 현상들 / 이탈리아에서의 외교술과 외교직의 발생 / 시한부적 사절이 영구직 외교관으로 바뀐다는 사실은 '웅변가적' 유형의 외교관이 '훈련된 관찰자' 유형의 외교관으로 바뀌는 현상을 유발시킨다. / 19세기 이전에 존재했던 외교 관례에서 빚어지는 혼란 / 비엔나회의(Congress of Vienna)와 엑스 라 샤펠회의(Congress of Aix-la-Chapelle)에서 제정된 직업적 외교로서의 규범들 / 그렇게 함으로써 외교의 관례는 굳어지고 확인되었다.

1

제1차 세계 대전이 끝나자 일반 유권자들은
국제 문제에 대해서 덜 안일한 묵종과
정보에 입각한 비판과 계속적 경계심을 갖게 되었다.

　이 책이 무엇에 관하여 쓰여진 것인가를 서두에서부터 분명히 해두
는 것은 유용한 일일 것이다. 1914~18년의 제1차 세계 대전 이전까지
만 해도 영국과 영국자치령, 그리고 미국의 일반 유권자는 국제 관계
에 대하여 간헐적인 관심만을 가지고 있을 뿐이었다. 물론 외교 정책
이 정당의 주제가 된 시대가 있었고 심지어는 정강(政綱)이나 논쟁의
주제가 된 시대도 있었다. 그러나 대부분의 시민은 대외 정책의 원리
나 그 정책이 수행되어지는 방법과 요원들에 대하여 무심했다.
　그 당시만 해도 외교 정책은 불변하는 국가적 · 제국적 필요성에 그
기초를 두고 있고 그런 관계로 외교 정책은 정당이 논쟁할 수 있는 영
역 밖의 것이라고 생각하고 있었다. 이를테면 외교 문제란 전문적이고
도 비전적(秘傳的)인 연구의 대상이어서 그 내밀한 내용은 일반인의 경
험이나 판단의 영역을 넘어서는 것이라고 그 당시 사람들은 느끼고 있
었다. 그러므로 그때 그때에 그럴싸하고 편의로운 방법과 여러 가지
방법을 종합하여 내각과 실무 전문가들이 외교 정책을 수행하고 또 국
가적 '권리와 이해관계'를 유지하기 위하여 그들에게 외교 정책을 위
임하는 경향이 있었다.

시민의 그와 같은 무관심 상태 속에는 능력 있는 정부라면 모든 국가적 이해관계의 극치인 평화를 유지하기 위하여 최선을 다하리라는 신뢰가 암묵적으로 깔려 있었다. 그리고 외세의 위협에 의하여 그 국가의 자유·권리·재산에 치명적으로 위험한 사태가 발생할 경우 대부분의 국민은 육군과 해군을 동원함으로써 그러한 위협에 저항하리라는 결의 속에서 정부를 지원하곤 했다.

제1차 세계 대전은 국민의 그와 같은 소극적이고도 방관적인 태도를 크게 바꾸어 놓았다. 한편으로 어떤 국가는 해외 열강에게 명확한 약속을 제공하는 정책에 관하여 충분한 지식과 고려도 없이, 그리고 관계 기관의 승인도 얻지 않은 상태에서 그것을 약속함으로써 그들에게 얽매일 수도 있다는 사실을 깨달았다. 그리고 어떤 중대한 위기가 야기되면 그 국민은 자신의 이름으로 이루어진 약속을 깨뜨리거나 아니면 적대 관계에 빠지든가를 택해야 하는 곤경을 엉겁결에 겪을 수도 있다는 사실도 알게 되었다. 다른 한편으로 현대의 전쟁은 자유 의사에 따라서 군대를 직업으로 선택한 육·해군의 영향권 내에만 국한시킬 수 있는 것이 아니고, 모든 시민에게 아픈 시련과 무거운 고통 그리고 엄청난 위험을 수반한다는 사실도 알게 되었다.

제1차 세계 대전이 끝나자 위와 같은 두 가지 사실을 인식함에 따라 민주 국가의 일반 유권자들은 국제 문제에 대해서 덜 안일한 묵종(默從)과, 보다 정보에 입각한 비판과, 보다 더 계속적인 경계심을 갖도록 고무되었다. 이것이야말로 값진 발전이었다. 그러나 이토록 새롭고, 이토록 복잡하고, 이토록 혼란스러운 과제에 접근하면서 일반 시민은 혼란을 느끼게 되었다. 그들의 경계심은 걱정의 형태로 나타났고, 그들의 비판은 너무도 빈번하게 과장된 의혹으로 나타났으며, 그들의 주의는 긴장으로 나타났다.

이와 같이 불안과 당혹을 느끼게 되는 가장 중요한 원인 중의 하나로는 시민이 '정책'과 '협상'을 혼동하고 이 두 가지의 가지[枝]를 '외교'라고 하는 단일한 오명으로 함께 부르는 오류를 들 수가 있다. 그들은 외교라고 하는 문제의 '입법적' 측면과 '행정적' 측면을 구별하지 못했다. 왜냐하면 민주주의 국가에서의 '외교 정책'은 시민에 의하여 선출된 대의원들의 동의에 따라서 결정해야 할 내각의 과제이기 때문이다. 바꾸어 말해서 소위 '외교'이든 '협상'이든 간에 외교 정책의 수행은 일반적으로 경험과 분별이 있는 직업인에게 위임되어져야만 했다.

이와 같이 외교의 입법적 측면과 행정적 측면을 구별한다는 것은 외교 정책을 건전하고도 민주적으로 통제하는 과정에서 사실상 매우 중요한 일이다. 시민이 여러 세대에 걸쳐 축적한 경험을 가지고 있는 국내 문제에서는 그러한 구분에 아무런 어려움이 없다. 예산이나 교육법안은 해당 장관이 해당 부서의 전문가의 자문을 받아 작성한다. 그런 다음에 그것은 전체 내각에서 논의되고 심의와 결정을 위하여 의회에 위임되고 다시 그 집행을 위하여 행정부로 이송된다. 시민은 그러한 '정책'이 성안·결정되는 동안의 초기 심의 과정에 대하여 정당하게 관심을 집중시키지만 그 다음에 그것이 수행되는 집행 단계는 그들에게 즉각적인 반응을 덜 일으킨다. 그러나 외교 문제에서 선거민은 이와 같이 편리한 구별의 습관을 아직 체득하지 못하였다. 그리고 이와 같은 습관을 체득하지 못한 것은 외교 정책의 성안과 수행을 동시에 의미하는 '외교'라는 단어를 계속적으로 오용한 데에 그 중요한 원인이 있다.

그러므로 이 책의 서두에서부터 '외교'라는 단어는 사실상 무엇을 의미하는 것이며, 또한 그 단어가 이 책의 다음 내용에서 어떤 의미 또는 어떤 의미들로 사용되는가를 정의한다는 것은 매우 중요한 일이다.

2

이처럼 역사적인 기술을 하는 이유는
외교가 정치 제도의 소일거리가 아닌
인간과 인간, 국가와 국가 간의
본질적 요소라는 점을 보여주기 위함이다.

현대의 언어에서 '외교'라는 용어는 여러 가지의 전혀 다른 사항을 지칭하는 데에 무분별하게 사용되고 있다.

(1) "근동(近東)에서의 영국의 외교는 용기가 부족하다."고 말할 경우, 여기에서 말하는 외교란 '대외 정책'과 동의어이다.

(2) 그와는 달리 "그 문제는 외교에 의하여 훌륭하게 타결될 수 있는 것이다."라고 말할 경우 그것은 협상(協商)의 뜻이 있다.

(3) 그보다 더 특수하게 사용될 경우 외교는 그러한 협상이 수행되는 과정과 기구를 의미한다.

(4) "내 조카는 외교에 종사하고 있다."고 말할 경우 그것은 외무성의 한 부서를 의미한다.

(5) 이 불행한 단어가 수행하는 의미로서는 추상적인 성질이나 재능을 의미하는 것으로서, 좋게 말해서는 국제적인 협상을 수행하는 기술을 의미하는 것이요, 나쁘게 말해서는 지모의 교활한 측면을 의미한다.

영어를 사용하는 나라에서는 이 다섯 가지의 해석이 무분별하게 사용되고 있으며, 그 결과로 그러한 개념상의 혼란을 불러일으키는 정치학의 몇 가지 분과가 있다. 예컨대 만약 '군대'라는 단어가 무력의 행사, 전략, 전술, 군인의 직업, 그리고 인간의 투쟁적 본능을 의미하는 것으로 사용되어진다면 군사 문제에 관한 공개적인 토론은 많은 오해를 불러일으키리라는 점을 우리는 예상할 수 있다.

이 항목의 목적은 무엇이 외교이며 무엇이 외교가 아닌가를 간단명료하게 기술하는 데 있다. 제1장과 제2장에서는 외교적 관행과 이론의 생성·발전에 관하여 간단하게 언급할 것이다. 이와 같이 역사적으로 외교를 기술하는 목적은 외교야말로 어떤 특수한 정치 제도의 발명품이거나 소일거리가 아니라 인간과 인간, 국가와 국가 사이에 있는 본질적인 요소라는 점을 보여주려는 데 있다.

'공개' 외교와 '비밀' 외교의 문제, 그리고 효과적인 외교와 민주적인 통제는 조화를 이루기가 어렵다는 사실에 특히 촛점을 맞추어서 외교 수행의 방법이 최근에는 어떻게 수정되었는가를 그 다음에 검토하게 될 것이다. 그 다음 장에서는 근대 외교의 실질적인 기능, 외교와 상역(商易)과의 관계, 외무성의 조직과 행정, 협상에 의한 외교, 그리고 협상의 수단으로서의 국제연맹(國際聯盟)을 다루게 될 것이다. 끝 부분에서는 현대 외교에서 단순히 전문적인 용어 이상의 의미로 발전한 기술적인 용어들을 학생들이 이해하는 데 도움이 되도록 『현대외교용어집』을 수록하였다.

그러나 위에서 이미 언급한 바와 같이 그와 같은 광범한 검토를 시작하기 전에 이 책에서는 '외교'라는 용어가 어떤 의미로 또는 어떤 의미들로 사용될 것인가를 밝혀둘 필요가 있다. 나는 『옥스퍼드 영어사전』(Oxford English Dictionary)에 수록된 다음과 같은 풀이를 인용하고자 한다.

"외교라 함은 협상에 의하여 국제 관계를 다루는 일이며, 국제 관계가 대사나 사절에 의하여 조정·처리되는 방법이며, 외교관의 업무 또는 기술이다."

비록 광범위하기는 하지만 나는 이와 같은 명료한 정의를 나의 참고 술어로 채택함으로써 한편으로는 외교 정책이라는 사막에서 길을 잃지 않고, 다른 한편으로는 국제법이라는 늪지대에서 헤매지 않기를 바란다. 나는 그러한 정책들이 수행되는 방법과 기준에 영향을 미치는 한, 몇 개 국가의 정책과 제도를 논의하고자 한다. 나는 국제법이 외교 이론을 발전시키고 외교 사절의 특권·면책·활동에 영향을 미치는 한, 그것에 관하여 언급할 것이다. 그리고 나는 외교의 '입법적' 측면보다도 '행정적' 측면에 역점을 두고자 한다.

3 16세기 학자들이 주장하는 바에 의하면
최초의 외교관은 천사들로서 그들은 하늘과 땅 사이의
사자(使者) 역할을 했다는 것이다.

우선 우리는 외교적 관행이 어떻게 그리고 왜 인류 사회에 나타나게
되었는가를 생각해 볼 필요가 있다. 내가 알기로, '외교적 관행' 이라는
표현은 그 자체가 모호성을 야기할 수 있는데 내가 유감스럽게 생각하
는 바가 바로 이 점이다. 외교적 관행이라 함은 몇 세기를 경험한 후 외
교관들이 가장 효과적이라고 생각해 온 국제적 업무의 처리 관례를 의
미하는 것이라고 풀이하는 사람도 있다. 그 반면에 외교적 관행이라
함은 모든 국제적 교섭에 통용되는 협상의 원칙이요, 정부 제도나 외
교 정책의 일시적인 변화와는 무관한 것이라고 할 수도 있다.

그러므로 각기 서로 다른 이 두 가지의 해석상의 뉘앙스를 그대로
두는 것이 좋을 것이다. 나는 인간이 어떤 단계를 밟아 직업적 외교 업
무를 실제로 수행하는 기구를 발명 · 발전시켰는가를 제1장에서 검토
하고자 한다. 제2장에서 나는 협상술의 일반적 개념과 규칙이 항상 보
조적인 것이요, 심지어는 종속적인 것이라 할지라도 그것이 어떻게 하
여 국책(國策)과는 본질적으로 구별되는 것이 되었고 다른 한편으로는
정책과 무관한 것으로 되었는가를 살펴보고자 한다. 그러므로 나는 외
교 업무의 발생과 발전에 관한 논의에서부터 이 문제를 거론하기 시작

할 것이다.

한 인간의 집단이 그들과는 이질적인 집단과의 관계를 질서 있게 처리한다는 의미로서의 외교는 우리의 역사보다도 훨씬 오래된 것이다. 16세기의 학자들이 주장하는 바에 의하면 최초의 외교관은 천사들로서 그들은 하늘과 땅 사이의 사자(使者 : angeloi) 역할을 했다는 것이다. 현대의 사학자들은 이에 반대하는 견해를 가질 수도 있다.

심지어 유사 이전의 야만인도 낮의 전투가 끝나면 부상자들을 모아들이고 전사자들을 매장하기 위한 휴전 시간을 갖고 싶다는 사실을 알리기 위해서라도 피차간에 협상을 갖고자 했던 계기가 분명히 있었을 것이다. 심지어 크로마뇽인(Cromagnon)[1]이나 네안데르탈인(Neanderthal)[2]이 살던 태초에도 한 부족에서 파견된 사신이 그들의 뜻을 전하기도 전에 다른 부족에 의하여 잡아 먹혔다면 그러한 협상은 심각하게 저해를 받았음이 분명한 일이다.

그러므로 그러한 협상자들에게는 전사(戰士)들이 누릴 수 없는 특권과 면책을 허락하는 것이 더 좋으리라는 관행이 태고적부터 수립되었을 것이 분명하다. 그러한 사절이나 사자들은 만약 타당하게 신임을 받을 수만 있다면 애당초부터 다소는 '신성불가침한' 존재로 간주되었을 것임에 틀림이 없을 것이며 이러한 관행에서 오늘날의 외교관들이 누리는 면책(免責)과 특권이 연유되었을 것이다.

원시 사회에서 모든 이방인은 위험하고 불순한 존재로 인식되었다는 사실을 잊어서는 안 된다. 유스틴 2세(Justin II)[3]가 셀주크 터키 인

---

1) 크로마뇽인(Cromagnon) : 구석기시대의 화석현생인류로서 유럽의 서남부와 북아프리카 일대에서 발견된다.
2) 네안데르탈인(Neanderthal) : 제3·4 빙하기에 존재했던 원시인류로서 유럽 일대에서 발견된다.
3) 유스틴 2세(Justin II, ? ~578) : 동로마제국의 황제.(재위 565~578)

(Seljuk Turks)들과 협상하기 위하여 사절을 파견했을 때 그들은 모든 해독을 몰아내기 위하여 우선 목욕재계해야만 했었다. 그들 부족의 무격(巫覡)들은 전염병의 위험을 몰아내기 위해서 향료를 태우고, 북을 두드리며, 그들이 알고 있는 모든 마법(魔法)을 동원하여 무아의 경지에서 그들 주변을 춤추며 돌았다.

몽고의 칸(汗)에게 파견되었던 사절들은 그를 알현하기 전에 불을 통과해야만 했으며 그들이 가져온 선물도 그와 비슷한 방법으로 살균되었다. 15세기까지만 해도 베네치아 공국(公國)은 외국 사절과 통교(通交)하는 베네치아인을 유배 또는 처형하겠노라고 위협하였다. 심지어는 오늘날에도 모스크바나 테헤란에서는 몇 가지 금기의 의식을 유습으로 찾아 볼 수가 있다. 런던이나 그 밖의 선진 도시에서는 외국 사절이 지켜야 할 재계의 과정이 좀 더 완만하고 덜 노골적이었다.

고대 사회에서의 외국인과 특히 외국 사절에 대한 이와 같은 금기는 매우 광범하게 풍미되었으며 또 상당한 영향력을 미치고 있었다. 그러한 엄격함을 완화시키기 위해서 특수한 기능을 가진 사람, 이를테면 부족이나 도시의 전령(傳令)에게는 외교적 특권을 부여하는 관례가 생겼다. 이 전령들은 반(半)종교적인 권위를 향유하였고 헤르메스(God Hermes)[4]의 특별한 보호를 받았다. 이와 같은 신성의 선택은 그 후의 외무성의 평판에 좋지 않은 영향을 미쳤다.

고대인이 생각하는 헤르메스는 매력과 기만과 교활의 상징이었다는 사실을 잊어서는 안 된다. 그는 출생하던 바로 그날 그의 형인 아폴로(Apollo)[5]로부터 50마리의 소를 훔쳐 그것을 동굴 속에 감춰둔 다음 아

---

4) 헤르메스(God Hermes) : 그리스신화에 나오는 신. 신들의 사자(使者)로서 과학 · 학예 · 상업 · 변론을 맡았다.
5) 아폴로(Apollo) : 그리스 · 로마신화에 나오는 신으로서 태양 · 음악 · 시 · 건강 · 예언을 맡았다.

무 일도 없었다는 듯이 자기의 요람으로 돌아와 잠들었다. 헤르메스의 이와 같은 자질을 높이 평가한 제우스(Zeus)[6]는 아르고(Argo)[7]의 선원들을 살해하는 것과 같은 지극히 미묘한 외교적 업무를 그에게 맡기었다. 헤르메스는 친절하기는 하지만 여행자, 상인, 도둑에 대한 무절제한 보호자라고 그리스인은 생각하였다.

신화 상의 최초의 여인인 판도라(Pandora)[8]에게 아첨과 기만을 선물로 준 것도 바로 헤르메스였으며, 전령들에게 우람한 목소리와 뛰어난 기억력을 준 것도 바로 그였다. 그는 천계와 지상을 이어주는 중재자로 인식되기에 이르렀으며, 그가 폭넓은 인기를 얻었지만 깊은 존경을 받지는 못했다. 그 후의 외교관들은 신뢰할 만할지라도 화려하지 못하면 그들의 보호신으로 선택되지 못했다는 사실을 종종 유감스럽게 여겼다.

---

6) 제우스(Zeus) : 그리스신화에 나오는 신으로서 올림포스 산의 주신이다.
7) 아르고(Argo) : 그리스신화에 나오는 배. 이아손(Jason)은 이 배를 타고 황금양털(金羊毛)을 찾으러 떠났다.
8) 판도라(Pandora) : 그리스 신화에 나오는 여신. 프로메테우스(Prometheus)가 불을 훔친 것을 징벌하기 위해서 제우스가 내려 보낸 최초의 여자.

4

전령이라는 직업은 종종 세습적이었으며
유능한 전령이 되기 위해서는 대단한 기억력과
매우 우렁찬 목소리를 갖추어야만 했다.

신화 시대를 벗어나 역사 시대로 접어들어 외교 문제를 살펴보면 우리는 좀 더 확실하고 좀 더 평판 좋은 근거 위에 선 자신의 모습을 발견하게 된다. 호머(Homer)[9] 시대의 전령들은 단순히 협상을 위한 신임 받은 요원일 뿐만 아니라 회의의 질서를 지키고, 어떤 종교적 의식을 거행하는 등 왕실의 일을 관리하는 기능까지도 맡게 되었다.

그리스의 문명이 발달하고, 도시 국가 간의 관계가 더욱 밀접해지고 더욱 경쟁화되자 협상의 기술은 지난날 포고령을 외치는 사람들보다는 훨씬 더 높은 수준의 자질을 갖추었다는 사실을 알 수가 있었다. 전령이라는 직업은 종종 세습적이었으며, 유능한 전령이 되기 위해서는 대단한 기억력과 매우 우람한 목소리를 갖추어야만 했다. 몇몇 도시 국가 사이의 상업적 · 정치적 관계가 점차 복잡해짐에 따라서 이와 같은 원시적인 외교 활동의 기준을 보다 향상시킬 필요가 있었다.

6세기 이래로 그리스의 도시 국가들은 그 사회가 배출할 수 있는 가장 탁월한 웅변가인 구변 좋은 법정 변호사들을 대사(大使)로 선출하는

---

9) 호머(Homer) : B.C. 850년 또는 B.C. 1200년경에 존재했었다는 그리스의 전설적인 시인 『일리아드』(Iliad)와 『오디세이』(Odyssey)의 저자.

관행을 채택했다. 이 사절들은 외국인이 조직한 연맹이나 도시들의 인민 집회에 참석하여 자기 도시 국가의 명분을 호소하는 것을 그 임무로 삼았다. 정부에서는 그들이 파견된 국가에 대한 정보의 수집이나 귀국 보고서의 제출을 기대하지도 않았고, 다만 그들이 탁월한 연설이나 하는 것이 그들에 대한 기대의 전부였다.

투키디데스(Thucydides)[10]의 저술을 읽어본 독자들은 그들의 연설이 얼마나 탁월하고 얼마나 긴 것이었던가를 기억할 것이며 서기 전 5세기를 거치는 동안 그리스 도시 국가들 사이의 이와 같은 특수한 임무는 너무도 빈번하여 이미 그 당시에 오늘날 우리들의 정상적인 외교 교섭 제도에 가까운 어떤 유형들이 이루어졌다는 사실도 또한 발견하게 될 것이다.

투키디데스는 그의 역사서 서장에서 그리스의 외교 · 교섭의 본질과 절차에 관한 충분하고도 시사적인 자료를 우리에게 제공해 주고 있다. 스파르타인은 아테네인이 조약을 위배했는지의 여부와 전쟁에 의하여 그들을 응징해야 할는지의 여부를 결정하기 위하여 동맹국회의를 소집했는데, 그 방법에 관해서 투키디데스는 언급하고 있다. 이 회의는 B.C. 432년에 스파르타에서 개최되었다. 투키디데스의 기록은 그리스의 외교 관행에 관하여 매우 값진 자료들을 우리에게 제공해 주고 있다.

우선 절차상의 문제가 있다. 메가라(Megara)[11]와 코린트(Corinth)[12]의

---

10) 투키디데스(Thucydides, 471?~400? B.C.) : 아테네 태생의 역사학자. 펠로폰네소스 전쟁 시에 앰피폴리스(Amphipolis)의 지원군으로 파견되었으나 임무를 수행치 못하고 추방(423~403 B.C.)되어 그리스 최고의 걸작 역사서인 『펠로폰네소스 전쟁사』 (History of the Peloponnesian War)를 썼다.
11) 메가라(Megara) : 고대 그리스 시대에 있었던 메가리스(Megaris)의 수도이다.
12) 코린트(Corinth) : 고대 그리스의 도시. 코린트 지협을 바라보는 국방상의 요충지로서 옛날에는 상업 · 예술 · 환락으로 유명했다.

대표들은 스파르타회의(Lacedaemonian Assembly)[13]에 대한 긴 연설을 통해서 그들이 아테네에 대해 어떤 입장을 취하고 있는가를 개략적으로 설명했다. 그런 다음 그들이 주최측의 하단 요구에 따라 단상을 내려가고 아테네에 대해서 어떤 조치를 취할 것인가에 관하여 논쟁이 벌어진다. 전쟁을 찬성하는 주장이 표결에 부쳐지고, 처음에는 갈채에 의하여, 그리고 그 다음에는 다수결에 의하여 통과된다.

투키디데스의 기록에 나타나고 있는 두 번째의 시사로서는 그 당시 아테네의 대표들이 우연히 스파르타회의에 참석하고 있었다는 사실이다. 아테네의 대표들은 펠로폰네소스 동맹(Peloponnesian League)[14]의 가맹국들만으로 구성된 스파르타회의에 초대받은 바는 없었다. 다만 그들은 '어떤 다른 업무'가 있어서 그곳에 왔는데 그것은 아마 무역조약과 관련이 있는 것 같다. 그러나 그들은 절박한 적국의 회의에 참석할 뿐만 아니라 그 논쟁에도 참여할 수 있었다. 그리고 심지어는 펠로폰네소스 동맹이 아테네에 대한 개전(開戰)을 가결했을 때에도 아테네의 무역 대표들을 그들의 특수 업무가 완결될 때까지 스파르타에 체류하도록 허락했다. 이러한 사실로 미루어 볼 때 도시 국가들 사이의 일반적인 외교 관례는 우리가 생각하는 것보다 훨씬 더 진보적이었음을 알 수가 있다.

스파르타회의에 관한 투키디데스의 기록이 보여 주고 있는 바에 의하면 그리스인은 5세기에 이미 항구적인 외교 관계를 위한 어떤 면책

---

13) 스파르타회의(Lacedaemonian Assembly) : 스파르타인 중 전사의 자격이 있는 17~60세의 성인 남자(市民)로 구성된 전체 부족회의를 의미한다. 여기에서는 중요 관리의 선출, 입법, 세금, 그리고 전쟁(선전 포고, 강화조약, 군사 동맹)에 관한 공동 관심사가 토의되고 과반수 찬성에 의해서 결의되었다.
14) 펠로폰네소스 동맹(Peloponnesian League) : 미케네 문명의 중심지로서 그리스 남단에 있는 펠로폰네소스 반도에 있던 스파르타, 아르고스(Argos) 등의 도시 국가들이 아테네에 대항하여 구성했던 B.C. 5세기경의 동맹 체제이다.

이나 상당한 배려를 보장받고 있었을 뿐만 아니라 국가 사이의 관계는 단순히 계략이나 폭력에 의하여 조정·처리될 수 없고 목전의 국가적 이익이나 일시적인 편의에 우선하는 어떤 묵시적인 '법' 이 존재한다는 것을 인식하기에 이르렀다.

5 외교에 대한 로마인의 큰 공헌은
협상이라는 측면에서 찾을 것이 아니라
국제법이라는 측면에서 찾아보아야 할 것이다.

　이러한 전통과 교훈은 그리스인으로부터 로마인에게 전수되었다.
로마인은 협상술에 특별한 재능을 타고나지 못했으며, 여러 세기에 걸
쳐 남을 지배하는 동안 그들의 생활 양식은 외교적이라기보다는 오히
려 군대 기질적이요, 도시 건설업자의 그것이었다. 나쁘게 말해서 그
들은 목적을 수행하면서 무자비하였고 그 방법이 또한 잔혹했으며, 좋
게 말해서 그들은 끈덕진 적을 섬멸하고 추종자를 아끼는 원리를 발전
시켰다. 외교에 대한 로마인의 공헌은 협상이라는 측면에서 찾을 것이
아니라 국제법이라는 측면에서 찾아야만 한다.

　로마인 사이에만 적용되는 시민법(*jus civile*)과 로마인과 이방인 사이
에 적용되는 국제법(*jus gentium*)과 모든 인류에게 공통되게 적용되는 자
연법(*jus naturale*)의 차이점을 논하는 것은 본서의 범위와 동떨어진 일이
다. 조약의 정당성에 대한 로마인의 교의는 필연적으로 조약을 신성한
것으로 보려는 굳은 확신을 수반하게 되었으며 카르타고(Carthago)[15]인
에 대한 언약을 위배하기보다는 차라리 자신의 목숨을 버린 레굴루스

---

15) 카르타고(Carthago) : 아프리카의 북부 지방에 있던 고대의 도시 국가로서 146 B.C.
　에 멸망했다.

(Marcus A. Regulus)[16]의 전설에 대해 그들이 심취하는 것으로 볼 때 로마인의 의식 속에는 약속이란 준수되어야 한다는 인식이 깊이 뿌리박고 있음을 알 수가 있다.

더구나 자연법의 막연한 이상은 오늘날 우리가 국제 행위라고 부르는 것의 어떤 원칙적 개념을 내포하고 있다. 자연법이라고 함은 모든 인종과 모든 상황에 적용될 수 있는 권리의 기본적인 이념을 의미하는 것이며, 계약에 대한 신의(信義)의 의무를 강조하는 동시에 조약의 해석은 단순히 그 의무의 문구에만 의거할 것이 아니라 평등과 이성에 대한 배려에 그 기초를 두어야 한다는 사실을 가르쳐 주고 있다.

로마인의 공헌이 아무리 가치 있고 또 정말로 중대한 것이라고 할지라도 그들은 외교적 관행에 공헌했다기보다는 오히려 외교 이론에 기여했다. 뒤에서 살펴보는 것과 같이 로마의 정치 제도는 숙련된 문서 보관인이라는 직업을 창출했는데, 이들은 외교적인 선례와 절차의 전문가들이었다. 그러나 로마인이 일단 패업(覇業)을 이루게 되자 다른 나라와 로마와의 관계는 외교적인 관점에서보다는 오히려 식민지적이고도 행정적인 관점에서 처리되었다. 사실상 로마인은 숙달된 협상자들로 구성된 전문적인 기구를 만들면서 거의 한 일이 없다.

협상의 기술이라든가 또는 고유한 의미로서의 외교의 필요성을 느끼게 된 것은 로마제국의 후기에 있었던 일이다. 동로마제국(Byzantine Empire)의 황제들은 완벽한 재능으로써 그러한 기술을 행사하였다. 그들은 세 가지의 방법을 구상했는데 ;

---

16) 레귤루스(Marcus A. Regulus, ?~250 B.C.) : 로마의 장군이자 통령.(統領, 267 B.C.) 제1차 포에니전쟁 중 다시 통령이 되고(256 B.C.) 카르타고와의 싸움에서 처음에는 승리를 했으나 나중에는 패하여 포로가 되었다.(255 B.C.) 그 후 도망가지 않을 것을 서약한 후 로마에 일시 귀국했으나 휴전 협상이 실패하면서 애당초의 약속대로 적국인 카르타고로 돌아가 고문으로 죽었다.

(1) 야만족들 사이에 적의를 불러일으킴으로써 그들을 약화시키는 이이제이(以夷制夷)의 방법.

(2) 조공(朝貢)과 아첨에 의하여 연방부족과 인민들의 우의를 매수하는 수뢰의 방법.

(3) 이교도를 기독교적 교리로 개종시키는 종교적 방법.

등이 그것이었다. 황제 유스티니아누스 1세(Justinian I)[17]가 수단(Sudan), 아라비아(Arabia) 그리고 아비시니아(Abyssinia)[18]까지 세력을 확장할 수 있었고, 흑해(Black Sea)와 코카서스(Caucasus)의 부족들을 제어할 수 있었던 것은 이 세 가지 방법을 병용했기 때문이었다. 동로마제국의 후기에 불가리아인(Bulgarians), 헝가리인(Magyars) 그리고 러시아인의 위협이 닥쳐왔을 때에도 이와 같은 방법이 채택되었다.

외교적인 조정에 의하여 자신의 몰락해가는 세력을 보완하려던 동로마제국 말기 황제들의 끊임없는 노력과 그들이 채택한 특수한 방법은 외교적 관행에 새로운 요소를 도입하였다. 콘스탄티노플(Constantinople)[19] 정부가 인접해 있는 폭군들을 서로 다투게 함으로써 어부지리를 얻기 위해서는 그들이 다루고자 하는 폭군들의 야심, 약점, 그리고 실력에 대해서 충분한 정보를 얻는 것이 무엇보다도 시급했다.

따라서 동로마제국의 황제가 파견하는 사절들은 단순히 야만적 폭군의 조정에서 자기 나라의 이익을 대표할 뿐만 아니라 그 외국의 내

---

17) 유스티니아누스 1세(Justinian I, 483~565) : 동로마제국의 황제.(재위 527~565) 제국 중흥의 아버지로서 『로마법전』을 편수했다.

18) 아비시니아(Abyssinia) : 고대 에티오피아를 의미한다.

19) 콘스탄티노플(Constantinople) : 동로마제국의 수도로서 지금의 터키의 이스탄불(Istanbul). 터키의 영토이면서도 아시아에 속하지 않고 유럽의 발칸 반도 동남부에 위치하고 있다는 점에서 특이하다.

정(內政)과 그 외국과 제3국과의 관계에 관한 충분한 보고서를 제출하라는 훈령을 받는 일이 생겼다. 그러한 목적을 위해서 지난날의 전령이나 웅변가와는 다른 제3의 자질이 필요하게 되었다. 그들에게 필요한 훈련된 통찰력과 직업적 외교관으로서의 유형과 성격이 점차 발전하게 되었다. 그리고 웅변가적 타입의 외교관이 초창기의 전령 타입의 외교관으로 바뀐 것과 똑같이 웅변가도 숙달된 옵저버(observer)로 바뀌었다.

6 외교 업무가 정치가와 구별되는 직업으로 인정받고,
일정한 형식으로 자신의 법칙과 관례를 갖추게 된 것은
비엔나회의(1815년) 이후였다.

이러한 진보는 천천히 이루어졌다. 15세기에 이르러서야 이탈리아의 도시 국가들은 상주 대사(常駐大使)를 임명하기 시작했고 직업으로서의 외교가 일반적으로 인식되었다고 말할 수 있다. 그리고 1815년에 이르러서야 외교관의 신분과 규율에 관한 국제법이 확립되었다. 그러나 전령에서 웅변가로, 그리고 웅변가에서 다시 직업 외교관으로 진보하는 동안 하나의 또 다른 요소가 점차적으로 나타나기 시작했다. 이러한 요소는 신기하게도 '외교'(外交 : diplomacy)라는 용어 그 자체의 어원과 관련이 있다.

diplomacy라는 용어는 '접는다'는 뜻의 그리스어 동사인 *diploun*에서 유래한 것이다. 로마제국 당시의 모든 여행증, 도로통행증, 그리고 통행료납부증은 두 겹으로 된 금속판에 인쇄되어 접은 다음 독특한 방법으로 꿰매어져 있었다. 이 금속통행증을 *diploma*라고 불렀다. 그 후 얼마가 지나 이 *diploma*라는 단어는 기타 준금속적(準金屬的)인 관문서를 포함하는 뜻으로 그 의미가 확대되었으며 특히 이방 단체나 이방 종족에게 특권을 부여하거나 협상을 구체화하는 관문서를 의미하게 되었다.

이와 같은 조약문들이 쌓임에 따라서 제국문서보관소는 특이한 방법으로 접고 이서(裏書)된 숱한 작은 문서들이 꽉 들어차게 되었다. 이에 따라 이 문서들을 편철(編綴)하고, 해독하고, 보관하는 전문직을 고용하는 것이 필요하다는 것을 발견하게 되었다. 그 후 문서 보관이 하나의 직업으로 등장하게 되었고, 그에 따라 고문서를 확인하고 해독하는 이른바 고문서학(古文書學 : palæography)이 생겼다. 17세기 후반에 이르기까지 이 두 가지의 직업은 고문서나 *diploma*를을 다루는 이른바 문서직(文書職 : *res diplomatica*)이라고 불렸다.

중세기에 고문서를 작성하고 그것을 질서 있게 정리하는 동안에 얻어진 경험들이 얼마나 중요한 것인가를 우리는 항상 깨닫지 못하고 있다. 선례와 경험에 기초를 둔 과학으로서의 외교 용어가 최초로 확립하게 된 것이 능력 있는 '두루마리문서 보관책임자' 의 지시와 권위에 따라 교황청과 기타의 문서기록소에서 이루어졌다는 것은 결코 과언이 아니다.

카롤링 왕조(Carolingian)[20]의 문서기록소는 상당한 서기직참모들로 정밀하게 조직되어 chancellor라는 한 관리의 책임 하에 두었다. 후대의 오스트리아와 독일의 역사에서 그토록 엄청난 영향을 행사하게 된 이 chancellor란 단어는 로마 시대 법정의 수위를 의미하는 *cancellarius*라는 이름에서 유래된 것이다. 그러나 카롤링 왕조에 이르러서는 황실 문서기록 책임자인 chancellor의 부서가 없이는 어떠한 왕명도 합법적인 것으로 인정되지 않았다. 정복 왕 윌리엄(William the

---

20) 카롤링 왕조(Carolingian) : 프랑크의 왕조. 마르텔(Karl Martell)이 기초를 잡아 751년에 피핀(Pippin)이 메로빙거 왕조(Merowinger)를 폐하고 창시함. 그 후 프랑크 왕조는 셋으로 나뉘어져 이탈리아에서는 875년까지, 독일에서는 911년까지, 그리고 프랑스에서는 987년까지 존속했다.

21) 윌리엄 1세(William the Conqueror, 1027~1087) : 영국의 국왕.(재위 1066~1087) 노르만 왕조의 시조로서 영국의 국가적 기초를 확립했다.

Conqueror)[21]이 영국에서 수립한 것이 바로 이 제도이다.

diplomacy 또는 diplomatic이라는 용어가 고문서 연구라는 뜻이 아니고 국제 관계의 형태나 처리를 의미하는 것으로 사용된 것은 비교적 최근의 일이라는 사실을 잊어서는 안 된다. 영국에서는 1796년에 이르러서야 버크(E. Burke)[22]가 처음 그런 의미로 사용하였다. 그리고 위에서 이미 언급한 바와 같이 외교 임무가 정치가나 정략가와는 구별되는 하나의 직업으로 인정을 받고, 일정한 형식으로 자신의 법칙과 관례와 규범을 갖추게 된 것은 1815년의 비엔나회의(Congress of Vienna)[23] 이후였다.

이런 점에서 보건대, '외교'라는 표현은 문서 보관, 과거 조약의 분석, 그리고 국제 교섭사의 연구로서 인간의 마음속에 오랫동안 관련을 맺고 있었다. 이와 같이 과학적이고도 학술적인 요소는 오늘날 효과적인 외교 활동의 기능에 긴요한 것이 되고 있다.

이를테면 영국 외무성은 그 조약국 내에 외교 절차에 관한 일단의 전문가를 보유하고 있으며, 도서관에는 외교적 선례에 관하여 고도로 정통한 전문가 진용을, 법률 고문단에는 국제법과 조약 초안의 세부적인 것에까지 정통한 전문가들을 갖추고 있다. 그와 같이 역사와 법률에 정통한 전문가들을 갖추고 있지 않고서는 외교의 선례를 간과할 수도 있고 부정확하게 처리할 수도 있다.

그러므로 외교 관례의 학술적 · 기술적 기원이라고 볼 수 있는 것을

---

22) 버크(E. Burke, 1729~1797) : 영국의 정치가. 학자. 질서와 권위의 존귀를 옹호하는 입장에서 혁명을 비난한 보수주의 학자.
23) 비엔나회의(Congress of Vienna) : 프랑스혁명과 그 뒤를 이은 20여 년간의 나폴레옹전쟁의 뒷처리를 강구하기 위하여 1814. 9.~1815. 6.에 비엔나에서 개최된 국제 회의. 영국 · 오스트리아 · 러시아 · 프로이센 등 4대 승전국과 프랑스를 비롯한 5대 패전국의 모임인 이 회의는 프랑스의 공화주의적 혁명 기운을 무마하고 절대주의 지배 체제를 확립하기 위한 세력 균형과 정통주의를 유럽 질서의 원칙으로 채택하였다.

강조하는 것은 중요한 일이다. 외교관이란 직업이 우람한 목소리 이상의 것을 갖추어야 한다는 사실을 인식하게 되면서 전령으로서의 외교관의 개념은 퇴색하였으며 외교 문제에서는 천부적인 변론가를 파견하는 것으로는 불충분하고 정확한 정책 평가를 위해서는 해외 실정을 정확히 볼 수 있는 숙련된 옵저버가 필요하다는 것을 인식하게 되었다. 그러나 비잔틴제국의 경험에도 불구하고 외교관, 사절, 그리고 오랫동안 그렇게 호칭되어온 소위 '웅변가'(orator)는 국제 관계에서 아주 점진적으로 영속적인 존재가 되어 갔다.

암흑 시대에서, 그리고 특히 봉건시대의 유럽에서는 국제적인 접촉을 질서정연하게 또는 확정적으로 제도화할 만한 기회가 거의 없었다. 협상의 기술일 뿐만 아니라 그러한 기술을 실행하고 있는 전문가를 의미하는 것으로 우리가 이해하고 있는 현대적 의미로서의 외교는 13~14세기에 이탈리아에서 발생하였다. 이탈리아를 조직적 · 직업적 외교의 어머니로 인정해야 하는 사실은 유감스러운 일이지만, 그것은 불가피한 사실이었다.

이탈리아의 도시 국가들은 정통적인 봉건 제도의 권외에 있었다. 그들은 무자비한 적대 국가들에 의하여 갈기갈기 찢겨 있었을 뿐만 아니라 무수한 공통 이익으로 얽혀 있었다. 그들은 끝없이 권력 투쟁에 휘말려 있었으며 자신의 세력을 우월하게 해줄지도 모르는 제휴와 동맹에 몰두하고 있었다. 그러므로 이탈리아에서는 13~14세기에 외교관적 정치가(diplomatist-statesman)가 등장하였다.

피렌체는 그와 같은 대사로서 단테(Alighirè Dante),[24] 페트라르크(Francesco Petrarch)[25] 보카치오(Giovanni Boccaccio)[26]를 자랑할 수 있으며,

24) 단테(Alighirè Dante, 1265~1321) : 30세에 정계에 투신하여 외교 사절로 로마에서 활약한 바 있으나 만년에는 고향 피렌체에서 추방되어 각지를 전전하다가 실명하여 『신곡』을 쓴 후 불우하게 객사하였다.

그보다 후대에는 마키아벨리(Niccolo Machiavelli)[27]와 귀치아르디니 (Francesco Guicciardini)[28]를 뽑낼 수 있다. 그러나 언제부터 그리고 어디에서 수시적(隨時的)인 사절이 영구적인 사절 또는 대사로 발전하게 되었는지를 정확하게 획선(劃線)한다는 것은 매우 어려운 일이다. 학자들의 주장에 의하면 최초로 상주 대표를 경험하게 된 것은 로마교황청(Holy See)의 사절 제도였다고 한다. 그러한 기원설에 대하여는 믿을 만한 증거를 댈 수는 없다.

기록에 나타난 최초의 상주 사절은 1455년 밀라노 대공(大公)인 스포르차(Francesco Sforza)[29]에 의하여 제노아에 설치된 것이다. 그 후 5년이 지나 사보이 대공(Duke of Savoy)[30]은 베르첼리(Vercelli)[31]의 부주교인 마르가리아(Eusebio Margaria)를 로마에 파견하여 상주 사절로 삼았다. 1496년 베네치아는 "영국으로 가는 길이 매우 멀고, 매우 험난하다."

---

25) 페트라르크(Francesco Petrarch, 1304~1374) : 이탈리아의 시인. 볼로냐(Bologna)대학에서 고전 문학을 연구한 후 인간성을 찬양하는 시를 써 문예부흥의 원동력이 되었으며 한때는 교황청에서 근무한 바도 있다.

26) 보카치오(Giovanni Boccaccio, 1313~1375) : 이탈리아의 시인. 『데카메론』 (Decameron)을 써서 명성을 얻었으며, 4차례(1351, 1354, 1365, 1367)에 걸쳐 피렌체에 외교 사절로 파견되어 활약한 바 있다.

27) 마키아벨리(Niccolo Machiavelli, 1469~1527) : 이탈리아의 정치학자. 그의 『군주론』 (The Prince)은 신성로마제국, 프랑스, 그리고 교황청에 외교 사절로 파견되었을 때 목격한 바를 그 이론적 기초로 삼고 있다.

28) 귀치아르디니(Francesco Guicciardini, 1483~1540) : 피렌체의 역사가이며 정치가. 모데나(Modena)와 레지오(Reggio)의 교황 총독(1516~1521)과 로마냐(Romagna)의 총독을 지냈으며 『이탈리아사』(Storia d' Italia) 20권이 있다.

29) 스포르차(Francesco Sforza, 1401~1466) : 이탈이아 밀라노의 용병대장으로 출세하여 앰브로스 공화국(Ambrosian Republic)을 멸망시킨 후 롬바르디(Lombardy)와 이탈리아 북부지방을 통치하였다.(1450~1466) 스포르차의 행적에 관해서는 『군주론』에 상술되어 있다.

30) 사보이 대공(Duke of Savoy, 1383~1451) : 사보이 공국의 군주였던 아마데우스 8세 (Amadeus VIII, 재위 1391~1451)를 의미한다. 그는 그 후 펠릭스 5세(Felix V)라는 참칭교황(僭稱敎皇)으로 있었다.(1439~49)

31) 베르첼리(Vercelli) : 이탈리아 북서부의 세시아강(Sessia River) 위에 있는 도시.

는 이유로 당시 런던에 주재하고 있던 두 상인을 부대사(Subambascia-tores)로 임명하였다.

　그 후 몇 년이 지나 이탈리아 도시 국가의 상주대사관이 런던과 파리, 그리고 찰스 5세(Charles V)[32]의 궁정에 설치되었다. 다른 국가들도 이를 본받아 1519년에는 볼린 경(Sir Thomas Boleyn)[33]과 웨스트 박사(N. West)[34]가 영국의 대사로 파리에 파견 상주하였다. 그리고 드디어는 프랑스의 프랑시스 1세(Francis I)[35]도 상주 외교 기구 같은 것을 구상하기에 이르렀다. 그러나 외교의 위계(位階) 질서가 분명하게 수립되거나 재조직되기까지는 3세기가 흘렀다.

　중세의 외교 사절들은 사절(legate), 웅변가(orator), 성사(聖使 : nuncio), 대표(commisar), 대리인(procurator), 요원(agent) 또는 대사(ambassador) 등 다양한 이름으로 불려졌다. 그러다가 확연히 구분되는 두 계급이 점차 재인식되기에 이르렀다. 지금과 마찬가지로 그때에도 그 나라의 원수를 개인적으로 대표하는 사람은 이론상 대사였다. 이들의 대표로서의 성격은 끝없이 복잡하게 되어갔다. 그는 그 국가 주권자의 지위와 권위를 독자적으로 대표하도록 되어 있었다.

　이러한 사실로 인하여 대사는 서열에 대하여 집착하게 되었고 궁정의 뒷방에서는 말다툼하고, 밀치고, 비집고 들어가는 등 불미스러운 일이 많았다. 심지어는 오늘날에도 어떤 약소 국가의 대표들은 사회적

---

32) 찰스 5세(Charles V, 1500~1558) : 신성로마제국의 황제.(재위 1519~1556) 스페인 왕으로 있을 때에는 찰스 I세로 지칭됨. 만년을 스페인의 유스트(Yuste) 수도원에서 생애를 마쳤다.

33) 볼린 경(Sir Thomas Boleyn, 1477~1539) : 헨리 8세의 계비인 앤(Anne)의 아버지.

34) 웨스트(N. West, 1461~1553) : 영국의 외교관. 이튼(Eton) 및 캠브리지 출신. 스코틀랜드, 독일, 프랑스, 캐스틸(Castile) 등지에서 외교관으로 활약하였다.(1502~25)

35) 프랑시스 1세(Francis I, 1494~1547) : 프랑스의 국왕.(재위 1515~1547) 신성동맹에 대한 전쟁을 계속하다가 끝내 패배하였으나 프랑스 문예부흥의 아버지로 불려진다.

기능의 면에서 그에게 부여되는 직책에 대해서 날카로우리 만큼 예민하며, 런던에서 흔히 일어나는 바와 같이 초청에서 제외되는 극단적인 경우에는 모멸감을 느껴야 하는 경우도 많았다.

그러나 16~17세기의 몹쓸 대사들은 자신의 서열을 유지하기 위하여 육박전을 벌이지 않을 수 없었을 뿐만 아니라 차림새로 허세를 부림으로써 자기 원수의 장려(壯麗)함과 막강함을 보여야만 했고, 흔히 그 원수가 봉급이라도 보내주지 않는 날이면 그들은 빈번히 빚에 쪼들렸다. 더구나 왕실의 어떤 인물이 대리적인 권위를 행사할 경우, 그들은 왕이나 왕족의 혈통을 타고난 사람 이외의 인물과는 접촉을 금한다는 인식이 있었다. 따라서 정보의 획득과 접촉의 기회는 제한적이었다.

그리고 외국의 수도에 어엿한 대사를 상주시키기보다는 반관(半官)의 대리인에게 업무를 맡기는 것이 더욱 효과적이고 비용도 적게 든다는 사실을 발견하기에 이르렀다. 이러한 인물들은 불성실하고 부패하는 일이 빈번했다. 전반적으로 볼 때 각 국가에서 외교 업무를 수행하는 과정에서 얻어진 외교관의 중요성과 영향력은 그들의 직업에 대한 신뢰도를 높이는 데 도움이 되지 못했다.

1815년의 비엔나회의에 참석했던 정치가들은 이번 기회에 그와 같이 불균형하고 품위 없는 제도의 종지부를 찍어야 한다는 사실을 깨달았다. 엑스 라 샤펠회의(Congress of Aix-la-Chapelle)[36]의 1815년 3월 19일자 규칙(Reglement)과 부속 규정들은 합의된 바에 근거하여 열강의 외교 업무와 대표를 최종적으로 확정하였다. 이때에 확정된 외교 사절은 다음과 같은 4가지로 확정되었다.

---

36) 엑스 라 샤펠회의(Congress of Aix-la-Chapelle) : 나폴레옹전쟁(1800~1815) 이후 영국 · 오스트리아 · 프러시아 · 러시아 · 프랑스 등이 전후 처리를 위해 독일의 아헨(Ahen)에서 모인 국제회의.

(1) 대사(ambassadors), 교황청 사절(papal legates), 교황청 성사(聖使 :
   papal nuncios)
(2) 특명 사절 및 전권 대사(envoys extraordinary and ministers plenipoten-
   tiary)
(3) 변리(辨理) 공사(ministers resident)
(4) 대리대사(chargé d' Affaires)

더구나 중요한 것은 각 직급의 서열은 그들의 상대적 지위라든가 그가 소속되어 있는 국가의 중요도와 같이 논쟁의 여지가 많은 것에 기초를 두고 있는 것이 아니라 그의 부임 일자라고 하는 좀 더 확실한 근거에 따라서 서열을 결정하기로 하였다는 사실이다. 이러한 제도 하에서는 고참 대사, 이를테면 부임 기간이 가장 오래된 대사가 외교사절단장(doyen)이 되었다. 그 밖의 대사들은 정확한 부임 일자 순서에 따라서 자리를 잡는다. 이와 같은 방법으로써 서열을 둘러싼 날카로운 논쟁은 없어졌다.

1815년에는 각국의 외교 업무가 그 나라 공직의 독립된 분야로 인정되었다. 이제 외교는 자신의 위계와 법규를 갖는 하나의 분명한 직업으로 확정되었고, 뒤에서 볼 수 있는 바와 같이, 자신의 제도와 관습을 발전시켜 나갈 수 있게 되었다. 다음의 장에서는 이러한 제도의 실질적인 기능이 무엇인가를 기술할 것이다. 이 장에서는 이러한 제도가 발전해온 점진적인 과정만을 제시하고자 했을 뿐이다. 제2장에서는 외교 실무에 부속되는 외교 이론의 전개 과정을 제시하기 위하여 노력해 보고자 한다.

Ⅱ
외교 이론의 발전

나 자신의 실질적인 경험과 외교를 통해서 쏟은
여러 해 동안의 연구를 통해서
나는 '도덕적 외교' 가 궁극적으로 가장 효과적이며
'부도덕한 외교' 는 그 자신의 목적을 그르친다는
심오한 확신에 이르게 되었다.

Diplomacy by Sir Harold Nicolson

모와트 (Robert R. Mowat) 교수의 3단계론 / 그의 이론은 외교 이론의 계속성을 너무 과소평가하고 있다. / 국제법의 영향 / 외교 이론에서의 '진보'라는 어휘가 가지는 의미 / 외교 이론의 진보에 대한 그리스인의 공헌 / 중재와 그리스의 인보(隣保)동맹회의(Amphictyonic Council) / 그들이 실패한 이유 / 주로 법률적이고도 식민지주의적인 로마인의 공헌 / 건전한 외교 이론의 발전에 반동적이었던 동로마제국과 그 후 이탈리아 국가들의 이론 / 그 효과 / 워튼 경(Sir Henry Wotton)과 마키아벨리 / '도덕적인 외교'는 압도적인 폭력과 구분되는 것인가? / 상식의 영향 / 이것은 상업적 접촉에서 야기되었다. / 오로지 윤리적 견지에서 외교 이론을 평가하려는 것의 위험성 / 협상술에 미친 무역과 상업의 막중한 영향 / 부르주아나 상인의 개념에 대치되는 것으로서의 봉건적·전사적(戰士的) 개념 / 이러한 개념들이 종속되고 있는 위험성과 환상 / 그들 사이에 나타나는 차이의 본질

1

외교 이론의 발전은 배타적인 종족적 권익의
편협한 개념으로부터 포괄적인 공통 이익의
광범한 개념으로 이행되었다.

모와트(Robert R. Mowat)[1] 교수는 그의 저명한 저술인 『외교와 평화』
(*Diplomacy and Peace*)에서 유럽의 외교 이론 발전을 다음과 같이 3단계
로 시대 구분하고 있다.

- 第1기(476~1475) : 외교가 전적으로 비조직적이었던 암흑시대 (로마
  제국의 멸망~알마나크 왕조의 멸망)
- 第2기(1473~1914) : 역사적으로 외교 이론이 '유럽의 국가 체제'로
  인식된 정책 체계를 따르던 시대
- 第3기(1914년 이후) : 윌슨(W. Wilson) 대통령에 의해 창안되어 때로
  는 '민주주의적 외교'라는 것으로 알려지고 있는 것이 등장한 시
  대

모와트 교수가 이 책을 저술한 1935년은 국제연맹(League of Nations)

---

1) 모와트(Robert R. Mowat, 1883-1941) : 옥스퍼드대학 수료. 브리스톨(Bristol)대학교
   역사학 교수.(1907-28) 위스콘신대학 교수(1925-26)로서 『외교와 평화』(1935)를 저
   술했다.

이 신뢰를 잃고 몰락하기 이전인 동시에 반민주주의적인 외교의 영향력이 크게 풍미하기 이전의 시기였다. 모와트 교수가 1938년에 이르러서도 자신의 3단계론을 낙관적으로는 생각했는지는 의심스럽다. 오늘에 이르러서는 윌슨 대통령이 주창했던 그 새로운 복음(福音)이 그렇게 새로운 것도 아니었고 또 과거 한때 신봉된 바와 같이 그렇게 강력한 것도 아니었던 것처럼 보인다. 윌슨의 사상은 외교 이론의 새로운 장에 대한 서언(緖言)이 아니라 인간의 이해관계에 의해서 이루어진 공동체의 개념과 배타적인 국가적 권익 사이에서 벌어진 19세기적 갈등에 대한 주석(註釋)이었다고 후대의 사람들은 생각해도 좋다.

국제적인 행위와 협상의 원칙과 방법에 대하여 일반적으로 용납되고 있는 이상으로서의 외교 이론의 생성과 발전을 검토하면서 나는 나의 주제를 시대로 구분한다거나 또는 어떤 범주로 나누는 일을 피하고자 하며 외교 이론에 대해 가해진 돌발적인 출현이나 또는 그것의 발전을 가로막은 오랜 장애물에 관해서보다는 오히려 외교 이론의 발전의 계속성에 대해서 역점을 두고자 한다.

외교 이론의 전개 과정에서 주요 인자는 내가 주장하는 일반적 주제 밖에 존재한다는 사실을 이 글의 벽두에서 독자들에게 일깨워주는 것이 필요하다. 나는 여러 세기에 걸쳐 소위 '국가 간의 법'(Laws of Nations)이라든가 또는 오늘날 다소 부정확하게 불리고 있기는 하지만 소위 '국제법'(International Law)의 개념과 영향력이 지속적으로 진보해왔다는 사실을 지적해 두는 바이다.

---

2) 그로티우스(Hugo Grotius, 1583~1645) : 네덜란드의 법학자이며 정치가. 1613년에 영국 대사로 파견된 적도 있으나 정치적으로 패배하여 프랑스에 망명. 30년 전쟁의 참화를 목격한 후로 『전쟁과 평화의 법에 관하여』를 저술. 1634년 스웨덴으로 망명하여 프랑스 주재 대사를 지냈으며, 1645년에 이를 사직하고 귀국. 국제법의 아버지로 지칭된다.

1625년에 출판된 그로티우스(Hugo Grotius)[2]의 『전쟁과 평화의 법에 관하여』(De Jure Belli ac Pacis)라는 저술은 사려 깊은 모든 독자들로 하여금 모든 인류에 공통되는 어떤 원칙, 이를테면 국제 행위에 대한 실질적인 법전(法典)을 이루고 있는 집성(集成)은 없는가라는 문제에 관하여 관심을 쏟도록 만들었다.

이러한 법전을 강제할 만한 재판관이 존재하지 않는 상태에서 그저 바람직한 원칙의 암시에 불과한 그 어떤 상황에 대하여 '법'이라는 용어를 정확하게 적용할 수 있는지의 여부에 대해서 법률학자들은 여러 세기 동안 논쟁을 벌여왔다. 그러나 그 '국가 간의 법'에도 이해관계는 분명히 나타나고 있다. 그 규범과 율법은 끊임없이 토론되고 법제화되고 있다는 것은 분명한 사실이며 오랜 시간에 걸쳐 강대국들이 제창한 경구(警句)에 대하여 자발적으로 복종했던 사실은 국제 도덕의 일반적 개념에 대하여 영향력을 가중시켰고, 결과적으로는 외교 이론에 대해서도 영향력을 미쳤다.

그러나 국제법이라는 것은 그 자체가 평생에 걸친 연구의 과제이다. 이런 성격을 기술하면서 나는 그 가장자리만이라도 겨우 다룰 수 있기를 기대할 수밖에 없으며 그 가장자리는 외교의 비법률적 측면의 연구와 분명히 얽혀 있는 것이기 때문에, 그것의 전면적인 연구는 옆으로 미루어 두고 싶다. 그러나 그렇게 하면서 나는 논의하고 있는 주제 중에서 하나의 중요하고도 건설적인 요인을 내가 제외시키고 있다는 점을 독자들에게 또 다시 예고하지 않을 수 없다.

그러므로 외교 이론의 단절보다는 오히려 그의 계속성에 치중하다 보면 외교 이론이 가상하고 있는 몇 가지의 상이한 유형이 있고, 또 이성보다는 폭력이 순간적이나마 더 우월했던 극적인 시대가 있었음에도 불구하고 외교의 발전 그래프는 현저하게 상향(上向)하고 있음을 발견할 수 있다는 점에서 우리는 깊은 인상을 받게 된다. 그렇다면 그 발전의 본질은 무엇인가? 이 점에 대해서 나는 다음과 같이 정의를 내릴 수밖에 없다.

"외교 이론의 발전은 배타적인 종족적 권익(權益)의 편협한 개념으로부터 포괄적인 공통 이익의 광범한 개념으로 이행되었다."

이렇게 정의를 내리면서 나는 '정책'과 '협상'을 혼동하지 말아야 한다는 나 자신의 원칙을 스스로 깨뜨리고 있다고 말할 수도 있으며, 그런 식으로 정의된 발전은 정책상의 진보이지 그 정책이 수행되어진 수단의 진보는 아니라고 말할 수도 있을 것이다. 그러나 나는 그런 주장을 부정한다. 정책의 이론과 협상의 이론은 교호적(交互的)이며 목적이 수단을 결정한다는 것이 항상 옳은 것은 아니다. 뿐만 아니라 외교관은 국제적인 활동에 관한 개념에서 정치인보다 훨씬 앞서가는 경우가 흔히 있으며, 하인도 그 주인에게 결정적이고도 유익한 영향력을 행사하는 경우는 비일비재하다는 사실을 모든 외교 연구가들은 인정하고 있다.

2

만약 어떤 한 동맹국이 규약의 조항을 위배한다면
그 동맹국은 자동적으로 그 국가와 맹약한
다른 모든 국가의 적이 되었다.

나는 이미 제1장에서 외교 관계는 전령 또는 백기(白旗)를 들고 항복하던 시대로부터 웅변가 또는 법정의 시대로 옮겨가는 과정에서 점차적으로 생성되었다는 사실을 시사(示唆)한 바 있다. 5세기경에 이르러 그리스인은 국가 간의 일정한 의사 소통 체계에 가까운 어떤 제도를 갖추고 있었음을 알 수가 있다. 외교 이론에서 그들의 진보도 또한 놀라운 정도였다.

그리스인은 명목적인 헤르메스뿐만 아니라 '임기응변에 능란한' 율리시즈(Ulysses)[3]의 영웅적인 모습을 그들의 성공적인 외교관상으로 생각했었다는 사실도 흔히 생각해 볼 수 있다. 그들은 교지(狡智)를 칭찬했던 이상으로 지식을 칭찬했다. 제1장에서 인용한 바 있는 스파르타 회의의 바로 그 자리에서 알키다무스 왕(Archidamus)[4]은 사실주의적 외교의 대표로 꼽힐 만한 다음과 같은 연설을 하였다.

---

3) 율리시즈(Ulysses) : 그리스 신화에 나오는 인물. 트로이(Troy)전쟁에 참가한 지용(智勇)이 겸비한 장군으로 호머의 『오디세이』(Odyssey)에 등장한다.
4) 알키다무스 왕(Archidamus, ?) : 스파르타의 왕인 알키다무스 2세를 의미한다.(재위 476~427 B.C.) 포에니전쟁(431~427 B.C.) 초기에 스파르타 군을 지휘하였다.

"스파르타의 시민 여러분!

내가 만약 수많은 전쟁을 경험하지 않았다면 나는 지금의 내 나이를 먹었다고 말할 수 없습니다. 여기에는 나 자신과 같이 이 시대에 살고 있는 몇 분이 있습니다. 그들은 무지로 인하여 전쟁이야말로 바람직한 것이라든가 또는 전쟁은 이익이나 안전을 가져온다고 생각하는 불행한 오류를 범하지 않을 것입니다….

나는 아테네인이 우리의 동맹국들에게 해를 미쳐도 좋다고 느끼도록 여러분들이 무심하라는 뜻도 아니고 그들의 음모를 파헤치는 데에 주저하라는 뜻도 아닙니다. 다만 여러분들에게 주장하건대, 당장 적대 관계에 돌입해서는 안 된다는 뜻입니다. 우리는 먼저 아테네에 몇몇 사절단을 파견하여 당장 전쟁을 일으킬 것 같은 인상을 풍기지도 말고 그렇다고 해서 당장 항복할 것 같은 인상을 풍기지도 않는 담담한 어조로 이들과 담판할 수 있도록 해야 합니다. 그러는 동안에 우리는 전비(戰備)를 갖추는 데 필요한 시간을 벌 수가 있을 것입니다….

만약 아테네인이 우리의 제안을 받아들인다면 그보다 더 좋은 일은 없습니다. 그러나 막상 저들이 우리의 제의를 거부한다 할지라도 2~3년의 세월이 흐르면 우리의 처지가 더욱 강대해질 것이고 그때 가서 적당하다고 생각되면 저들을 침략할 수도 있습니다. 심지어는 우리가 저들과 대등한 실력을 보일 수 있는 정도의 재무장을 갖추었다는 사실을 저들이 인식한다면 저들은 기꺼이 양보할 것입니다.

우리는 이와 같이, 단 하루 동안의 논쟁을 거쳐서 우리 국민의 생명과 재산에 관계가 있고 우리의 국가적 명예에 깊이 관련된 것들을 속결해서는 안 됩니다. 우리는 냉정히 생각한 후에 우리의 결정을 내려야 합니다…. 우리는 이번의 포티디아(Potidaea)의 위기[5]

---

5) 포티디아(Potidaea)의 위기 : 그리스의 테르미아코스 만(Thermiakos Bay)에 연접한 도시. 제2차 펠로폰네소스전쟁의 발단 지역. 서기전 431년에 아테네가 스파르타의 동맹국이자 코린트의 피보호국인 포티디아를 군사적으로 포위·공격한 사건을 의

를 당하여 아테네인이 우리에게 법적인 만족을 주려고 제안해 왔었다는 사실을 잊어서는 안 됩니다. 중재를 제의하려고 준비하고 있는 국가를 범죄자로 취급하는 것은 법에 위배되는 일입니다."

이토록 현실주의적인 알키다무스 왕의 연설은 오늘날의 우리들에게 냉소적이거나 아니면 적어도 당황하리만큼 솔직하게 들릴 수도 있다. 그러나 중재에 관한 마지막 부분의 연설은 매우 괄목할 만하다. 어떻게 윌슨(W. Wilson) 대통령보다 2,260년이나 앞선 한 스파르타의 정치인이 그토록 긴장이 감도는 절박한 순간에, 중재의 방법이 그의 청중들에게 잘 알려진 것처럼, 그리고 그의 청중들이 수락해야만 하는 것처럼 군중 집회에서 연설할 수 있었을까?

그리스인은 그들의 적대 세력에 대한 감정에도 불구하고 종족적 권익의 이론으로부터 공통된 이익의 개념으로 이행되어 갔음은 사실이다. 그러나 공통 이익의 개념이 케케묵은 이론의 불길을 냉각시킬 만큼 강력하지 못하였다는 사실 때문에 그리스의 독립은 허물어졌다. 그러나 공통 이익의 개념은 존재하고 있었다. 인보동맹회의(Amphic-tyonic Council)[6]에서 그것은 주기적인 재통합의 형태로 표현되었다. 그러한 재통합의 형태는 영국에서의 교회대회(Church Congress)[7]나 음악가대회(Eisteddfod)[8] 그리고 국제연맹회의에서 나타났다.

7세기에 이르러 이들 인보동맹 또는 지역 회의 중에서 가장 유력한

미한다.

6) 인보동맹회의(Amphictyonic Council) : 고대 그리스에서 신전의 옹호를 위하여 이웃한 여러 주끼리 맺은 동맹으로서, 델피(Delphi)의 아폴로 신전을 중심으로 맺은 델피 인보동맹이 가장 유명하였다.

7) 교회대회(Church Congress) : 영국의 교회사에서 성직자와 신도 사이의 준공식적인 연차회의로서 종교 · 도덕 · 사회 문제를 토의하였다.

8) 음악가대회(Eisteddfod) : 영국의 웨일즈 지방에서 웨일즈의 음악 · 문예 등의 보존과 장려를 목적으로 해마다 장소를 바꾸어 개최하던 지방예술제를 의미한다.

것이 델로스 섬(Island of Delos)⁹⁾에서 개최되었다. 그러다가 아테네인이 델로스 섬의 신전을 유린하자 델로스 인보동맹의 권위는 델피(Delphi)¹⁰⁾로 옮겨졌다. 비록 그들이 유지해온 상설 기구로서의 이러한 회의의 주된 목적이 신전과 재산을 보호하고 순례자들의 교통을 규제하는 것이었다고는 하지만 그밖에도 그들은 그리스인이 공통된 이해관계를 갖는 정치적인 문제들을 다루었으며 마찬가지로 중요한 외교적 기능도 수행하는 동시에 중요한 외교적 개혁도 도입하였다.

그들은 오늘날 우리가 소위 말하는 치외법권 또는 외교적 특권을 스스로 요구했다. 인보동맹이나 또는 동맹회의의 회원인 몇몇 국가들은 동맹회원국의 도시 국가를 결코 유린하지 않았을 뿐만 아니라 전시이든 평화시이든 간에 수로(水路)를 결코 차단하지 않았다. 만약 어느 한 동맹국이 이 규약의 한 조항을 위배한다면 그 국가는 자동적으로 그 국가에 대하여 전쟁을 개시하도록 맹약한 모든 여타 국가의 적이 되었다. 그리고 인보동맹이 그러한 규약을 위배한 국가에 대해서 제재를 가한 예는 사실상 수없이 많이 기록되어 있다.

이런 놀라운 제도는 두 가지의 중요한 이유로 인하여 그 종말을 맞았는데 첫째로는 그들의 구성이 보편적으로 확대되지 못하여 수많은 주요 강대국들이 이에 가담하지 않았기 때문이요, 둘째로는 그들이 강대국들에게 제재를 가하기에 충분할 만큼 결합된 힘을 갖추고 있지 못했기 때문이었다. 그러나 그러한 제도가 있었다는 사실 자체만으로서도 그리스의 안정을 가져오는 데 기여하였을 뿐만 아니라 공통된 국제적 이해관계와 공통된 국제법의 개념을 발전시키는 데 기여하였다.

---

9) 델로스 섬(Island of Delos) : 그리스의 키클라데스 군도(Kyklades) 중의 하나. 고대 그리스의 델포이와 더불어 아폴론의 성지로서 1878년에 프랑스에 의해서 발견되었다.
10) 델피(Delphi) : Delphoi라고도 함. 중부 그리스의 고대 도시로서 아폴로의 신탁소로 유명한 중요 성지이다. 1600 B.C.경부터 이미 종교적 의식이 이곳에서 행해졌다.

3

로마제국의 실질적인 힘을 지극히 싫어하는
사람일지라도 로마가 인류의 협동심을 앙양시켰다고
인정하지 않을 수 없을 것이다.

초창기에는 외교 이론이 이토록 비약적인 발전을 이룩한 데 비해 그
후의 외교 이론은 뒷걸음질을 쳤다. 그리스의 도시 국가들은 그들 자
신이 창안한 국가 간의 예의 기준에 따라서 살 수가 없었다. 힘을 가진
자만이 이겼다. 알렉산더 대왕(Alexander the Great)[11]에게 인보동맹이나
동맹이니 하는 것들은 안중에도 없었다. 협동은 예종(隸從)의 길을 걷
게 되었으며 자유는 사라졌다.

로마인이 등장하자 그들은 국제적 평등이니 국제적 협조니 하는 개
념보다는 오히려 국제 질서와 국제적 규범의 개념을 발전시키는 데 기
여하였다. 외교 이론에 대한 그들의 기여가 대단한 것은 더 말할 나위
도 없다. 그들은 민첩하고 지략이 있는 덕분에 복종과 조직과 '평화의
습관'과 불법에 대한 증오심을 그 댓가로 얻었다. 심지어는 로마제국
의 실질적인 힘을 지극히 싫어하는 사람일지라도 로마가 인류의 협동
심을 앙양시켰다고 인정하지 않을 수 없었다.

로마 부족이나 씨족들의 작고, 호전적이며, 오만한 경쟁심은 사실상

---

11) 알렉산더 대왕(Alexander the Great, 356~323 B.C.) : 마케도니아의 왕(재위 336~323
B.C.)으로서 이집트, 페르시아, 인도를 정복하고 귀국 도중에 바빌로니아에서 죽었
다.

세계적인 개념으로 확대되었다. 로마인은 법뿐만 아니라 외교 이론도 보편적인, 이를테면 초교파적인 것으로 만들었다. 그러나 '로마의 평화'(pax romana)라든가 또는 세계 권위와 같은 것을 차치한다면 그들이 가져온 가장 본질적인 공헌은 법률적인 것이었다. 그리고 그것은 비법률적인 외교 연구의 범위를 넘어서는 것이었다.

그 후의 제국에서 권력 정치가 쇠퇴하게 되자 동로마제국의 통치 체제 아래에서는 가장 비건설적인 형태로서의 외교적 병폐가 재발되었다. 외교는 인간의 탐욕과 어리석음에 대한 해독제라기보다는 오히려 흥분제가 되었다. 협조 대신에 와해를 가져왔고, 단결 대신에 분열을 가져왔으며, 이성 대신에 교지(狡智)를 가져왔고, 도덕적 원리 대신에 재간만이 늘었다. 외교에 관한 동로마적인 개념은 베니스로 직접 옮아 갔으며 냄새가 고약한 이들 개펄로부터 이탈리아 반도를 휩쓸었다. 중세기의 외교는 압도적으로 이탈리아적인 그리고 참으로 동로마적인 맛을 풍기었다. 근대 유럽에서 외교가 그토록 혹평을 들은 것도 이와 같은 유산에서 그 원인을 찾을 수가 있다.

본질적으로는 국제 관계에 적용된 상식이요, 자비라고 할 수 있는 외교가 어찌해서 그토록 터무니없는 평판을 얻게 되었는지를 살펴보는 것은 흥미 있는 일이다. 외교라는 것이 동로마제국으로부터 이탈리아의 도시 국가를 거쳐 유럽에 이르렀다는 사실로써 그와 같이 불행한 편견을 설명한다는 것은 과히 불쾌하거나 터무니없는 일은 아닐 것이다.

일반적으로 인정되고 있는 바와 같이, 애당초 외교가 하나의 독특한 직업으로 나타났을 때만 해도 유럽 외교의 수준은 높지 않았다. 16~17세기의 외교관들은 그들의 후임자들이 부당하게 혐의를 받을 수 있는 이유를 흔히 안고 있었다. 그들은 조정의 대신들에게 뇌물을 보냈으며, 반도(叛徒)들을 자극하거나 재정적으로 지원하였으며, 야당을 고무하였으며, 자기가 주재하는 국가의 내정 문제에 가장 사악한 방법으로 간섭했다. 그들은 또한 거짓말을 했고, 간첩 노릇을 했으며, 도적질을 했다.

이 당시의 어떤 대사는 자신을 '명예로운 간첩'(an honorable spy)이라고 생각했다. 사적인 도덕은 공공 도덕과는 별개의 것이라고 그는 진지하게 확신하고 있었다. 대부분의 외교관들은 '공적인 거짓말'이 개인적인 기만과는 거의 아무런 관계도 없는 것이라고 생각했다. 명예와 존엄성을 가진 인물이 교묘하게 사실을 왜곡함으로써 외국 정부를 오도하는 것은 점잖지 못할 뿐만 아니라 실제로도 무익하다는 사실을 그들은 조금도 깨닫지 못하였다.

"외교관이란 자기 나라의 이익을 위하여 외국에 파견되어 거짓말을 하는 정직한 인사이다."라는 견해를 피력했던 사람은 영국의 대사였던 워튼 경(Sir Henry Wotton)[12]이다. 이 구절은 우리의 진의와는 달리 인용되는 일이 많다. 워튼 경은 아우구스부르크(Augusburg)[13]에 재직하고 있을 때 농담 삼아 자신의 사진첩에 이러한 구절을 끄적거려 두었다는 사실을 세상 사람들은 말하지 않는다. 워튼 경의 한 정적은 이 구절을 발견하자 국왕 제임스 1세(James I)[14]에게 밀고하였다. 국왕은 자기의 신하인 대사가 이런 말을 한 데 대하여 적지 않은 충격을 받았다. 워튼 경은 단순히 '장난삼아' 그런 구절을 끄적거렸노라고 변명을 했지만 부

---

12) 워튼(Sir Henry Wotton, 1568~1639) : 영국의 외교관. 시인. 젊어서는 대륙을 7년 동안 여행했으며 에섹스(Essex) 백작의 비밀 요원이 되어 국제 정보를 수집했다. 1604~24년에는 주로 베네치아 주재 대사로 활약했다.
13) 아우구스부르크(Augusburg) : 독일 남부의 바바리아(Bavaria) 주에 있는 도시.
14) 제임스 1세(James I, 1566~1625) : 영국 스튜어트 왕조(재위 1603~25)의 시조. 왕권 신수설을 주장하고 국교를 강화하여 청교도와 마찰을 일으켰으며 대상(大商)에게 독점권을 주어 시민 계급의 반항을 일으켰다.

질없는 일이었다. 결국 제임스 1세는 그를 다시 기용하지 않았다.

오늘날 대중들 사이에서 외교관들이 혹평을 듣는 것은 워튼 경의 그와 같은 우연한 농담 때문만은 아니다. 마키아벨리(N. Machiavelli)의 경구를 외교의 이론 및 실제와 동일시하려는 것으로 해석하려는 진보적인 사고 방식에서 그러한 혹평이 연유되어졌다는 사실이 더욱 중요하다. 마키아벨리의 『군주론』(*The Prince*)이 출판된 것은 1513년임에도 불구하고 영국에서 100여 년이 지난 1640년에 그 번역판이 나왔다는 것은 흥미 있는 사실이다.

더구나 마키아벨리의 이상을 왜곡한 번역이 영국에 풍미하였으며 '마키아벨리적'(machiavellian)이라는 단어까지도 생겨났다. 이미 1579년에 스터브스(John Stubbes)[15]는 '마키아벨리적'이라는 형용사를 사용했으며, 1592년에 내쉬(Thomas Nashe)[16]는 '마키아벨리즘'(machiavellisme)이라는 실명사를 사용하고 있음을 볼 수 있다. 마키아벨리의 진의는 나약한 정부가 얼마나 위험한 것인가를 그 시대에게 경고하려는 데 있었다. 그는 이렇게 말하고 있다.

> "전하[17]께서 특히 알아두어야 할 것은 전쟁에 두 가지 방법이 있다는 사실입니다. 하나는 법으로써 싸우는 것이고 다른 하나는 힘으로써 싸우는 것인데 전자는 인간적인 방법이요, 후자는 짐승과 같은 방법입니다. 그러나 첫 번째의 방법은 만족스럽지 못한 때가

---

15) 스터브스(John Stubbes, 1543?~1591) : 영국의 청교도. 『심연의 발견』(*The Discoverie of a Gaping Gulf*, 1579)을 발표하여 엘리자베스 여왕과 앤주 공(Duke of Anjou)의 결혼을 반대했다가 탈권(脫權)되었다.

16) 내쉬(Thomas Nashe, 1567~1601) : 영국의 풍자 설화작가. 케임브리지대학 출신으로 청교도를 공격했다. 대표작으로는 『불행한 길손의 생애』(*The Unfortunate Traveller, Or the Life of Jack Wilton*, 1594)가 있다.

17) 여기에서 '전하'(殿下)라 함은 마키아벨리가 『군주론』을 진상했던 메디치(Lorenzo di Medici)를 의미한다.

많기 때문에 군주는 두 번째의 방법에 의존해야 합니다."[18]

그 책이 저술된 시대를 고려할 때 이상과 같은 그의 주장은 사실적인 것이지 냉소적인 것은 아니다. 그의 명예에 상처를 입히고 오명을 낳게 한 것은 마키아벨리 이론의 왜곡이지 그 참뜻이 그런 것은 아니다. 그리고 『군주론』에는 거짓된 표현을 유도하는 것으로 인식될 만한 문구들이 있다는 점을 인정하지 않으면 안 된다. 그는 이렇게 말하고 있다.

"군주가 교지를 부리지 않고 신의와 성실로써 살아간다는 것이 얼마나 상찬(賞讚)할 만한 일인가를 누구나가 다 잘 알고 있습니다. 그러나 오늘날 우리 세대가 경험한 바에 의하면 신의를 갖지 않고 교지(狡智)로써 남의 머리를 혼란케 하며 끝내는 충직함을 기본으로 삼고 있는 사람들을 압도한 사람들이 대업을 이룩했습니다…. 그러므로 성실하다는 것이 오히려 자기에게 불이익을 초래하고 자기 자신을 구속하는 이유가 더 이상 존재하지 않을 때 사려 깊은 군주라면 그 신의라는 것에 얽매여서는 안 됩니다. 만약 인간이 착하다면 저의 이와 같은 말씀은 옳지 않을 수도 있습니다. 그러나 저들의 성품이 나쁘고 또 저들이 전하에 대하여 신의를 지키려 하지 않을 때에는 전하께서도 그들과의 신의에 얽매여서는 안 됩니다."[19]

마키아벨리의 저명한 저술 중에서 흔치않게 나오는 이와 같은 경구는 그 당시에 널리 인용되었다. 그리고 그러한 경구에서 진실되고 선의적이라기보다는 그런 식의 원칙들이 사실상 모든 국제 협상의 뿌리

18) 『군주론』 제18장 '군주에 대한 신뢰를 지속시키는 방법,' §2
19) 『군주론』 제18장 '군주에 대한 신뢰를 지속시키는 방법,' §1 & 3.

를 이루고 있으며 야망찬 외교관들이 준수해야 할 규범이라는 식의 그
릇된 인식이 생겨나게 되었다.

4 외교관으로서 가장 바람직하지 못한 유형은
선교사와 광신자와 율법가이며, 가장 훌륭한 유형은
이성적이고 인간적인 회의자(懷疑者)이다.

위에서 나는 원시시대로부터 근대적 기미를 보이기 시작한 16세기 중엽에 이르기까지의 외교 이론의 전개 과정을 그려 보았다. 그리스인이 비록 실패하기는 했지만 국제 공동체의 개념이 무엇인가를 정립하려고 얼마나 노력했고, 또 그들의 공통된 이익은 개별 국가의 부분적 이익보다는 훨씬 더 중요하고 가치 있다는 사실을 주지시키기 위하여 얼마나 노력했는가를 설명하였다.

나는 또한 로마인은 어떻게 해서 국제법의 개념을 도입하였으며 어떻게 하여 그들은 로마제국의 강성함으로써 세계 국가를 꿈꿀 수 있었을까를 설명했다. 그 후 로마 교황청과 신성로마제국은 성공률이 낮아지기는 했지만 이러한 추억을 영원히 간직하려고 노력했다. 제국으로서의 우위가 기울어짐에 따라서 외교 이론은 어떻게 비잔틴적인 것이 되었으며, 어떻게 해서 동로마제국은 외교란 무력과 불법의 적이라기보다는 오히려 그 동지라는 이론을 이탈리아 국가들에게 유산으로 물려주게 되었는가에 대해서도 살펴보았다.

관찰력이 있는 냉소자라면 이상과 같은 외교 이론의 전개 과정을 볼 때 외교란 그것이 엄청난 힘에 종속될 때에만 도덕적이요, 각 국가들은 모든 사람들을 위협하는 위험에 직면하게 되었을 때에만 개별적인 이익이나 야심을 공익에 양보한다고 생각할지도 모른다. 그러한 생각이 전혀 그릇된 것은 아니다. 그리스인은 페르시아로부터 위협을 당했을 때에는 그들의 경험을 훌륭하게 되살렸지만 위협이 사라졌을 때에는 자멸적인 싸움을 되풀이했다.

　동맹국 중의 어느 한 나라도 타국에 대하여 애타심을 발휘할 만큼 열성적이지 못했기 때문에 그들이 가지고 있던 인보동맹의 고결한 사상은 실패하였다. 로마인은 자기들이 이미 알려진 세계의 명실상부한 주역이 되었을 때에만 국제법의 지배와 '평화의 습관'을 다시금 확립할 수가 있었다. 그와 마찬가지로 그들의 종주권이 일단 기울어지면 외교 이론은 세계적 개념으로부터 쇠퇴하였으며, 비잔틴과 이탈리아인의 영향 하에서 그것은 약탈적이고 분열적이고 천박한 것이 되고 말았다.

　그러나 외교 이론의 계속성을 생각하고 또 그 발전 과정의 그래프를 검토해 보면서 세계의 역사를 하나의 지진계로 볼 때 그 각각의 발전 단계에서는 오늘날과 마찬가지로 어떤 단속의 순간이 있었던 것은 사실이지만 그 그래프가 상향성을 나타내고 있음을 보게 된다. 그렇다면 이와 같이 외교 이론이 발전하도록 영향을 미친 것은 과연 무엇인가? 그것은 두 가지로 나누어 볼 수 있는데 첫째는 법률이요, 둘째는 상업이다. 내가 여기에서 고찰하고자 하는 것은 후자의 영향이다.

　앵글로 색슨계의 학자들은 외교 이론의 기준으로 기록할 수 있는 이론적 진보의 원인을 도덕적 계몽의 파급으로 돌리려는 경향을 보여주고 있다. 외교 이론의 진보는 단순히 인간의 이해관계적인 공동체 개념의 증대에 의해서 뿐만 아니라 개인의 도덕에 대한 공중의 점진적인 접근에 의해서 측정되어져야 한다고 그들은 주장한다.

그러한 접근은 모든 선의의 외교관들이 지향해야 할 하나의 이념이라는 점에는 의심할 나위가 없다. 그러나 개별 국가의 안전과 이익은 모든 것에 우선하는 도덕률이라고 주장하는 대륙적 이론가들의 학파가 과거에도 있었고 또 오늘날에도 존재하고 있다. 개인 간의 관계를 지배하는 윤리적 인습은 주권 국가 간의 관계에도 적용되어 왔고 또 그래야만 한다고 주장하는 것은 단순한 감상에 지나지 않는 것이라고 그들은 말하고 있다. 이러한 이론은 저속하고 반동적인 것이라고 밀어붙이는 동시에 그것을 그와는 반대되는 화려하고도 순수한 이론과 대조해 보고 싶은 충동을 느끼는 사람이 있다는 것은 더 말할 나위도 없다.

그러나 실제로 '옳든 그르든 나의 조국인데…'라는 식의 입장은 수많은 고등 문명인에게 조차도 상당한 호소력을 가지고 있다. 그러한 입장은 심지어 자기 희생, 기율(紀律), 그리고 정열과 같은 덕성을 자극할 수도 있으며 문명인의 막연한 열망보다는 더욱 힘 있고 더욱 정확한 외교의 지침을 마련해 준다.

나 자신의 실질적인 경험과 외교를 위해서 쏟아 부은 여러 해 동안의 연구를 통해서 나는 '도덕적 외교'가 궁극적으로 가장 효과적이며, '부도덕한' 외교는 그 자신의 목적을 그르친다는 심오한 확신에 이르게 되었다. 그러나 협상의 기술을 논평하면서 나는 그 발전을 오로지 윤리적인 자극으로만 돌리는 문제에서는 주저하지 않을 수가 없다. 윤리적 자극은 그런 점에서는 오늘날에도 마찬가지이다. 그러나 윤리적 자극의 영향력을 과대평가하는 것은 발전의 실제적인 비율을 왜곡하게 될지도 모르며, 독자들이 어느 학파는 '옳고' 어느 학파는 '그르다'고 단정하도록 이끌 수도 있고 그럼으로써 독선과 파벌 또는 심지어는 도덕적 의분이라고 하는 가공할 위험을 노출하게 될는지도 모른다.

외교란 도덕 철학의 체계는 아니며, 새토우 경(Sir Satow)이 정의한 바와 같이, '독립된 국가의 정부 사이에 일어나고 있는 공식적인 관계의 행위에 대한 정보(intelligence)와 요령(tact)이다.' 외교관으로서 가장 바람직하지 못한 유형은 선교사와 광신자와 율법가이며, 가장 훌륭한 유형은 이성적이고 인간적인 회의자(懷疑者)이다. 따라서 외교 이론을 형성하면서 결정적인 역할을 한 것은 종교가 아니라 상식이다. 그리고 인간이 다른 사람을 다루면서 상식을 적용하리라고 최초로 깨닫게 된 것은 무역과 상업을 통해서였다.

국제 무역선이 암흑 시대와 봉건 사회의 혼돈을 중세의 잔잔한 물가로 이끌게 된 단계를 검토하는 것은 본서의 범위를 벗어나는 일이다. 나는 국제 무역이 십자군의 상업이나 베니스인의 독점 또는 동로마제국의 멸망에 어떠한 영향을 미쳤는가에 관하여 논의하고 싶은 생각은 없다. 다만 몇 가지 사건의 일자를 밝히는 것으로 충분할 것이다. 한자동맹(Hanseatic League)[20]은 이미 1241년에 결성되었으며 카나리아 군도(Canary Islands)는 1330년에 최초로 발견되었다. 바스코 다 가마(Vasco da Gama)[21]는 희망봉(Cape Town)을 거쳐 1497년에 인도(India)에 이르렀으며 포르투갈인은 1537년에 마카오(Macao)를 발견하였다. 그리고 이탈리아의 도시국가들은 이미 1196년에 레반트(Levant)[22]에 영사를 두었다.

외교의 이론이 몇 가지의 평행선에 따라 발전한 것은 바로 이러한

---

20) 한자동맹(Hanseatic League) : 한자(Hansa)란 중세의 독일어로 결사 또는 조합을 의미한다. 13세기에 국가적 통일이 결핍되어 있던 당시 각 도시의 상업과 무역을 보호하기 위하여 도시 연맹을 이룩했는데 전성기에는 80여개의 도시가 이에 가맹하여 연방적인 색채를 띠우고 있었다. 스페인·포르투갈의 해상 진출과 더불어 15세기 말에 쇠퇴하였다.

21) 바스코 다 가마(Vasco da Gama, 1469~1524) : 포르투갈의 항해가. 아프리카 남단을 돌아서 인도로 가는 항로를 발견하였다.(1497)

22) 레반트(Levant) : 동부 지중해의 여러 섬과 연안제국, 특히 시리아·레바논·이스라엘 등지의 일대를 의미한다.

식이었다. 로마법이 있었고, 로마법을 국제적인 것으로 확산시킬 수 있는 세계 국가에 대한 추억이 있었다. 동로마제국의 정교한 전통이 있었고 외교를 군사적 봉건 신분의 종속물로 정의하려는 권력 정치의 제국적 유산이 있었다. 종교적 제재에 입각하여 세계를 교환하려는 교황의 이상도 있었다. 그리고 인간과 인간의 합리적인 흥정에 의하여 지배를 받고 있는 외교의 상업적 개념의 가내공업적인 편직물은 이상과 같은 발전의 찬란한 실낱으로 엮어져 있었다. 건전한 외교는 중산계급의 시민이 만들어낸 것이다.

외교 이론의 두 가지 조류는
봉건 체제를 부활시킨 군사적 · 정치적 신분 질서의 이론과
상업의 계약에서 야기된 부르주아적인 개념이다.

다음 장에서 언급하게 될 목적과 절차에서의 기술적인 차이점을 논
외로 한다면 그 후의 몇 세기 동안에 나타난 외교 이론은 두 가지의 주
요한 조류로 나눌 수가 있다. 첫째로는 봉건 체제를 부활시킨 군사
적 · 정치적 신분 질서의 이론이며, 둘째로는 상업의 계약에서 야기된
좀 더 부르주아적인 개념이다. 전자는 권력 정치의 경향을 보여주는
것으로서 국가의 위신 · 지위 · 서열 · 매력과 같은 문제와 밀접한 관련
을 가지고 있으며, 후자는 이권 정치(profit-politics)의 경향을 보여주는
것으로서 주로 유화(宥和), 조정(調停), 타협(妥協), 신용(信用)과 같은 문
제에 몰두하였다.

이와 같은 경향들은 중복되는 일이 빈번하였음은 사실이다. 봉건적
개념이 극단적인 평화주의로 나타나는 시대도 있었고, 부르주아적 개
념이 난폭하리만큼 도발적이던 시대도 있었다. 그러나 전반적으로 살
펴볼 때 난해하고도 적용할 수 없는 도덕적 개념을 탐구하기보다는 외
교의 발전과 현실적 상황을 좀 더 명확하게 해준 것은 봉건적 경향과
부르주아적 경향의 차이점이었다.

편의상 봉건 이론을 '전사(戰士) · 영웅'의 이론이라 부르고 부르주아

적 이론은 '무역업자·상인'의 이론이라고 부르자. 전자의 이론에 의하면 외교란 '또 다른 어떤 수단에 의한 전쟁'[23]이라고 볼 수 있고, 후자에 의하면 외교란 '평화적인 상업에 대한 도움'이라고 볼 수 있다. 남을 약탈하는 것만이 전사학파(戰士學派, warrior school)의 목적은 아니다. 그들이 외교 정책에 대하여 영향력을 발휘하는 방법은 민간적이라기보다는 군사적인 견해로부터 구상되고 처리되었다. 그러한 체제 아래에서의 외교는 마치 군사 작전과 같았고 좋게 말해서는 추계 기동훈련과 같았다. 그리고 그러한 협상자들이 취하는 방법은 민간 관계에서 주고받는 것보다는 오히려 군사적인 전술에 가까운 것이었다.

협상의 목표는 승리이며 완전한 승리를 얻지 못한다는 것은 곧 패배를 의미한다고 하는 확신이야말로 외교 개념의 본질을 이루고 있다. 외교란 완전한 전사적 제압을 지향하는 무한한 행동으로 간주되고 있다. 그러므로 적의 허를 찌르고 사태가 더 이상 진전되기 전에 단숨에 굳어지는 전략적 위치를 장악하고, 전열 뒤쪽에서 온갖 수단으로 적을 공격함으로써 그들을 약화시키고, 주된 적과 그 동맹국들의 사이에 쐐기를 박을 수 있는 기회를 항상 노리며, 어느 곳에서인가 공격을 계획하고 있는 동안 적으로 하여금 그곳에 계속 머물러 있도록 만드는 것이야말로 협상의 전략이 되고 있다.

이 협상자들이 실제로 구사하는 전술도 그 성격상 군사적이다. 기습공격이나 야간 공격도 자주 하게 되며 주어진 상황에서 적의 위치가 어느 정도 강한가를 시험하기 위해서 참호공격조(*Kraftprobe*)를 파견하며, 때로는 전략적으로 후퇴하고, 도둑고양이처럼 요충을 점령하고,

---

23) 이 부분은 '전쟁이란 또 다른 수단에 의한 정치'라고 말한 클라우제비츠(Carl von Clausewitz)의 경구를 인용한 것임. Carl von Clausewitz, *On War*(Princeton : Princeton University Press, 1979), p. 87 참조.

협박하고, 무자비한 행동을 취하고 폭력을 쓰며, 주력 부대가 엉뚱한 방향에 집결되고 있는 동안에는 교묘하게 견제 작전을 쓴다. 그러한 체제 아래에서는 회유, 신뢰, 또는 떳떳한 대결 등은 표면화되지 않는 것이 분명하다. 양보라든가 조약의 체결은 한 특정한 분쟁의 최종적인 해결로 간주되는 것이 아니라 약화와 퇴각의 증거요 더 완벽한 승리를 준비하기 위하여 즉각적으로 개발될 수 있는 하나의 잇점(利點)이라고 생각할 수 있다.

외교의 전사적 개념과는 반대로 외교의 상업적·중상주의적 또는 소매상적 개념이 있다. 적대자 사이의 타협은 일반적으로 적대자의 완전한 파멸보다 더 유익하다는 추정이 그와 같은 협상의 민간적 개념의 기초를 이루고 있다. 협상이라 함은 단순히 생사를 건 투쟁의 양상이 아니라 어떤 항구적인 이해에 이르기 위하여 취하는 상호 양보에 의한 시도이다. '국가적인 명예'라는 단어는 '국가적인 정직'이라는 뜻으로 해석되어야 하며 국위의 문제는 건전한 사업상의 문제를 부당하게 훼방해서는 안 된다. 찾아본다면 그들의 상충되는 이해관계를 조정해 줄 수 있는 두 협상자 사이의 타협점이 있을 수 있다. 그리고 이 타협점을 모색하기 위해서는 무엇보다도 솔직한 토론이 필요하며, 문제된 안건을 협상의 테이블 위로 가져올 필요가 있으며, 인간적인 이성과 신뢰 그리고 정당한 흥정의 통상적인 과정이 필요하다.

외교의 전사적 개념과 상업적 개념은 그들이 각기 특수한 환상을 가지고 있는 바와 같이 그 나름대로의 특수한 위험을 안고 있다. 그러나 전사파는 민간 상인의 진심을 이해할 수 없다는 점과 상업파는 전사들의 협상의 수단과 목적에서 전혀 다른 이념으로 고무를 받고 있다는 사실을 인식하지 못한다는 점이 가장 위험하다. 전사들은 상대방을 두렵게 만들면서 신용의 힘을 과신하고 있다. 상인들은 신뢰심을 불러일으키고 싶어 하며 전사들은 공포심을 불러일으키고자 한다. 이와 같은 개념상의 차이로 인하여 상인들 측에서는 전사들에 대하여 분노를 느끼며, 전사들 측에서는 상인들에 대하여 모멸적인 의심을 품는다.

이상과 같은 두 가지의 상극적인 경향을 강조하노라면 외교 이론의 발전은 도덕적 가치의 확실한 기준보다는 오히려 상상적인 것과 이성적인 것, 낭만적인 것과 감각적인 것, 그리고 영웅적인 것과 상인적인 것의 비교에 더욱 의존해 왔으며 그러한 현상은 지금도 마찬가지라는 점을 확신하게 된다. 그러한 두 사조에는 각기 이상주의와 현실주의가 개재되어 있다. 전사들의 외교 이론은 본질적으로 동적(動的)이며 상인의 외교 이론은 정적(靜的)이라는 사실에서 그들은 실질적으로 구분된다. 전자는 그의 표현을 위하여 행동을 요구하고, 후자는 냉정을 요구한다.

III
구외교에서 신외교로의 변화

내각의 정책은 경험과 고결한 인품과 용기를 가진 사람,
그리고 무엇보다도 감정이나 편견에 사로잡히지 않고
매사에 편견에 사로잡히지 않고
매사에 사려 깊게 중용을 지킬 줄 알며,
오로지 공공 의무라는 의식에 따라 일하는 사람,
그리고 얄팍한 수가 얼마나 위험하며,
이성과 중용과 자제와 인내와 지모가
얼마나 중요한 것인가를 이해하고 있는 사람을
적재적소에 둘 때 그 업무를 옳게 처리할 수가 있다.

Diplomacy by Sir Harold Nicolson

1 직업 외교관으로 가장 이지적이고 고결했던 깡봉은
신·구외교 사이에 차이가 있는 것처럼 말하는 것은
대중적 환상이라고 말했다.

참으로 선량한 모든 사람들은 도덕적인 측면에서 꾸짖는 말투로 '구외교'라는 말을 하는데 이는 그들이 평판이 좋지 않은 자신의 친구를 '비밀 외교'라고 부르는 것과 같다. 이런 점에서 본다면 1918년의 어느 시점에서 외교는 찬란한 빛을 보이기 시작했고 그 모습을 일신했으며 그 활로를 찾았을 뿐만 아니라 그 이후로부터 전혀 다른 여인의 모습을 갖추게 되었음을 알 수가 있다.

17~8세기의 외교와 오늘날의 외교 사이에는 현저한 차이점이 있었음은 사실이다. 그렇다고 해서 마치 '저들의' 외교는 암흑시대와 같았고 오늘날 '우리의' 외교는 마치 광명한 것처럼 그들과 분명하게 선을 긋는 것은 잘못일 수도 있다. 그들 사이에는 급작스러운 변화가 일어난 것도 아니요, 원칙이나 첨예한 대비를 찾아볼 수 있는 것도 아니요, 다만 정치적인 환경에 따라서 협상의 기술이 점차로 변하여 제 모습을 갖추게 되었다는 정도이다. 직업 외교관으로는 가장 이지적이고 고결했던 깡봉은 마치 신·구외교 사이에 어떤 차이라도 있는 것처럼 말하는 것은 대중적인 환상이라고까지 주장하고 있다. 그는 다음과 같이 기록하고 있다.

"신외교니 구외교니 하면서 외교를 구별 짓는 것은 차이점도 없는 것을 구별하려는 것이다. 그것은 점진적으로 변하고 있는 외교의 피상적인 모습이요, 달리 표현한다면 외교의 확장에 불과한 것이다. 외교의 본질은 변함없이 존속될 것이다. 왜냐하면,

첫째, 인간의 본성은 결코 변하지 않는 것이요,
둘째, 국제적인 이견을 해결하는 방법은 단 하나밖에 없으며,
셋째, 어떤 정부의 제안에 대해 가장 설득력이 있는 방법은 진실한 인간의 대화밖에 없기 때문이다."

외교라는 것은 끊임없이 발전하는 것이며, 그 근본적인 원리는 지혜롭고 이성적인 인간들이 여러 세대에 걸쳐 축적한 경험을 나타내 주는 것이다. 뿐만 아니라 외교의 법칙과 공식을 비웃는 사람들은 그와 같은 처방들이 애당초 생각했던 것처럼 그렇게 쓸모없고 공허한 것만은 아니라는 점을 쉽게 발견하게 된다는 것도 또한 사실이다. 만약 깡봉도 그렇게 기대를 했었다면 그는 1917년 이후의 소련의 외교 방법을 검토해 봄으로써 자신의 견해를 예증할 수 있었을지도 모른다.

1917년의 혁명 직후의 초창기만 해도 소련의 외교 방법은 새로이 표현된 제도와 더불어 공표되었다. 브레스트-리토프스크회의(Conference of Brest-Litovsk)[1]에서 소련 대표가 행한 연설은 그것이 애당초에 발표되었던 때와 똑같이 공표되었다. 그로 인하여 참을성이 있는 수백만의

---

1) 브레스트-리토프스크회의(Conference of Brest-Litovsk) : 제1차 세계 대전 말기인 1918년에 소련과 중부 유럽 동맹국(독일 · 오스트리아 · 불가리아 · 터키) 사이에 단독 강화조약을 체결하기 위해서 마련된 국제 회의. 이 회의에서 러시아 혁명을 갓 치른 소련은 그루지야(Georgia)의 포기, 핀란드 · 우크라이나 정부의 승인 등 굴욕적인 내용의 조약을 수락하였다.

소련 국민은 엄청난 당황과 고통과 지루함을 겪게 되었다. 소련 국민이 그 '연설문'의 마지막 단어까지 살펴보았을 때 이러한 공공연한 조약문이 그토록 공개적으로 국내에 전달되었다고 해서 좋을 것이 하나도 없었다.

대사(大使, Ambassador)라는 관등(官等)과 직함은 소련의 어휘에서 사라졌으며 소련의 공식적인 대표들은 당분간 폴프레드(ПОЛПРЕД, Polpred)[2]라는 꼴사나운 이름으로 호칭되었다. 그리고 초창기에는 그들의 새로운 이데올로기에 집착한 최초의 모든 개종자들에 대하여 다른 국가들은 도덕적인 우월감으로 인하여 의식적인 미소를 던졌음에도 불구하고 새로운 통치 체제로부터 파견된 소련의 외교 사절들이 채택한 태도는 의기양양한 무산자(無産者)들의 거칠고 서툰 자세들을 그러한 미소와 조화시킬 수가 있었다.

그러나 세월이 흐르면서 소련은 점잖지 못하게 구식 외교 자세로 되돌아가지는 않았다. 이란과 중국에 파견된 '폴프레드'들은 급작스럽게 대사라는 직함으로 바뀌었는데 이는 그렇게 함으로써 그들의 사절들이 다른 열강들보다 상위 서열을 차지할 수 있었기 때문이다. 라팔로조약(Treaty of Rapallo)[3]의 체결을 가능케 한 협상은 어느 한 호텔의 침실에서 비밀리에 이루어졌고 그 뒤를 이은 조약은 폭탄이 터지듯이 급작스럽게 발표되어 세상을 놀라게 하였다.

초창기에 그러한 무분별한 방법이 기분은 좋지만 점차 실속을 잃고 빛을 잃어감에 따라서 소련 대표들의 말씨, 태도, 꾸밈새, 그리고 예법은 전전(戰前) 발칸 외교관들의 그것에 점차 가까워졌다. 그러나 깡봉

---

2) 폴프레드(ПОЛПРЕД) : 러시아어 Полномочный (plenipotentiary)와 Представитель (representative)의 합성 약어로서 '전권대사'를 의미한다.
3) 라팔로조약(Treaty of Rapallo) : 1922년 4월에 제네바의 근교에 있는 라팔로에서 독일과 소련 사이에 체결된 조약으로서 주로 통상·경제와 우호 관계를 규정하였다.

의 이의와 그것을 뒷받침할 수 있는 그 밖의 숱한 예증들이 있음에도 불구하고, 외교의 이론과 실제가 어떤 변모를 보임으로써 그 발전이 표출되었다는 것만은 사실이다. 이제 3장에서는 '구외교'가 어떠한 단계를 거쳐 '신외교'로 점차 바뀌게 되었는가를 살펴보고자 한다.

2

18세기의 외교관들은
조정의 실력자들에게 엄청난 뇌물을 바쳤고,
공문서를 훔쳐 냈으며,
총신의 후원을 얻어 내기 위해
온갖 수단을 다했다.

구외교에서 신외교로 옮겨 가는 발전 노선이 절대주의로부터 지배
계급을 거쳐 민주적 통제로 옮아 간 것이라는 주장에 대해서 동의할
수는 있지만 정확한 것이라고 확신할 수는 없다. 사실상 영국에서는
정책에 대한 외교의 조정이 다소는 그러한 노선을 밟는다. 그러나 다
른 나라에서는 그렇지 않다. 이를테면 히틀러(A. Hitler)[4]는 빌헬름 2세
(Wilhelm II)[5]나 비스마르크(O. von Bismarck)[6]보다 훨씬 더 절대주의적인
인물이었으며, 무솔리니(B. Mussolini)[7]는 크리스피(F. Crispi)[8]나 카부르

---

4) 히틀러(A. Hitler, 1889~1945) : 히틀러는 1933년 집권한 이래 군비 증강에 전념했고
워싱턴회의에서 결정된 소위 구질서의 파기를 선언함으로써 외교 문제를 전천(專
擅)했다.

5) 빌헬름(Wilhelm II, 1859~1941) : 제1차 세계 대전 당시의 독일 황제.(재위1888~1918)
1890년에 비스마르크를 파면시키고 범게르만주의를 주창하여 독자적인 제국주의적
외교 정책을 수행하다가 1차 세계 대전에 패배하고 네덜란드로 망명하였다.

6) 비스마르크(O. von Bismarck, 1815~1898) : 전형적인 융커의 아들인 비스마르크는
1862년에 외상이 된 후 1871년에 독일을 통일하기까지 전기에는 현상 타파를, 그리
고 후기에는 현상 유지를 주창했다.

7) 무솔리니(B. Mussolini, 1883~1945) : 본시 무솔리니는 맑시스트였으나 제1차 세계 대
전 이후 극우파로 전향하여 무단전투적 외교ㆍ군사 정책으로 국제연맹을 위협했다.

8) 크리스피(F. Crispi, 1819~1901) : 이탈리아의 정치가. 가리발디(G. Garibaldi)와 더불
어 시실리의 행정 개혁에 참여한 후 정계에 투신하여 국회의원(1861), 하원 의장
(1876), 내상(1887), 수상(1889~91, 1893~96) 등을 역임하는 동안 무정부주의를 탄압

(C. Cavour)[9]보다 훨씬 더 독재적인 인물이었다. 과거 20년[10] 동안의 외교는 19C 후반의 그것보다도 더 개인적이었으며, 더 비밀에 싸여 있었으며, 심지어는 더 신비스러웠다. 구외교는 1918년에 소멸했다기보다는 오늘날에 들어 신외교보다도 더 활발하며 더 강력하다.

물론 이런 불편한 사실은 진부하고도 불편스러운 이론에 대한 일시적인 복귀 현상이라고 덮어 둘 수도 있는 일이며 그것이 사실일지도 모른다. 그러나 어떠한 정치 제도는 어떤 유형의 외교적 이론과 실제에 자신을 반영시키는 일이 불가피하다고 주장하는 것이 좀 더 명료하고 단순한 일이다. 그와 같은 변화가 발생할 때 그것은 윤리적 가치 기준의 변화 때문보다는 권력 핵의 변화 때문인 경우가 더 많다. 구외교에서 신외교로의 변이를 검토하면서 나는 바로 이러한 논점을 강조해서 설명하고자 한다.

절대 군주 시대에서의 국가는 그 국민과 마찬가지로 지배자의 절대적인 재산으로 간주되었다. 따라서 루이 14세(Louis XIV)[11]는 물론이고 좀 더 범위를 넓혀서 말한다면 캐더린 2세(Catherine II)[12]나 프레데릭 대

하고 에티오피아와의 전쟁을 일으켰으나 실패했다.

9) 카부르(C. Cavour, 1810~1861) : 이탈리아의 정치가로서 통일의 아버지. 이탈리아의 통일을 위하여 평생 독신으로 지냈으며 수상이 된 후에는 농상(農相) · 해상(海相) · 재상(財相) · 상상(商相)(1850~52), 재상 · 농상 · 상상 · 내상 · 외상(1852~57), 내상 · 외상 · 해상(1860~61) 등을 겸직했다.

10) 여기에서 '20년'이라 함은 제1차 세계 대전이 끝난 1919년으로부터 제2차 세계 대전이 시작된 1939년까지의 기간으로 카(E. H. Carr)가 말하는 소위 '위기의 20년' (The Twenty Years' Crisis)을 의미한다.

11) 루이 14세(Louis XIV, 1638~1715) : 프랑스의 국왕.(재위 1643~1715) 5세에 즉위하여 72년 동안 재위하면서 마자랑(G. Mazarin), 리슐리외(A. Richelieu) 등의 보좌를 받아 절대주의를 완성하고, '짐은 곧 국가'(L'état c'est moi)라고 표현했다.

12) 캐더린 2세(Catherine II, 1729~1796) : 러시아의 황제.(재위 1762~96) 여자의 몸으로 피터 3세(Peter III)로부터 찬위하여 숱한 추문을 남기면서 내정에는 실패했으나, 대외적으로는 국경을 넓히고, 폴란드의 분할(1772, 1773, 1775)에 참여하고 터키와의 전투에서 승리하였다. 루이 14세와 마찬가지로 자신을 러시아와 동일시하였다.

왕(Fredrick the Great)[13]도 평화나 전쟁의 선포와 같은 외교 정책을 그들 자신의 손아귀에 쥐고 있었다. 그들은 명목상으로 뿐만 아니라 실제적으로 다 '주권자'였다. 그러한 정치 체제 아래에서는 외교와 정책이 풀수 없을 정도로 얽히는 것이 불가피했다. 협상은 지배자의 개성과 밀접한 관계를 가지게 된다. 그리고 대사는 자기를 임명한 주권자의 신임뿐만 아니라 가능하다면 그와의 친분을 확보해 두어야만 한다는 사실이 매우 중요했다.

그러한 필요성은 비열한 방법들을 숱하게 야기하였다. 이 당시의 외교관들은 조정의 실력자들에게 엄청난 뇌물을 바쳤고, 서열과 직급을 위하여 끝없이 다투었고, 공문서를 훔쳐 냈을 뿐만 아니라, 총신(寵臣)의 후원을 얻어 내기 위해 그들의 힘이 미치는 한 온갖 수단을 가리지 않았으며, 가능하다면 자기에게 좀 더 순종할 수 있는 후임자가 자기의 자리를 이을 수 있게 노력하였다.

이와 같은 규방(閨房) 외교(boudoir diplomacy)의 대표적인 예는 해리스경(Sir James Harris, Lord Malmesbury)[14]이 1779년에 성 페테르부르크(St. Petersburg)[15]로 파견된 경우에서 찾아볼 수가 있다. 해리스 경이 18세기의 외교를 대표하는 가장 탁월한 인물이었다고 하는 사실은 딸레랑(Charles M. de Talleyrand)[16]의 찬사에서 잘 나타나고 있다. 그는 다음과

---

13) 프레데릭대왕(Fredrick the Great, 1712~1786) : 프로이센의 국왕 프레데릭 2세(재위 1740~86)를 의미한다. 군주로서 교양이 높아 스스로를 '제일의 공복'(First Servant) 이라 칭할 만큼 계몽적인 절대군주였다.

14) 해리스 경(Sir James Harris, Lord Malmesbury, 1745~1821) : 영국의 외교관. 베를린 영사(1772~76), 성 페테르부르크 대사(1777~82), 헤이그 영사(1784) 등을 역임하였으며, 프랑스공화국과의 평화협상(1796~97)을 시도하다가 실패한 후 은퇴했다.

15) 성 페테르부르크(St. Petersburg) : 1703년 러시아의 피터 대제(Peter the Great)가 창설한 도시. 그 후 페트로그라드(Petrograd)라고 고쳤다가 러시아 혁명 이후 레닌그라드(Leningrad)로 바뀌었다.

16) 딸레랑(Charles M. de Talleyrand, 1754~1838) : 프랑스의 정치가 · 외교관. 어렸을 적 사고로 절름발이가 되자 신학교에 들어가 신부가 됨. 프랑스혁명 후에는 주영 대

같이 말하고 있다.

"해리스 경은 그 시대에 가장 능력 있는 인물이었다고 나는 주장하는 바이다. 어느 누구도 그 사람을 능가한다는 것은 불가능한 일이다. 가능한 한 해리스 경을 철저하게 본받는 일이야말로 모든 외교관들이 할 수 있는 일이다."

그러나 사실상 해리스 경은 러시아나 홀랜드에서의 그의 명성만큼 다대한 성과를 거두지는 못했다. 해리스 경이 성 페테르부르크에서 행한 수법은 그 시대를 대표하는 것이었다. 그가 파견된 임무는 캐더린 황후를 설득하여 영국과 동맹을 맺도록 하는 것이었다. 황후는 해리스 경을 농락하듯이 그의 속셈도 농락하였다. 해리스 경의 보고서는 그 당시 규방 외교의 일반적인 풍토가 어떠했던가를 매우 실감나게 보여주고 있다. 그는 다음과 같이 말하고 있다.

"그 날은 월요일이었다. 내가 참석했던 대공비 폐하의 카드 파티가 끝난 조금 뒤에 대공비의 생일을 축하하는 가면무도회에서 코르사코프(Nikolai A. Korsakov)[17]가 내게 다가오더니 자기를 따라오라고 말했다. 그는 뒷길로 나를 이끌고 황후의 개인 의상실로 들어가 나를 소개한 후 곧 사라졌다. 황후는 나를 앉게 한 후 자기의 일이 끝나자 말을 시작했다. 그의 말에 의하면 우리가 생각하고 있는 것은 그 자신도 가슴속에 깊이 간직하고 있었던 것이며, 우리에게 유익하리라고 생각되어 구상했던 모든 그의 구상에

_____

사(1792)를 역임했고, 나폴레옹 치하에서는 외교 실력자로 메테르니히(Prince Metternich)를 견제했으나 왕정복고 후에는 외상(1814), 수상(1815), 주영 대사(1830~34)를 역임했다. 프랑스혁명과 나폴레옹 시대를 대표하는 외교관이었다.
17) 코르사코프(Nikolai A. Korsakov, 1800-1820) : 러시아의 외교관·시인. 러시아 황실 학교(리쩨이)에서 러시아의 민족 시인으로 푸쉬킨(A. S. Pushkin)과 동문수학하였다.

는 늘 마음속을 떠나지 않는 장애물이 있는데 내가 그것들을 제거할 수만 있다면 자기로서도 기쁘겠노라고 했다."

이에 용기를 얻은 해리스 경은 황후에게 프랑스와 스페인에 대해 해군 시위를 벌이도록 제안했다. 황후는 영국 함대가 우리들의 적국 함대에 좋은 상대가 되었다는 점과 만약 우리가 진실로 평화를 원한다면 미주 식민지에게 자유를 주어야만 한다고 언급했다. 그러자,
"만약 황후께서 영국의 여왕이었다면 그러한 희생을 감수할 수 있겠느냐?"
고 해리스 경이 반문했다.

그는 차라리 목이 잘리겠노라고 대답했다. 그리고 그는 이번 일이 러시아가 나설 싸움이 아니며, 자기로서는 서해에서 러시아 함대가 그런 모험을 해야만 하는 이유를 알 수가 없노라고 옳게 지적했다. 해리스 경은 황후가 만약 그와 같은 엉뚱한 작전을 수행한다면 상당한 명예와 영광을 얻을지도 모른다는 점을 그에게 지적해 주었다. 해리스 경의 보고서는 다음과 같이 이어지고 있다.

"황후는 우리의 계획에 매우 흡족해 하는 듯이 보였다. 그러나 그는 아무런 언질을 주지 않았다. 한 시간 동안의 대화를 나눈 후 그는 나를 물리었다. 밖에 나오니 날은 어두워 무도회장으로 돌아오는 복잡한 통로를 통하여 길을 찾아오느라고 다소 애를 먹었다."

해리스 경은 그의 노력을 늦추지 않았다. 그는 포틈킨(Grigori Potem-kin)[18]과 친교를 맺었다. 그는 이 총신의 친구들에게 엄청난 뇌물을 제

---

18) 포틈킨(Grigori Potemkin, 1739~1791) : 러시아의 정치가. 1762년에 캐더린 2세의 정변에 참여, 성공한 후 그의 총신이 됨. 그 후 원수(元帥)가 되어 크리미아를 병합하

공했다. 그는 캐더린 황후의 수석 대신인 패닌(N. Panin)[19]의 영향력을 깨뜨리기 위해서 그의 힘이 허락하는 한 모든 것을 했다. 그리고 황후에게도 그의 의견을 거듭해서 간청했다. 그러자 황후는 해리스 경에게 "내가 만약 젊은 여자였더라면 마음이 흔들렸는지도 모른다."라고 말했다. 해리스 경은 미남자였으며 황후는 다정다감한 여자였다. 이러한 경우는 개인 외교가 그 극치를 이루었던 때의 한 예이다. 그러나 해리스 경은 별로 이룩한 것도 없이 2만 파운드 이상의 돈만 쓰고 가난뱅이가 된 채 런던으로 돌아왔다.

고, 대(對) 터어키 군사령관(1787~91)이 되었다.

19) 패닌(N. Panin, 1718~1783) : 러시아의 외교관. 덴마크 대사(1747), 스웨덴 대사(1794)를 역임했고, 캐더린 2세 치하에서는 외상을 지냈다.

말메스버리 백작인 해리스 경(Sir Harris)의 회고록은 사실상 군주제적 외교의 가장 사악한 면을 우리에게 보여 주고 있다. 우리들이 오늘날 가지고 있는 가치 기준에 따른다면 그가 그 후 홀랜드에서 취한 행동도 러시아에서의 그것과 마찬가지로 한심한 것이었다. 그러나 외교관이란 외국에 나가면 그 나라의 조건에 적응하지 않을 수 없다는 사실을 우리는 기억해야 한다.

해리스 경으로서는 50이 넘은 캐더린 황후(Catherine II)와 더불어 시시덕거리지 않을 수 없었던 것이 역하기 짝이 없었으며, 포틈킨(G. Potemkin)이 자기 아내를 이끌고 저녁을 먹으러 가는 꼴을 바라보는 것과 같이 기분이 언짢았으리라는 점은 있을 수 있는 일이요, 또한 있음직한 일이다. 그러나 구시대의 외교에서는 외교관이 자기 좋을 대로 행동을 취하는 데 대해서는 무거운 댓가를 지불했으며, 심지어는 오늘날에도 외국인의 개성이나 그곳의 조건에 맞지 않는 행동을 드러내는 대사는 자기가 임명된 목적을 위해서 사실상 아무런 도움이 되지 않는다.

입헌군주제의 등장과 더불어 규방 외교는 기울기 시작했다. 그러나

19세기 전반을 통하여 그리고 사실상 1918년에 이르기까지 외교란 어떤 특별한 의미에서는 군주 자신과 동일시되었다는 이론을 내세울 수가 있다. 예컨대 독일의 빌헬름 2세(Wilhelm II)는 자기 자신이 어느 정도까지는 외무대신이라고 생각하는 경향이 자주 있었다. 그는 공문서를 작성하고, 사절을 임명하고, 지시를 내리기도 했다. 소련 정부에 의해서 출판된 바 있는 러시아 황제와의 교신은 그가 외교 수행에서 막중한 책임을 지고 있었음을 스스로 보여 주는 증거가 되고 있다.

그뿐만이 아니었다. 빌헬름 2세는 1905년 7월 핀란드의 브요르쾨(Bjorkoe)[20]에서 러시아 황제와의 비밀 회담을 주선했다. 그곳에 있었던 러시아 황제의 요트 선실 안에서 그는 자기의 다정한 사촌에게 러시아와 독일 사이의 동맹을 위한 개인적인 조약에 서명하라고 강요하였다. 두 군주들은 지나치리만큼 기뻐했지만 그러나 그들이 각기 자기의 도성으로 돌아갔을 때 그들의 대신들은 그 조약에 서명할 것을 거절하였다. 브요르쾨의 합의 사항은 무효로 선포됨으로써 두 군주는 엄청난 창피를 당했다. 19세기 초엽까지만 해도 개인의 변덕이나 감정 또는 친분이 그들 국가의 정책을 결정짓는 것은 옳지 못하다고 생각했다.

1918년에 이르기까지 군주들이 자기 자신들을 외교에 대해서 다소 특별한 관계에 있는 존재로 생각한 것은 독재국가나 또는 준독재 국가에서만 있었던 일은 아니었다. 국제 문제에서 영국의 에드워드 7세(Edward VII)[21]가 차지했던 역할은 상당히 과장되어 있는 것은 사실이지만 기술적인 의미 이외의 것에서는 대사들을 마치 자기의 개인적인 대

---

20) 브요르쾨(Bjorkoe) : 핀란드 만에 있는 섬. 1905년 7월 24일에 독일의 빌헬름 2세와 러시아의 니콜라이 2세(Nicolas II)가 회동하여 선상에서 대영 연합 전선을 모색하였으나 무위로 돌아갔다.
21) 에드워드 7세(Edward VII, 1841~1910) : 영국의 국왕.(재위 1901~1910) 국내적으로는 자유·보수의 대립이 심하여 고초를 겪었으며 대외적으로는 독일과의 관계가 지극히 악화되었다.

리인으로 생각한 것은 사실이며 그가 죽을 때까지 외교 정책에 관해서
만은 자신과 긴밀히 협의하도록 요구했던 것도 또한 사실이다. 그 시
대의 정부 각료들이 그에게 그와 같은 특별한 지위를 부여하는 것을
전적으로 반대한 것은 아니었다.

그의 경험은 엄청난 것이었고 그의 지식은 위대했으며 그의 지모는
타의 추종을 불허했다. 그는 군주이기 이전에 그 자신이 가장 유능한
대사였으며 그가 대륙의 온천장에서 외국의 정치인들과 나누었던 대
화는 물론이고 외국의 수도에 대한 공식적인 방문은 협상에서 중요한
영향을 미쳤을 뿐만 아니라 전반적으로 유익했다는 사실은 의심할 나
위도 없다. 그러나 에드워드 7세가 일찍이 위헌적으로 행동했다거나
또는 그의 책임 있는 대신들의 인지나 열렬한 동의가 없이 그의 외교
활동이 전개되었다고 생각하는 것은 잘못일 것이다.

더구나 19세기나 20세기 초엽의 14년 동안의 대외 정책은 외교와 더
불어 소위 국제군주동맹(The International of the Monarchs)[22]에 의하여 영
향을 받고 있었다. 이 제왕들은 그들 사이에 어떤 종류의 친목 단체를
만드는 것이 불가피했다. 비록 그들이 자신의 합법적 지위나 그들 자
신의 대신과 신민들에게 대단히 성실했다고 할지라도 그들은 공통된
군주적 원칙뿐만 아니라 제위를 둘러싸고 있는 고독함 때문에 서로 제
휴하고 있었다. 그뿐 아니었다. 영국의 빅토리아 여왕(Queen Victoria)[23]

---

22) 국제군주동맹(The International of the Monarchs) : 이러한 동맹이 구체적이고도 실
   제적으로 존재했던 것은 아니며, 19세기 말엽부터 20세기 초엽에 이르기까지 소수
   민족의 각성과 더불어 유럽의 전통적 왕가의 권위가 흔들리게 되자 각 왕실에서 통
   혼(通婚)을 통하여 정보를 교환하고 유대를 강화하던 사적(私的) 통교를 이렇게 속
   칭하였다.
23) 빅토리아 여왕(Queen Victoria, 1819~1901) : 영국의 여왕.(재위 1837~1901) 18살에
   처녀의 몸으로 등극하여 64년간 재위에 있으면서 중국과의 전쟁(1840~42, 1856~58,
   1860), 크리미아 전쟁(1854~56), 남아프리카 전쟁(1899~1902) 등 다사다난한 국내외
   의 중대 문제를 과단성 있게 해결함으로써 제국의 번영을 실현하였다.

과 같은 여가장이나 덴마크의 크리스찬 9세(Christian IX)[24]와 같은 남가장들은 유럽 대부분의 왕실과 사실상 밀접히 손을 잡고 있었다.

빅토리아 여왕은 기질적으로 가정적인 여인이었으며 그의 가족 관념은 날카롭고도 때로는 강인한 것이었다. 그는 사적인 통신망을 통하여 전세계에 널려 있는 가족들을 통솔하였는데 이 통신망은 겉으로 보기에는 소박하고 감상적인 것이었지만 사실상 건전한 상식을 갖춘 본능적인 것이었다. 독일의 황녀와 알렉산더 2세(Alexander II)[25]에게 보낸 가족적인 훈계는 비스마르크 1875년 프랑스에 대해 선전 포고를 하지 못하도록 억제하는 데 효과적이었다는 사실은 의심할 나위도 없다. 그의 방대한 사적 통신망 중에는 그 자신의 대신들에게 불충실했거나 또는 무분별한 행동을 한 예를 찾아보기 어렵다. 심지어는 그에 대하여 적지 않은 것을 알고 있는 글래드스톤(William E. Gladstone)[26]도 그의 가족 관계가 가지는 가치가 어떠했던가를 증언하고 있다. 그는 다음과 같이 말하고 있다.

"미묘한 문제에 봉착하게 될 경우 그가 가지고 있는 해외 왕실과의 개인적이고도 가족적인 관계는, 그보다 더 공식적인 문서를 통해서나 또는 정부 간의 접촉을 통해서 얻을 수 있는 것 이상으로

---

24) 크리스찬 9세(Christian IX, 1749~1808) : 덴마크·노르웨이의 국왕.(재위 1766~1808) 불우한 청소년 시절을 거쳤으며 만년에는 정신이상을 일으킴. 그의 아내는 영국 조지 3세의 누이동생인 마틸다(Matilda)였다.

25) 알렉산더 2세(Alexander II, 1818~1881) : 러시아의 황제.(재위 1855~1881) 전쟁에서 패배한 러시아를 근대화시키기 위하여 농노 해방, 지방자치제, 재판제도의 실시 등 진보적인 정책을 취했으나 후에는 반동 정치를 하다가 암살되었다.

26) 글래드스톤(William E. Gladstone, 1809~1898) : 영국의 정치가. 부상(富商)의 아들로서 24살 때 의회에 진출하여 62년간의 정치 생활 중 4차례(1868~74, 1880~1885, 1886, 1892~94)의 수상을 지냈으며 정계에서 물러날 때 그에게 백작이 수여되었으나 이를 거절하고 '위대한 평민' (The Great Commoner)으로 일생을 마친 자유주의자였다.

더 점잖고 더 효과적으로 그것에 관해 더 많이, 그리고 즉시 말할
수 있는 기회를 열어 준다."

4

그렇다고 해서 이론적으로는 미국을 대표하고 있는
윌슨을 면전에 대놓고 당신은 미국을 대표하고
있지 않다고 말할 수도 없었다.

그러나 외교의 이론과 실제에 대한 군주의 영향력이 오랫동안 잔존
했다 할지라도 1815년 이래[27]로 그 제도의 핵심은 왕실에서 내각으로
옮겨졌다. 외교의 수법을 점차적으로 바꾼 것은 바로 이와 같은 권력
핵의 변화였다. 만약 두 국가 간의 협상이 어떤 실질적인 결과에 도달
하려면 그 협상자가 이론적인 면을 떠나서 자기 국가의 주권을 사실상
대표해야만 한다는 것은 명백한 사실이다. 이러한 법칙은 모든 협상에
적용된다.

이와 마찬가지로 모건상사(J. P. Morgan Co.)[28]와 금전 대부를 상의하
기 위하여 미들랜드은행(Midland Bank)으로부터 파견된 대표는 그 배후
에 자기 회사의 중역들을 업고 있었을 뿐만 아니라 그와 상의하는 상
대편도 월 스트리트 23번지(23 Wall Street)[29]로부터 완전한 권한을 위임
받아 상의하고 있다는 사실을 확인할 필요가 있었을 것이다.

---

27) 여기에서 '1815년 이래' 라 함은 비엔나 체제 이후를 의미한다.
28) 모건상사(J. P. Morgan Co.) : 미국의 대은행가로서 박애주의자이며 미술품 수집가
    였던 모건그룹을 의미한다.
29) 월 스트리트 23번지(23 Wall Street) : 미국의 뉴욕시 맨해튼 남부에 있는 세계 금융
    시장의 중심가를 의미한다.

외교의 숱한 불상사들은 이와 같이 완전한 대표권이 이쪽이나 저쪽에서 확보되지 않았다고 하는 사실로 인하여 발생되었다. 정권은 그 정적들에 의하여 무너지고 승계되었다. 이를테면 공화당 정권에 의하여 파견된 협상자는 협상 도중에 민주당으로 정권이 교체될 경우 그들이 과연 전 정권처럼 자기를 신임하고 있는지의 여부를 확인해야만 하는 경우도 있다. 이와 마찬가지로 그가 상의하고 있는 상대편 대표도 입장이 바뀌어 선거나 혁명에 의한 패배에 직면하게 될 수도 있고 그럴 경우 그는 사실상 그 국가의 권력 핵의 대표가 아닐 수도 있는 것이다.

따라서 브요르쾨조약의 경우에서도 협상의 두 당사자들은 이론적으로 주권자였음에도 불구하고 마지막 단계에서 그 국가의 최고 주권을 스스로 대표하지 못했기 때문에 아무런 효과를 발휘하지 못했다. 대표의 권한이 완전치 못하여 일어났던 더 고통스럽고도 낭패스런 사례로서는 파리강화회의(Paris Peace Conference)에서 윌슨(W. Wilson) 대통령의 입장에서 잘 나타나고 있다. 한편으로 보면 윌슨은 미국 행정부의 수반이었으며 그의 신임장은 어느 모로 보나 협상 테이블 위에 제시될 수가 없었다. 그 반면에 그는 자기 나라의 중심적인 권위, 이를테면 미국 유권자들의 완전한 대표자가 아니었다는 것은 일반적으로 알려진 사실이다. 그러면서도 다른 나라의 대표들은 윌슨과 협상하지 않을 수 없었다는 사실은 가장 곤란한 문제점을 야기하였다.

그렇다고 해서 이론적으로는 미국을 대표하는 그를 면전에 대놓고 '당신은 미국을 대표하고 있지 않다.'고 말할 수도 없었다. 그뿐만 아니라 윌슨은 실질적으로 미국을 대표하지 않는다는 사실을 그들은 잘 알고 있었기 때문에 그가 그 국가의 결정권을 대표하고 있다고 느끼지도 않았다. 그러므로 그들은 윌슨의 이상과 그들 자신의 절박한 필요성 사이에서 타협할 수밖에 없었다. 만약 파리강화조약이 전적으로 윌슨의 것이었든가 아니면 전적으로 끌레망소(G. Clemenceau)[30]의 것이었더라면 그 조약은 살아남을 수 있는 기회가 다소는 있었다. 파리강화회의는 그들에게 실질적인 것도 줄 수 없고, 그렇다고 해서 이상적인 것을 줄 수도 없는 두 가지의 상극을 조화시키려는 시도였다. 이와 같은 두 가지 상극의 불행한 조화는 윌슨 대통령이 1919년에 그의 주권을 완전히 대표하지 못했다고 하는 사실에 그 전적인 원인이 있는 것이다.

한 국가의 대표가 스스로 대변하고자 하는 사람들의 기술적인 위임은 물론 도덕적인 위임을 갖지 못했을 경우 얼마나 치명적인 사태가 야기되는가를 보여 주기 위해서 뿐만 아니라, 외교나 협상이 주권 소재의 변화에 얼마나 민감한 것인가를 보여 주기 위해서 나는 위와 같은 사실들을 예로 들어 보았다. 구외교는 그가 대표하는 제도의 이상과 관습을 따르지 않을 수 없었다. 비록 눈에 띌 만큼 시간이 걸리는 일이기는 하지만, 이러한 제도가 바뀌면 외교도 그와 더불어 바뀌었다. 외교관이 자기 국가의 주권자로부터 신임이나 지지를 더 이상 받을 수 없을 경우에도 외교는 유효할 수 있다고 생각하거나, 아니면 구외교는 그에게 바로 생명의 피를 제공해 주던 주권자의 영향력을 벗어나서 독자적으로 존립할 수 있었던 어떤 제도적인 것을 갖추고 있었다고 생각하는 것은 커다란 잘못이다.

그러므로 19세기가 진행되는 동안 외교의 낡은 이론이 새로운 형태를 채택하고 있는 것으로 나타났을 때, 사실상 그 본질적인 부분의 변

---

30) 끌레망소(G. Clemenceau, 1841~1929) : 프랑스 제3공화국의 정치가 · 외교관. '호랑이' 라는 별명을 듣던 그는 남북전쟁 당시 그란트(Ulysses S. Grant) 장군의 종군 기자로 문명을 날린 후 정계에 투신하여 수상(1906~09, 1917), 베르사이유 회담 대표(1918) 등을 거치는 동안 제1차 세계 대전 전후 프랑스의 외교를 주도했다.

화를 야기한 것은 외교관들이 아니라 그들이 대표하고 있던 정치 제도였다. 따라서 구외교로부터 신외교로의 변화를 서술하는 것은 과거 100년 동안의 민주주의 사조 전반을 서술하는 문제를 수반할 수도 있다. 그러한 문제는 이 논문의 한계를 벗어나는 일이 분명하다. 그러나 근대 민주주의 현상의 수법과 이론에 특별한 영향을 미친 세 가지의 인자를 찾아 낼 수는 있다. 이 세 가지의 인자라 함은;

첫째, 국가 공동체에 대한 의식이 점증했다는 사실.
둘째, 여론의 중요성에 대한 인식이 높아졌다는 사실.
셋째, 통신 수단이 급격히 발달했다는 사실.

등이다.

5

'유럽의 일반 체제'니 '유럽의 협조'니
또는 더 친숙하게 '협조'니 하는 용어들이
유럽 민족 공동체의 이론을 불멸케 했다.

민주주의 국가에서 외교 이론의 발달은 배타적인 국권의 개념으로
부터 공통된 국제이익의 개념으로 변모한 사실이라는 점을 나는 위에
서 이미 설명했다. 이와 같은 움직임은, 만약 그것이 이기적이고도 지
역적인 편견을 극복하기 위한 것이라면, 밖으로부터 밀려오는 공통된
위험의 충격을 필요로 한다. 한때나마 그리스의 도시 국가들을 어떤
형태로 응집시켜 준 것은 페르시아에 대한 두려움 때문이었으며 프랑
스혁명과 나폴레옹에 대한 공포는 19세기에 그와 유사한 자극제가 되
었다.

역사가들은 이와 같이 유럽에서의 공통된 이해관계에 대한 최초의
개념을 1791년 7월 17일자 코니쯔 백작(Count Kaunitz)[31]의 회람(回覽)에
서 찾고 있다. 이 회람에서 그는 '공공의 평화와 각국의 평온과 재산의
불가침과 조약의 신실함을 보장하기 위하여' 열강이 제휴할 것을 강조
하였다.

이와 같은 위험이 사라진 1815년 이후 이와 같은 훌륭한 생각은 전

31) 코니쯔 백작(Count Kaunitz, 1711~1794) : 오스트리아의 외교관. 7년전쟁(1756~63)
부터 프랑스의 혁명정부에 대한 전쟁(1792)에 이르기까지 합스부르크왕가의 외교를
좌우하였으며, 황녀 마리아 테레사(Maria Theresa)의 외교를 자문했다.

승국들의 동맹이라는 형태로 퇴화하였으며, 알렉산더 1세(Alexander I)[32]의 영향을 받아 반(反) 코민테른협정(Anti-Comintern Pact)[33]으로 왜곡되었다는 것은 사실이다. 그리고 캐닝(G. Canning)[34]이 이끌던 영국은 비엔나회의체제(Vienna Congress System), 신성동맹(Holy Alliance),[35] 그리고 유럽 연맹에 대한 메테르니히(K. Metternich)[36]의 구상에 반기를 들었던 것도 사실이다. 그러나 19세기를 통하여 '유럽의 일반 체제'(The General System of Europe)니 '유럽의 협조'(The Concert of Europe)니 또는 그보다도 더 친숙하게 '협조'(The Concert)니 하는 용어들이 유럽 민족 공동체의 이론을 불멸케 했다. 1879년에는 심지어 글래드스톤도 '유럽의 협조'를 외교 정책의 원칙들 가운데 정착시켜야 한다고 느꼈다. 그는 미들로디안(Midlothian)의 선거 유세[37]에서 다음과 같이 설교하고 있다.

---

32) 알렉산더 1세(Alexander I, 1888~1934) : 세르비아 · 크로티아 · 슬로벤스의 국왕.(재위 1921~29) 유고슬라비아의 국왕(1929~34)을 지냄. 분열된 조국의 통일을 위해 투쟁하였다.

33) 반 코민테른협정(Anti-Comintern Pact) : 1936년 11월 25일에 국제공산주의에 대항하여 자문하고 공동 보조를 맞추기 위해서 독일과 일본 사이에 체결된 협정이다.

34) 캐닝(G. Canning, 1770~1827) : 영국의 정치가. 옥스퍼드대학을 졸업하고(1791), 의회에 진출하여(1793) 외상(1796~99), 해군상(1804), 외상(1807), 수상(1827) 등을 역임하면서 자유주의적 정책을 지향하였다.

35) 신성동맹(Holy Alliance) : 나폴레옹이 멸망하고 제2차 파리회의가 개최되었을 때(1815. 9. 26.) 각국의 문제를 기독교적 원칙에 입각하여 처리하기 위해서 러시아의 알렉산더 1세, 오스트리아의 프란시스 1세(Francis I), 프러시아의 빌헬름 3세(Wilhelm III)가 조직했던 동맹 체제이다.

36) 메테르니히(K. Metternich, 1773~1859) : 오스트리아의 외교관 · 정치가. 젊은 날에는 독일 · 프랑스 등의 대사로 지내다가 나폴레옹 시대에는 공화정의 국제적 파급을 저지하기 위해 비엔나회의(1814~15)와 신성동맹 등을 통해 보수주의로의 복귀를 획책했다.

37) 미들로디안(Midlothian) 유세 : 미들로디안은 스코틀랜드의 동남해안에 있는 주. 글래드스톤(W. Gladstone)은 1879년에 이곳에 들러 디즈렐리(B. Disraeli)의 제국주의 정책을 비판하면서 그의 정치 철학을 대표하는 위대한 연설을 남겼다.

"소위 '유럽의 협조'라는 것을 최대한으로 계발·지속시키며, 유럽 열강들을 하나로 묶는 것이야말로 우리가 세 번째로 지켜야 할 기본 원칙이라고 나는 생각합니다. 왜냐하면 모든 국가들을 하나로 묶어 둠으로써 우리는 각국의 이기적인 목적들을 중화시키고, 억제하고, 제어할 수 있기 때문입니다."

'유럽의 협조'의 개념을 전혀 무위한 외교적 구호로 비하한다거나 또는 열강의 지배를 정당화시키기 위한 표어라고 몰아붙이는 것은 옳지 않다. 그것은 그 이상의 의미를 가지고 있다. 그것은 열강들의 상호 관계에서나 약소국가와 저문화국가를 다루면서 열강들의 행동을 규제하는 존엄성·인도주의·신의의 어떤 공통된 규범이 있다고 하는 사실을 대강국이 서로 간에 묵시적으로 이해하고 있음을 나타내 주는 것이다. 1914년에 이러한 하나의 총체적 개념이 무산되었을 때 유럽에 안정을 줄 수 있는 하나의 위대한 가치, 이를테면 영속적으로 공통된 호평을 들을 수 있는 가치가 유럽의 정책으로부터 사라져 갔다.

19세기 동안 유럽의 외교 이론의 발전에 영향을 미친 두 번째의 중요한 요인으로서는 여론의 중요성에 대한 인식이 높아졌다고 하는 사실이다. 메테르니히와 같이 구학파에 속하는 외교관들이 보기에는 대중들도 그들의 외교 정책에 관하여 알아야 한다거나 또는 의견을 제시할 수 있어야 한다는 생각은 위험하고도 환상적인 것으로 여겨졌다. 그 반면에 캔닝은 여론이란 회피해야 하는 일이 아니오, 적극적으로 환기시켜야 하는 것이라고 생각했다. 메테르니히가 캔닝을 가리켜 '신이 유럽에 보낸 악의에 찬 유성(流星)'이라고 표현한 것도 바로 그 때문이었다. 여론이라 함은 '일찍이 인류의 역사에 영향을 미친 그 어느 것보다도 강력한 힘'이라고 캔닝은 생각했다. 파머스톤(Lord Palmerston)[38]

---

38) 파머스톤 경(Lord Palmerston, 1784~1865) : 영국 휘그(Whig)의 자유주의 정치인.

도 그와 같은 입장을 취하고 있다. 그는 이렇게 말하고 있다.

"여론이란 군대보다도 더 강하다. 만약에 여론이 진실과 정의 위에 기초한 것이라면 그것은 보병의 총검과, 포병의 화력과, 기병의 돌격을 끝내 이겨낼 것이다."

이와 같은 확신의 힘은 때때로 파머스톤 경을 당황하게 만들었다. 슐레스비히-홀슈타인(Schleswig-Holstein)[39]의 문제에 대한 덴마크인의 여론은 의심할 나위도 없이 진실과 정의 위에 기초하고 있었지만 그것이 비스마르크의 척탄병들을 막아내지 못하자 파머스톤은 크게 당황하였다. 더구나 영국에서도 가장 탁월한 정치가인 파머스톤도 외국의 여론은 자신의 여론과 같다는 착각에 빠져 있었다. 만약 유럽 대륙에 대한 여론이 스스로 발양되도록 허락되었다면 반드시 평화는 온다고 그는 생각하고 있었다. 민중의 감정이 일단 그 고삐가 풀리면 때에 따라 그것은 어떤 외교적 음모보다도 더 위험하다는 사실을 그는 인식하지 못했다.

외교와 여론의 문제는 약간 복잡한 것이기 때문에 이에 관해서는 제4장에서 소상하게 다루고자 한다. 19세기 동안에 여론에 대한 관심과 때로는 비스마르크의 경우처럼 여론의 치밀한 이용이 신 · 구 외교의 변화를 촉진시킨 요인이 되었다는 점을 여기에서 언급해 두는 것으로 충분할 것이다.

25세에 국방상(1809~28)으로 출발하여 외상(1830~34, 1835~41, 1846~51), 수상(1855~58, 1859~65)을 지내는 56년 동안 정치인과 외교관으로서의 위대한 발자취를 남겼지만 동방 침략의 장본인으로서 지탄을 받기도 했다.

39) 슐레스비히-홀슈타인(Schleswig-Holstein) : 현재는 독일과 덴마크의 접경지대에 있는 독일령의 두 주. 원래는 고대 덴마크의 두 공국이었으나 슐레스비히가 1864년에, 홀슈타인이 1866년에 프러시아에 병합된 이후 19세기의 북구 분쟁의 중심지가 되었다.

신·구 외교를 촉진시킨 세 번째 인자는 통신 수단의 발달이었다. 증기 기관, 전신, 비행기, 그리고 전화는 구외교의 관례를 수정하는 데 커다란 역할을 했다. 17~18세기의 대사들은 그가 따라야 할 일반적인 지침과 그가 달성하여야 할 주요 목적을 기록한 문빙(文憑)을 가지고 파견되었다. 그가 임지에 도착할 무렵이면 그는 본국 정부로부터 파면당하여 자기의 나침판과 이국 하늘에 떠있는 별을 바라보며 자기의 뱃길을 항해하지 않을 수 없었다. 오늘날의 대사는 자기의 행동에 관하여 아무리 미미한 것일지라도 불확실한 것이 있으면 몇 분 안에 다우닝 가(Downing Street)[40]로 전화를 걸 수 있고 그곳에 있는 외무대신이나 수상은 아무 때라도 비행기를 타고 그에게 달려갈 수 있다.

그러므로 신외교 시대에는 대사가 독자적으로 발의하여 일을 추진하고 그에 대해서 책임을 지는 성격의 일들이 구외교에 비하여 덜 심각하게 남용되고 있음이 분명하다. 그렇다고 해서 오늘날의 대사가 18세기의 그의 선배들에 비교할 때 결국 전화 담당 사무원에 불과한 존재가 되고 말았다고 말하는 것은 지나친 표현이다. 우선 18세기의 외교관들은 자신들이 정부에 대해 어떤 실수를 저지르거나 아니면 자기들의 문서나 행동이 거부되리라는 것에 너무도 겁을 먹은 나머지 아예 아무런 행동도 취하지 않는 쪽을 택하였다.

우리는 전화가 등장하기 이전 시대에 인기를 독점했던 해리스 경, 엘리어트 경(Sir G. Elliot),[41] 캐닝, 벌워(H. Bulwer)[42] 같은 대사들을 기억

---

40) 다우닝 가(Downing Street) : 영국의 런던에 있는 거리로서 영국 역사상 위대했던 외교관이요 대장상인 다우닝 경(Sir George Downing, 1623~1684)을 추모하여 명명되었다. 그 거리의 10번지에는 수상 관저가 있기 때문에 내각의 별칭으로 쓰인다.
41) 엘리어트 경(Sir G. Elliot, 1751~1814) : 영국의 외교관으로서 인도 총독(1807~1813)을 역임했다.
42) 벌워(H. Bulwer, 1801~1872) : 영국의 외교관. 1829년에 외무성에 들어가 스페인 대사(1838), 주미 대사(1849~52), 콘스탄티노플 대사 등을 역임했다.

한다. 이 사람들의 수완과 재능과 두뇌는 참으로 가공한 것이었다. 그러나 우리는 단조롭기 짝이 없는 대사들이 너무도 머뭇거리느라고 아무런 일도 추진하지 못했고, 이리저리 전출만 다니느라 급급했고, 너무도 게을러 보고서조차도 쓰지 않았던 사실이 끝없이 벌어졌다는 사실을 우리는 잊고 있다. 적어도 전화가 출현함으로써 신시대의 외교관들은 전쟁터에 발을 딛는 일이 없게 되었고 구시대의 외교관들이 자신의 게으름과 무능을 슬그머니 호도하던 일이 없게 되었다.

그와는 반대로 외교관의 개성이 정치에서 결정적인 요인 중의 하나로 다시금 등장하고 있는 시대에는 대사의 성품과 지식이 중요한 의미를 갖는다. 물론 오늘날에도 18세기에 요망되었던 바와 꼭 같은 자질이 필요하다고 볼 수는 없다. 그러나 내각의 정책은 경험과 고결한 인품과 용기를 가진 사람, 그리고 무엇보다도 감정이나 편견에 사로잡히지 않고 매사에 사려 깊게 중용(中庸)을 지킬 줄 알며 오로지 공공 의무라는 의식에 따라 일하는 사람, 그리고 얄팍한 수가 얼마나 위험하며 이성과 중용과 자제와 인내와 지모가 얼마나 중요한 것인가를 이해하고 있는 사람을 적재적소에 둘 때, 그 업무를 옳게 처리할 수 있다. 내가 알고 있는 한, 단순히 전화나 받는 식의 사무원과 같은 대사라면 이와 같이 어려운 자질들을 한꺼번에 보여 줄 수 있으리라고 기대할 수 없다.

6

직업적 외교관은 때로는 속이 뒤집히지만
의례적으로 시시덕거리는 버릇을 갖게 되며
또 그래야만 하던 시절이 있었다.

이와 같이 외교라고 하는 강물은 점진적인 단계와 다양한 경로를 거치면서 그 하상(河床)을 바꾸었다. 강물은 예전과 같이 흐르며, 강은 옛날과 같은 지류에서 흘러들어와 꼭 같은 기능을 수행한다. 다만 변한 것이라고는 강이 1마일 정도 그 자신을 옮겨 다른 모래 위를 흐르고 있을 따름이다.

강대 국가의 외교 정책은 실무에서 훈련을 쌓은 직업 외교관들에 의해 수행되는 것이 바람직하다. 요즈음에 와서 미국이나 소련이 깨닫게 되고 있는 바와 같이 아마추어 외교관들이란 믿을 수 없다는 것이 눈에 보이는 경향이 있다. 그것은 단순히 그들의 경험 부족과 지식 부족이 그들의 정부에 불이익을 초래한다는 정도가 아니라 아마추어 외교관들은 허영에 들뜨기 쉽고, 임기가 짧은 관계로 단시간 안에 대공을 세우려고 서두르기 쉽다는 사실에 문제가 있다. 그들은 너무 겸손하여 의심을 받는 경향이 있으며, 너무 정열적이고 너무 이상에 사로잡히는 경향이 있다.

아마추어 외교관들은 오랜 외교관 생활을 통하여 얻은 인간적이고도 폭넓은 의혹의 안목을 습득하지 못한 채 확신과 동정과 심지어는 어떤 충격에 흔들릴 때가 많다. 그들은 형식 투성이의 외교에 대하여 당연히 경멸을 느낄 수도 있으며, 그 사회의 관례를 다소는 참지 못할 수도 있다. 그들은 단지 즐거운 짓만을 추구하려다가 실수를 저지를 수도 있고, 보고서나 공문서를 작성하면서 어떤 사실에 대한 사려 깊고도 예리한 대차대조표를 작성하여 그 정부에 제출하기보다는 자신의 재기(才氣)나 문필력을 드러내 보이고자 할 수도 있다.

라 브뤼에르(La Bruyere)[43]부터 프루스트(Marcel Proust)[44]의 시대에 이르기까지 구외교관들은 남의 웃음거리가 되는 일도 많았고 남에게 악용당하는 경우도 가끔 있었다. 그들은 때로는 끝없이 교활한 인간으로, 또는 믿을 수 없는 바보짓이나 하는 늙다리로 표현되었다. 직업 외교관은 때로는 속이 뒤집히지만 의례적으로 시시덕거리는 버릇을 갖게 되었으며, 또 그래야만 했다. 그러나 그는 경험을 쌓는 동안에 많은 값진 자질들도 또한 습득하게 되는데 이에 관해서는 제5장에서 언급하고자 한다.

아마도 더욱 중요한 것은 외교관이 그 업무를 수행하는 과정에서 협동심을 얻게 된다는 사실일 것이다. 심지어 자연과학자나 우표수집가 또는 그 밖의 전문가들도 한 자리에 모여 얘기하노라면 그들의 직업에 관한 이해관계가 국적이나 언어의 다름을 초월하고 있다는 사실을 발견하는 것과 마찬가지로 여러 나라의 외교관들도 하나의 단결된 형식과 그들이 모두 준수해야 할 하나의 묵시적인 기준을 확립하게 된다. 한 국가의 외교 무대에서 일생을 보낸 사람은 그 시대 대부분의 직업 외교관들을 만났거나 아니면 들어서 알고 있다.

---

43) 라 브뤼에르(La Bruyere, 1645~1696) : 프랑스의 풍자적 도덕주의자 · 작가. 작품으로 『성격』(Les Caracteres, 1688)이 있다.
44) 프루스트(Marcel Proust, 1871~1922) : 프랑스의 심리주의 소설가. 작품으로는 『잃어버린 시간을 찾아서』(Remembrance of Things Past)가 있다.

몇 년이 지나면 어떤 대사나 외상은 지금 그들이 상대하고 있는 인물들이 전전(戰前)의 젊은 시절에 어느 나라 주재 대사관에서 함께 대사관원을 지냈었다는 사실을 알게 될 것이다. 따라서 그들은 본능적인 짐작보다는 오랜 경험을 토대로 하여 피차를 믿고 또 알 수 있는 판단을 가지게 된다. 좋게 말해서 이러한 현상은 상호간의 절대적인 신뢰를 낳을 수 있고, 나쁠 때에는 상대편의 비열한 측면을 속속들이 알게 된다.

그뿐만이 아니라 다른 인생 행로나 다른 직업에서도 마찬가지지만, 한 인간이 궁극적으로 평가를 받는 것은 그의 탁월한 재능에 의해서가 아니라 그 인생의 방정(方正)함에 의해서이다. 직업 외교관들도 다른 인생과 마찬가지로 그를 존경하는 사람들로부터 명예로운 인간으로 평가되기를 진심으로 바란다. 구시대에는 한 인간에 대한 여러 사람들의 평가가 생성·지속되었다고 하는 사실이 그 시대의 직업 외교관들이 얻을 수 있는 이익 중의 하나였다. 그것은 마치 외교적 평가에 대한 증권시장과 같다.

뷜로우(B. Bülow)[45]나 애렌탈 백작(Count Aehrenthal),[46] 그리고 이즈볼스키(A. Isvolskii)[47] 같은 사람은 전혀 믿을 만한 인물이 못 되며, 베트맨-홀베그(T. Bethmann-Hollweg)[48]나 깡봉 형제, 그리고 스톨리핀(P.

---

45) 뷜로우(B. Bülow, 1849~1929) : 프러시아의 외교관. 베를린회의 의장(1878), 부하레스트 대사(1888), 로마 대사(1893) 등을 거쳐 수상(1900~09)을 지내는 동안 빌헬름 2세와 함께 독일의 팽창 정책을 추구하였다.
46) 애렌탈 백작(Count Aehrenthal, 1854~1912) : 오스트리아-헝가리의 정치가. 부하레스트 대사(1895), 러시아 대사(1899), 외상(1906~12)을 지냈으며 오스트리아의 보스니아·헤르체고비나 병합의 주역이 되었다.
47) 이즈볼스키(A. Izvolsky, 1856~1919) : 러시아의 외교관. 주일 공사(1900~02) 시절에는 한국의 영세중립안을 제창. 주 덴마크 대사를 거쳐 러일전쟁 후 외상이 되고 만몽(滿蒙) 분할에 관한 러일협정(1907)을 체결. 1차 세계 대전 이후에는 주 프랑스 대사로 있다가 러시아혁명 후에는 그곳에 망명하여 파리에서 사망하였다.
48) 베트맨-홀베그(T. Bethmann-Hollweg, 1856~1921) : 독일의 정치가. 내상(1905,

Stolypin)[49] 같은 사람은 누구나가 믿을 수 있는 인물이다. 직업 외교의 시대가 사라지면 이와 같은 인간성에 대한 전문적인 평가도 사라지게 될 것이며 국제 협상의 업무는 그러한 변화로 인하여 아무것도 얻는 것이 없게 될 것이다.

1909)을 거쳐 1차 세계 대전 전과 대전 중에 수상을 역임했다. 은퇴한 후에는 『제1차 대전회고록』(*Reflections on the World War*)을 남겼다.

49) 스톨리핀(P. Stolypin, 1862~1911) : 러시아의 정치가. 1905년 이후 러시아의 내정 (토지 제도·경제 구조)의 개혁에 기여했으며 내상(1906)과 수상(1906~11)을 역임했다.

IV
민주주의적 외교

민주국가에서 주권적인 국민은
총선 기간 동안에만 그들이 주권을 행사하며
후의 약 4년 동안에는 총선에서 다수를 차지한 무리들이
주권을 행사하는 것이 사실일 수도 있다.
… 대의정부는 그 정도까지 허구에 차 있다.
그러나 전체적으로 볼 때
그 허구는 현명한 인간이 지금까지 고안해 낼 수 있었던 것 중에서
가장 공정하고 편리한 것으로 받아들여지고 있음에 틀림없다.

Diplomacy by Sir Harold Nicolson

외교관이 공복(公僕)임을 보여 주는 몇 가지 경구들 / 이러한 경구를 충분히 이해하였더라면 '비밀 외교'에 관한 혼란은 일어나지 않았을 것이다 / 윌슨 대통령과 그의 '공약' / 그의 이론과 실제의 차이 / 1919년까지만 해도 외교 정책의 민주적 통제는 사실상 보장되었다 / (1) 연맹규약 제18조에 의한 방법 / (2) 비준이라고 하는 새로운 관행에 의한 방법 / 이 새로운 관행의 검토 / 그의 장점과 단점 / 민주주의 외교의 주요한 위험성 / 주권 국민의 무책임성 / 외교 문제에 대한 그들의 무지와 무감각 / 민주주의 외교의 지둔성(遲鈍性) / 그의 불확실성 / 외교 관행에 대한 민주주의적 통제의 효과 / 공개성의 문제 / 외교와 언론 / 협상자로서의 정치인 / 이러한 관행에서 오는 불리함 / 어떻게 하면 민주주의적 외교는 그의 독자적인 모습을 갖출 수 있을까?

외교관은 공직자이기 때문에 외무상에게,
외무장관은 내각의 일원이기 때문에 의회의 다수당에게,
의회는 국민 대표기관이기 때문에 국민 의사에 종속된다.

외교의 기능은 협상 과정을 통하여 독립 국가들 사이의 관계를 처리하는 것이다. 직업 외교관은 그가 소속되어 있는 국가 주권의 공복(公僕)이다. 민주 국가에서 주권은 일차적으로 하원의 다수당이 대표하고 그 다음으로는 하원의 다수당이 행정권을 부여한 행정부나 내각이 대표한다.

루소(J. J. Rousseau)가 주장한 것처럼, 민주 국가에서 주권적인 국민은 총선 기간 동안에만 그들의 주권을 행사하며, 그 후의 약 4년 동안에는 실제로 지배하는 주권적 국민의 일부 즉 총선에서 다수를 차지한 무리들이 주권을 행사하는 것이 사실일 수도 있다. 그뿐만 아니라 그들의 지배와 통제는 단지 대리에 불과할 정도로 간접적이며 의회 또는 행정부의 활동 기간 중에 어느 한쪽으로부터 다른 편으로 넘어갈지도 모른다. 대의정부(代議政府)는 그 정도까지 허구에 차 있다. 그러나 전체적으로 볼 때 그 허구는 현명한 인간이 지금까지 고안해 낼 수 있었던 것 중에서 가장 공정하고 편리한 것으로 받아들여지고 있음에 틀림없다.

공무원은 정치를 못하도록 되어 있는데 외교관은 그 공무원의 일부이다. 공직자의 의무는 그의 경험을 집권 정부의 결정에 봉사하고, 충고하고, 필요하면 반대를 하는 것이다. 그러나 설령 그 충고가 국민을 대표하는 장관에 의해 무시된다고 할지라도 더 이상 이의를 제기하지 않고 장관의 훈령을 실행하는 것이 공무원의 기능이며 의무이다. 이와 같은 제도 아래에서는 공무원과 정부 사이에 묵시적인 약속이 존재한다. 공무원은 정당에 관계없이 모든 헌법적 기구에 봉사하도록 되어 있다. 그 반면에 그러한 기구들은 정당에 대한 공직자들의 선호에 관계없이 모든 공무원을 신뢰해야 한다.

이것도 어느 정도까지는 허구이다. 그러나 공무원법이 매우 강력한 영국에서는 그것이 허구 이상의 의미를 갖는다는 것이 거의 보편적인 사실이다. 다른 국가에서는 정부와 공무원 사이의 관계가 다소 불행하다. 그러므로 민주 외교의 근본 원리는 다음과 같이 정의를 내릴 수가 있다.

> "외교관은 공직자이기 때문에 외무장관에 종속된다. 외무장관은 내각의 일원이기 때문에 의회의 다수당에 종속된다. 의회는 대표 기관이기 때문에 국민의 의사에 종속된다."

만약에 이 원리가 1918년에 인식되고 받아들여졌다면 사상과 행동에서 많은 혼란을 방지할 수 있었을 것이다. 외교관의 입장에서는 그들이 지시받은 바에 따라 행동한 것에 대하여 아무런 가책을 느끼지 않았다. 그러나 대중은 문제의 진정한 본질을 알지 못했다. 그리고 내가 이미 지적한 바와 같이, 대중들은 자기들이 무분별하게 외교라고 부르는 것에 대한 민주적 통제를 수립하려고 정당하게 노력하면서도 자신들의 통제를 받아야 하는 합법적 주제인 정책과 합법적 주제가 아닌 협상의 본질적인 차이점이 무엇인가를 알지 못했다.

이러한 혼란에 의해 초래된 변칙은 윌슨 대통령의 이론과 행동 사이의 괴리(乖離)에서 잘 반영되고 있다. 윌슨은 '공개 외교'의 예언자였다. 그는 1918년 1월 8일에 공표한 '14개 조항'의 1항에서 '미래에는 공개적으로 이루어진 평화에 대한 공개적인 규약이 있을 것이며 그렇게 되면 향후에는 어떤 종류의 국제 간 사사로운 이해(理解)는 없을 것'이라고 주장하였다.

　　이 발표가 있은 지 1년도 못 되어 윌슨 대통령은 이미 체결된 가장 중요한 규약 중의 하나인 베르사이유조약(Treaty of Versailles)[1]에 관하여 협상하지 않을 수 없게 되었다. 그 조약은 확실히 공개적이었다. 왜냐하면 여러 서명국에서 정부의 비준을 얻기 위해 제출되기 전에 그 내용이 공개되었기 때문이다. 그러나 그것이 공개적인 규약이었던 것처럼 그렇게 '공개적으로 귀결되지는' 않았다. 역사상의 어떠한 협상도 그처럼 비밀에 싸여 있었고 그처럼 신비에 싸여 있었던 것도 없었던 것이 사실이다.

　　독일과 그의 맹방들은 일부 토론 과정에서 배척당했고, 모든 약소국들은 협상에 대한 몇 가지 단계를 몰랐고, 언론은 가장 빈약한 공식 게시판 이외의 정보를 얻을 수 없었을 뿐만 아니라 결국 윌슨 대통령은 로이드 조지(Lloyd George)[2] 및 끌레망소와 함께 그 자신의 연구실에서 침묵을 지켰다. 그동안 총검으로 무장한 미국의 해군은 심지어 미국 대표단에 소속되어 있는 대통령의 동료를 포함하여 전문가, 외교관,

---

1) 베르사이유조약(Treaty of Versailles) : 1919년 6월 28일에 이 조약을 체결하면서 '비밀 외교의 철폐'가 그 중요한 외제였음에도 불구하고 그것을 다루는 회의 그 자체조차도 비밀 외교였음을 필자는 개탄하고 있는 것이다.

2) 로이드 조지(Lloyd George, 1863~1945) : 1890년에 의회에 진출한 후 국방상(1916)을 거쳐 수상(1916~22)을 지내는 동안 제1차 세계 대전의 전후 처리의 대업을 수행했다. 『전쟁회고록』(*War Memoirs*, 1933~36), 『평화조약의 내막』(*The Truth about the Peace Treaty*, 1938)을 남겼다.

또는 전권대사가 회담 장소에 들어오지 못하도록 감시하고 있었다.

　나는 그 무렵에 그런 비밀스러운 일들이 불가피하지 않았다고 주장하는 것은 아니며 단지 그 사건이 일찍이 없었던 일이었다고 지적할 뿐이다. 막상 '공개 외교'를 실현할 무렵이 되자 그것을 가장 열렬하게 주창했던 사람은 공개 협상이 전면적으로 진행될 수 없다는 점을 알게 되었음이 증명되었다. 그리고 그것은 재능 있고 여러 분야에서 훌륭한 윌슨 대통령이 1918년 1월 '공개적인 규약'과 '공개적인 귀결' 즉 정책과 협상의 차이점을 예견하지 못함으로써 그 자신이 취한 입장이 얼마나 거짓스러웠는가를 보여 주고 있다.

영국 상원이 런던조약의 비준을 거부하고
수정을 요구했을 때 캐닝은 '국가의 정치적 처사로서는
있을 수 없는 일'이라고 말했다.

　　민주 국가에서 일반 시민도 그러한 환상에 빠져 있다. 예를 들면 시민은 파리회담의 결과와 그 다음에 체결된 조약 그리고 그 후에 수립된 관례의 결과로서 그들이 원하던 대외 정책에서 민주적 통제를 성취하였다는 것을 모르고 있었다. 그러고도 놀란 만한 목적이 어떻게 달성되었을까?

　　1914년까지만 해도 심지어 오랜 대의제(代議制)를 시행해 오던 여러 국가에서도 인민이 선출한 대표자에게 외교의 관리를 사실상 위임하지는 않았다는 것을 일반인들은 모르고 있었다. 예컨대 비록 불의의 사태가 일어나 프랑스와 러시아의 두 국민을 전쟁이나 또는 국가적 신의의 파탄에 이르게 한다고 할지라도 프랑스—러시아 동맹의 내용은 러시아 국민이나 프랑스 국민의 어느 쪽에도 알려지지 않았다. 또 3국동맹(Triple Alliance)[3]의 정확한 조약 내용이 설사 독일을 전쟁으로 끌어들일 수 있는 조문이었다 할지라도 독일, 오스트리아, 이탈리아의 국민에게는 그것이 은폐되어 있었다. 그리고 자유주의를 확고히 신봉하

---

3) 3국동맹(Triple Alliance) : 1882년에 독일 · 오스트리아 · 이탈리아가 프랑스를 고립시키기 위해 체결한 동맹이다.

고 있던 그레이 경(Lord Grey of Fallodon)[4]조차도 국가적으로나 의회의 양원뿐만 아니라 내각의 대다수도 전혀 알지 못하는 내용을 자신이 흥정하고 약속하는 것이 잘못된 일인 것을 알지 못했다.

그들이 이와 같은 수법으로 인민 대표들의 동의 없이 협상을 단행하였다는 것이 알려지자 세계의 여러 민주 국가들은 이러한 사태가 재발하지 않도록 하겠다고 결심하였다. 그리고 이러한 사태의 재발을 방지하기 위하여 두 가지의 긴요한 수단이 취해졌다. 그러나 대중들이 '비밀 외교'와 '공개적 귀결'이라는 붉은 청어 떼를 향하여 날뛸 때까지도 이런 두 방법에 의한 혁신이 외교에 대한 민주적 조정의 향방에 영향을 미치고 있었다는 것을 인식하지 못했다. 첫 번째 수단은 국제연맹 규약 제18조에 다음과 같은 한 조항을 삽입하는 것이었다.

> "연맹 가맹국은 이후의 일체의 조약 또는 국제 약정을 정하면서 그 즉시 이를 연맹 사무국에 등록할 것이며 연맹 사무국은 신속히 이를 공표할 것이다. 어떠한 조약이나 국제 약정도 위의 등록을 마칠 때까지는 그 구속력이 없다."

세계의 모든 국가들이 국제연맹의 가맹국이 되거나 또는 가맹국으로 존속하였더라면 위의 조항은 국민의 동의가 없이 국민을 전쟁으로 몰아넣는 따위의 비밀조약을 효과적으로 종지(終止)하게 하였을 것이고 그렇게 되면 모든 비밀 외교 정책도 그와 함께 종지부를 찍었을 것이다. 그러나 불행하게도 가맹국의 기권과 탈퇴로 다수의 국가가 연맹

---

4) 그레이 경(Lord Grey of Fallodon, 1862~1933) : 옥스퍼드대학을 졸업한 후 정계에 투신하여 외상(1905~16)으로 발칸분쟁의 해결에 기여하였고, 제1차 세계 대전 직후에는 주미 대사로 재직, 옥스퍼드대학 총장(1928)을 지내면서 『25년사』(*Twenty-Five Years : 1892~1916*, 1925)를 저술하였다.

밖에서 잔류하였는데 그 국가들은 지금도 그들 사이에 비밀조약을 체결할 수 있다. 아직도 연맹의 가맹국으로 남아 있는 국가의 국민은 자기들의 정부에 의하여 조인된 비밀조약이라도 그것이 공표되지 않고서는 어떠한 법적 효력도 없으며, 이와 같은 방법으로써 그들은 1914년에 발발하였던 것과 같은 사태로부터 보호를 받고 있다고 믿고 있다.

정책의 민주적 관리를 보호하기 위하여 취해진 두 번째 수단은 비준(ratification)에 대한 지난날의 이론과 실제를 변경하는 것인데 이것 또한 민주주의 국가에서나 가능한 일이다. 비준이란 그 국가의 대표에 의해서 체결된 조약에 대하여 국가의 권능으로 최종적인 승인을 부여하는 것을 의미하고 있다.

1918년 이전까지만 해도 비준은 관례적인 형식에 불과하였다. 그 당시의 정부는 의회에서 다수를 차지하고 있었으므로 정부로서 만약 필요하다면 제시할 수 있는 양보의 선과 이루어지기를 바라는 목표에 관한 훈령을 내리는 동시에 특정한 조약에 서명할 수 있는 완전한 권한을 갖는 사절이나 협상자들을 파견했었다. 1907년의 영러협정(Anglo-Russian Convention)의 경우와 같이 조약의 실제 조문에 관하여 약간의 논쟁이나 다소의 짓궂은 비판이 일어날 수도 있었다. 그러나 적어도 모든 유럽 국가에서 그 당시의 정부는 사절이나 협상자들의 조치도 전권대사의 서명에 의하여 도덕적으로 서약한 것으로 간주하였다. 이를테면 비준을 거부하는 것은 집권당에 대한 불신임권을 행사한 것으로 간주되었으므로 정부의 사퇴를 수반할 수도 있었다. 더구나 1919년까지만 해도 유럽 열강은 이러한 비준 거부를 국제적 불신 행위이며 '유럽의 협조'의 원칙에 대한 위반으로 간주되었던 것이다.

아울러 미국의 예는 항상 남다른 데가 있었다는 점은 주목할만 하다. 미국 헌법 제2조 제2항의 규정에 의하면 조약의 비준은 상원의 3분의 2의 다수결의 '조언을 얻어' 대통령이 행사하도록 되어 있다. 그러므로 상원의원들이 조약에 대한 비준을 거부하거나 또는 그 자신의 탁월한 이상을 첨가할 것을 주장하는 예가 적지 않았다. 1807년 상원이 런던조약(Treaty of London)의 비준을 거부하고 반송하면서 더 많은 수정을 요구했을 때 캔닝은 '국가의 정치적 처사로서는 도저히 있을 수 없는 일'이라고 말하였다. 그러나 그 이후에도 상원은 이와 같은 유별난 관행을 고집해 왔다. 그리고 그들의 이와 같은 이론과 권한이 가장 떠들썩하게 나타난 예는 대통령이 몸소 조인하고 교섭한 조약을 비준하지 않는 정도에까지 이르렀다. 나는 베르사이유조약에 관하여 언급하고 있는 것이다.

이 비준 거부는 유럽에 심각한 영향을 미쳤다. 비록 그것이 모든 평화 체제를 혼란 속으로 몰아넣었다 하더라도 그것은 다른 국가들로 하여금 이러한 비준의 형식 속에 민주적 견제의 해결 방안이 있다는 사실을 인식하도록 해주었음이 분명하다. 오늘날 민주 정부에 의하여 체결된 조약의 비준은 단순히 기술적인 면에서 뿐만 아니라 실질적으로도 양원의 다수의 승인에 달려 있다. 그리고 이러한 조정을 보강하기 위하여 영국의 제1차 노동당 내각은 비준을 필요로 하는 모든 조약은 비준 이전에 적어도 21일 동안 의회에서 의안으로 토의되어야 한다는 규칙을 수립하였다.

비록 이러한 조항이 사실상 비밀 외교와 비밀 정책을 지양하는 중요한 보증을 이루고 또 그것이 민주적 견제의 진정한 버팀목이 되었다고 할지라도 현행 제도는 어떤 의미로 보더라도 최종적인 해결이라고 볼 수는 없다. 그것은 사실상 대단히 불편하며 효과 없는 방법이다. 만약 양측의 교섭자의 처사가 자국의 주권에 의하여 어떻게든 공인 받게 되는 것이 전적으로 불가능하다면 그 교섭의 모든 과정에 많은 장애가 있으리라는 것은 분명한 일이다. 옛날의 유럽의 외교는, 극히 드물고 또 예외적인 것을 제외하고는, 이와 같은 문제에 직면하지 않았어야 한다. 그리하여 새로운 관례는 '공개 규약'이라는 점에서는 엄청난 이득을 본 반면에 외교 교섭에서는 엄청난 책임을 요구하고 있다.

자신의 약속을 충분히 이행할 것을 보장할 만한 위치에 있지도 않은 협상자에게 양보를 강력하게 요구한다면 협상은 심각한 장애를 받게 된다. 만약 민주 외교가 비밀 외교만큼이나 유력하다는 것을 입증할 수만 있다면, 그것이야말로 해결해야 할 문제 중의 하나가 될 것이다.

3 유권자들의 판단은 사고에 기초를 둔 것이 아니라
느낌에 기초를 둔 것이기 때문에
우연한 만남이나 이야기에 그것이 좌우된다.

　민주 외교가 해결해야 할 문제는 단지 이것만이 아니다. 정부의 모든 제도는 각각 장점과 단점을 가지면서 외교 정책과 그것을 집행하는 정부 기관에 영향을 준다. 민주 외교의 큰 과업 중 하나가 비밀 외교의 해로운 제도를 폐지시키는 것이라는 점을 인정한다면 우리는 비밀 외교야말로 단순히 협상의 기술뿐만 아니라 국제 관계의 친선과 안정을 해치는 또 다른 분규를 유발한다는 점을 인정해야 한다.

　그렇다면 민주 외교가 이론과 실제에서 적나라하게 노출될 경우에 나타날 수 있는 특별한 위험과 어려움이란 무엇일까? 나는 이론적인 문제를 먼저 다루어 보고자 한다. 민주 외교가 안고 있는 위험의 가장 심각한 근원은 주권 국민의 무책임에 있다고 일반적으로 말할 수 있다. 여기에서 내가 뜻하는 것은 국민이 외교 정책을 결정적으로 좌우할 수 있는 사람일지라도 그들은 자기에게 부과되는 의무에 대하여는 거의 모두가 모르고 있다는 점이다.

　절대군주 시대에는 왕의 이름으로 서명하고 비준된 계약서 또는 조약의 유지에 따라서 왕의 개인적인 명예가 지속되었다. 군주들은 이런 계약에 항상 그렇게 민감하지 않았지만 적어도 그들 자신의 명예를 보

전한다는 것이 직접적으로나 개인적으로 위기에 처해 있었다는 정도는 알고 있었고, 특히 루이 14세는 누구보다도 이를 잘 알고 있었다. 이와 마찬가지로 정책 결정이 군주 개인으로부터 통치 계급으로 넘어갔을 때 정부가 체결한 계약은 통치 계급의 전반적인 명예를 좌우하는 문제라는 느낌을 풍미하게 되었다. 그러나 헤아릴 수 없을 만큼 많은 익명의 무의식적인 유권자들이 이 외교 정책을 좌우하고 있기 때문에 외교 수행에 대한 개인적 책임감이나 단체적인 의무감은 이제 사라져 버렸다. 국민은 그들이 권리 의식을 인식하지 못하기 때문에 이런 조약이 체결되는 주체가 자기 자신인지조차도 모르고 있다.

그러한 조약들이 정당하게 선출된 정부에 의해서 체결되었고 충분한 토의를 거친 후에 양원의 비준을 얻었다는 사실은 전혀 언급하지 않고, 조약의 거부만을 주장하기 쉬운 인기 중심의 신문은 이런 정치적 무책임을 조장한다. 광고 회사나 신문 인쇄업자들이 그들의 계약을 거절한 데 큰 충격을 받은 그 신문 경영자들은 대체로 국민에게도 조약을 거부하도록 논설을 쓸 준비를 완벽하게 갖춘다. 그들의 대표들이 이서(裏書)하고 그들의 이름으로 결정된 사항을 부인하는 것이 민주주의의 관례가 된다면 국제 계약의 모든 기초는 완전히 사라지고 무정부 상태가 뒤따를 것이 분명하다.

이 문제는 민주 외교가 안고 있는 두 번째의 큰 위험 즉 무지와 밀접한 관계가 있다. '무지'라면 나는 확인할 수 있는 사실 등의 무지를 말하는 것은 아니다. 본질적인 문제들을 납득할 수 있는 형식으로 국민에게 알리는 것이 통치자나 전문가의 의무이다. 유권자가 테쉔(Teschen)[5]이 어디 있는지, 또는 스코다 상사(Skoda Co.)[6]의 생산품이 무엇인

---

5) 테쉔(Teschen) : 동유럽에 있었던 공국(公國). 제1차 세계 대전 이후 폴란드와 체코 슬로바키아에 의해 분할된 이후 영토 분쟁의 화약고가 되었다.

가를 아는 것은 거의 문제가 되지 않는다. 그러나 외교 문제를 다루면서 세계의 민주 국가들이 국내 문제에 적용하는 균형이라든가 선의의 문제에 관하여 누구도 입을 열지 않는다면 이는 중대한 문제이다.

이와 같이 심지어는 지식 있는 국민조차도 자기 나라가 어떠한 조약에 얽매어 있는지를 모르고 있다. 이러한 조약들이 공포되고 의회에서 토의되고 신문에서 논란되었지만 대부분의 국민은 그러한 일이 있었는지조차도 전혀 느끼지 못할 정도로 모두 잊고 있다가 신문에서 새삼스럽게 떠들어대면, '비밀 외교'라고 아우성을 칠 것이 분명하다. 그러한 국가적 계약의 체결이 우리의 국위를 떨칠 만큼 비상한 관심의 대상이 될 무렵에야 비로소 국민은 그것을 기억하거나 아니면 그런 조약이 있었다는 것을 알게 된다. 그 무렵이 되면 국민은 자신이 인정한 조약의 폐기를 외쳐대겠지만 그때는 이미 때가 늦었다.

문제는 여기에서 그치지 않는다. 일반 유권자들은 자기에게도 책임이 있는 국제적인 언약에 대하여 무지하고, 게으르고, 건망증이 있을 뿐만 아니라 그들이 국내 문제에 대하여 적용하는 사상이나 지식을 외교 문제의 일반 이론에는 적용하지 않는다. 그는 외교 문제에서 가장 간단한 원리마저도 이해하려고 노력하지 않는다.

예를 들면 영국의 보통의 남자나 부인들은 아직도 외교 문제를 '외교적인' 문제로 생각하지 않는다. 즉 그들은 우리의 국가적 이익뿐 아니라 다른 국가의 이익마저도 생각하지 않는다. 그들은 외교 정책이 마치 예산이나 교육법안과 같은 방법으로 성안되고 있다고 생각한다. 그것은 책임 있는 수상에 의해 준비되고, 내각에 제출되고, 의회에서 승인을 받고, 그리고 그 후의 모든 것을 실행하는 문제는 외무성에 넘

---

6) 스코다 상사(Skoda Co.) : 체코슬로바키아의 사업가인 스코다(E. von Skoda, 1839~1900)가 1866년에 창설한 무기 생산 업체.

겨지는 것으로 끝난다고 생각한다. 이와 같은 사고의 혼란으로 인하여, 영국을 위한 이상적인 외교 정책은 오로지 수행되기 위하여 성안되는 것이라고 영국 사람들은 믿게 되었다. 우리와 꼭 같은 군사력과 이해관계와 편견을 가지고 있는 다른 국가들도 어떤 정책을 수행할 뜻이 있는지의 여부를 동등하게 상담해야 한다는 사실을 그들은 모르고 있다.

무지란 얼마나 무서운 것인가, 이를테면 그릇된 사고에서 나온 구호의 힘이 얼마나 무서운 것인가 하는 점은 내 자신이 받는 두 가지 질문에서 잘 설명될 수 있다. 첫째로 '왜 영국 정부는 미국과 동맹을 맺지 않는가?' 이고, 둘째로 '왜 정부는 집단 안전 보장과 국제연맹이야말로 이 국가가 바라고 있다는 사실을 이해하지 못하는가?' 라든가, 아니면 '그런 것들은 유럽의 분규를 해소하는 데 아무런 힘도 되지 못한다고 하는 사실을 이해하지 못하는가?' 하는 등의 질문이다. 이러한 질문의 어리석음은 때때로 사람들로 하여금 민주 외교에 대하여 절망을 느끼게 한다.

대중의 무지보다 더 위험한 것은 대중들이 확실하지도 않은 어떤 지식을 나름대로 가지고 있다는 사실이다. 외국의 환경과 그들의 심리를 연구하는 데 자기의 생활을 바치고 있는 직업 외교관들은 짧은 시간 동안 관찰된 현상을 일반화시키는데 대단히 신중하다. 국민은 그러한 신중성을 보이지 않는다. 직업 외교관이 아닌 시민은 달마티아(Dalmatia)[7]에서의 여름 순항, 블랙 휘레스트(Black Forest)[8]의 자전거 여행, 포토 피노(Porto Fino)[9]의 즐거운 3주를 보낸 것으로써 근동(近東)이나, 히틀러와

---

7) 달마티아(Dalmatia) : 유고슬라비아의 아드리아 해 연안의 지방.
8) 블랙 휘레스트(Black Forest) : 독일의 남서부에 있는 산악지방으로서 다뉴브강과 넥케르강이 여기서 발원한다.
9) 포토 피노(Porto Fino) : 이탈리아의 북서부에 있는 항구 도시로서 유명한 관광지.

그 막료와의 관계, 그리고 아비씨니아(Abyssinia)[10]의 모험이 이탈리아의 여론에 미친 영향 등에 관하여 통달했다는 굳은 신념을 가지고 돌아온다.

그들의 판단은 사고에 기초를 둔 것이 아니라 느낌에 기초를 둔 것이기 때문에 어떤 우연한 만남이나 오다가다 들은 얘기에 그것이 좌우된다. 그 날 어느 성급한 경찰이 힐드샤임(Hildsheim)[11]에서 에피(Effie)를 밀고 괴롭히는 것을 본 에피의 아버지는 평생토록 '반독일적인' 인물이 될 것이다. 루가사(Rugasa)[12]의 호텔 보이가 전쟁 전의 흥미 있는 우표 세 장을 아더(Arthur)에게 주었다면 유고슬라비아인(Yugo-Slavs)이야말로 이 지구상에 가장 친절하고 가장 점잖은 사람들이라고 아더의 아버지는 확신할 것이다.

파리의 어느 극장에서 단 5분 동안이나마 안내원과 가벼운 실랑이를 벌인 사람은 프랑스에 대한 혐오감을 가지고 귀국할 것이다. 심지어 좋지 않은 날씨라든가 끊어진 철로와 같은 사건도 외국에 대한 선거인의 자세에 끊임없는 영향을 줄 것이다. 그러한 영향은 민주주의의 무책임한 징후에 적지 않은 장애를 일으키고 있다.

---

10) 아비씨니아(Abyssinia) : 고대 에티오피아를 의미한다.
11) 힐드샤임(Hildsheim) : 서독의 동북부 지방에 있는 도시.
12) 루가사(Rugasa) : 이탈리아 시실리 섬의 동남부에 있는 도시.

4

명확한 여론을 조사하기 위해서 몇 달을
경과해야만 한다는 것은 효과적인 정책이나
협상에 치명적일 경우가 흔히 있다.

외교에서 제3의 위험이라고 하면 그것은 굼뜨다는 사실이다. 차라리
절대 군주나 독재자는 정책의 입안과 조직에 그렇게 많은 시간이 걸리
지는 않는다. 민주 정치에서는 여론이 정책을 이해할 때까지 기다려야
한다. 이와 같은 결론에 도달한 것은 일반적으로 독재자의 몽유병적
확신보다는 더 분별 있고 안전하기 때문이다. 그러나 어떤 명확한 여
론을 조사하기 위해서 몇 개월을 경과해야만 한다는 것은 효과적인 정
책이나 협상에 치명적일 경우가 흔히 있다.

이러한 전문가의 신념이 일반 유권자의 동의를 얻기까지에 필요한
시간상의 지연은 모든 민주 외교에서 뗄 수 없는 불리한 조건이 되고
있다. 예를 들면 1919년 1월에 로이드 조지(Lloyd George)는 영국의 우수
한 무역업자들을 파멸에 이르게 한다거나 또는 영국의 경제에 치명상
을 입힐 수 있을 만큼 국제 교역을 혼란에 빠뜨릴 정도로 독일로부터
배상금을 받아 낸다는 것은 우리 자신의 국가적 이익에도 보탬이 되지
않는다는 사실을 그의 재정 전문가들로부터 보고를 받아 그렇게 믿고
있었다. 그러나 영국의 국민과 하원이 이와 같은 결론에 도달하는 데
에는 18개월이 걸렸으며 프랑스에서 이러한 여론이 확인되기까지에는

5년이 걸렸다. 그 결과로 독일의 모든 중산층은 절망적으로 파멸하였으며 우리 모두는 지금 그 결과를 비참하게 목격하고 있다.

민주적인 외교를 기다리면서 나타날 수 있는 네 번째의 위험성은 불확실하다는 점이다. 외교 정책에서의 막연함과 유동성은 가장 심각한 악덕 중의 하나이다.

자신의 의무에 대한 주권적 민주주의(sovereign democracy)의 무책임한 태도에서 유발되는 불확실성이 있을 뿐만 아니라 모든 민주주의는 분명하고 속박적인 개념보다는 모호하고 획일적인 형식을 좋아하는 경향이 있는데, 특히 앵글로 색슨의 민주주의에서는 더욱 그러하다.

외교의 효과는 그것이 풍기는 확신과 확실성의 정도에 비례한다. 그러나 만약 정책이 불확실하다면 그 정책의 시녀라고 할 수 있는 외교도 또한 모호해질 수밖에 없다. 따라서 민주 정부가 애매모호한 언어로 정책을 시달함으로써 그들이 원치 않았던 바로 그 위험을 유발하는 경우는 흔히 있다.

민주주의적인 정치인이나 외교관이 그러한 유혹을 받을 수 있다는 것은 막연한 느낌이 아니다. 자기의 정책을 일반 시민에게 호소하기 위하여 외교관이나 정치인은 외교적 상황의 감정적·극적·도덕적 측면을 강조하거나 실제적인 측면을 호소하기 쉽다. 극단적인 경우에 이러한 사실은 외교관으로 하여금 사실상 위선적인 행동을 취하도록 하는데, 중요한 국가적 이익을 보호하면서 자신이 어떤 추상적인 이념을 보호하고 있는 체하는 경우가 이런 예에 속한다. 영국의 정치인들은 모두가 그러한 유혹에 빠지도록 되어 있다.

5 어떤 신문이 공적인 정책과 입장이 다른 기사를 쓰면
외국의 관측통들은 외무성이 아마 여론을 떠보기 위해
'연을 날려 보는 것'이라고 믿을 것이다.

위에서 언급된 사항은 주로 외교 정책의 민주적 규제에 의하여 야기된 외교 이론의 변화로 집약되고 있다. 새로운 문제는 역시 외교 관례와 관련하여 야기된다.

첫째 문제는 공개성이다. 왜냐하면 주권적 민주주의는 정보를 얻어야 할 필요가 있기 때문이다. 신문을 외교에 대한 협력자로 이용한다는 것은 스위프트(J. Swift)[13]나 위트레흐트조약(Treaty of Utrecht)[14]만큼이나 케케묵은 일이다. 우리들이 위에서 살펴본 것처럼 캔닝과 파머스톤은 여론이 사회를 교도한다는 사실을 철저히 믿었으며, 19세기 후반에는 『더 타임즈』(The Times)와 같은 신문들이 엄청난 영향력을 미쳤다. 이탈리아의 카부르(C. Cavour)나 독일의 비스마르크는 공개 외교보다는 오히려 비밀 외교를 위해 신문을 이용했다. 그러나 비스마르크 자신은 그의 정책을 위해서 논설이나 기사를 날조하지는 않았다.

그러나 오늘날의 문제는 그 성격이 다르다. 독재 국가에서 통제받는

---

13) 스위프트(J. Swift, 1667~1745) : 아일랜드의 풍자소설가로서 『걸리버 여행기』의 저자. 그는 한때 성직과 정계에 관여한 일이 있었다.
14) 위트레흐트조약(Treaty of Utrecht) : 1713. 4. 11.~1714. 6. 26. 사이에 스페인 왕위 계승 전쟁(1701~14)의 전후 처리를 위해 프랑스가 유럽 열강과 체결한 조약.

신문은 선전 도구로 이용된다. 민주주의 국가에서는 지식과 교육을 전달하는 데 신문이 이용되고 있다. 아직도 대중 신문들의 권리와 필요성 그리고 자율성의 요건 사이에 만족할 만한 조정이 발견되지 않고 있다. 신문이 그 맡은 바에 충실하며 독립된 지위를 누리고 있는 영국에서도 이 문제는 오늘날처럼 날카로운 적이 없었다. 신문이 매수되거나 간혹 세상의 이목을 끄는 다른 국가에서는 사실의 공개성이 분별있는 외교의 동지라기보다는 오히려 적(敵)임이 입증되고 있다.

제1차 세계 대전 이전에는 공개성의 문제가 유럽 외교관들에 의하여 여러 가지 방법으로 취급되어 왔다. 외상이나 외무성이 어떤 특정한 신문이나 통신사에게 호의를 보이는 것은 유럽 대륙의 한 관례가 되어 있었고 또 지금도 마찬가지이다. 이러한 신문들은 좋게 말하면 '권력자의 의사를 반영하는' 신문이요, 다소 나쁘게 말하면 '비열한' 신문이라고 일컬어지고 있다. 영국에서는 오히려 '책임 있는' 신문과 '무책임한' 신문이라는 말로 모호하게 구분하는 습관이 있는데, 여기에서 '무책임한' 신문이라 함은 정권에 호의를 보이지 않는 잡지 등을 의미한다. 민주 외교의 출현으로 신문들의 이와 같은 편애는 분명히 불가능해졌으며 심지어는 내각에도 보도국(Press Department)이 창설되기까지 했다.

극히 안전하다고는 할 수 없지만 현재 영국의 체제는 그래도 잘 되어가고 있다. 뉴스에 관한 한 신문을 차별하지 않으려고 그들은 꽤 정직하게 노력하고 있다. '지도'(指導)에 관한 한 어떤 특파원들은, 친여적이든 친야적이든 간에 다른 특파원들보다 더 경험이 많고, 더 지성적이며, 더 믿을 만하다는 것은 분명한 사실이다. 이럴 경우에 뉴스로서의 역할이 '지도'로서의 역할보다 더 큰 신임을 받아야 한다는 것은 불가피한 일이다. 이러한 체제는 실제에서 심각한 불만을 야기하지는 않는다.

출판과 외무성과의 관계에서 실제적 관계보다 더 복잡한 것은 대륙의 여론에 미치는 자유 언론의 영향이다. 외국의 정부들은 영국의 출판이 실제적으로 그런 것과 마찬가지로 내막적으로도 외무성과 독립되어 있다는 것을 사실대로 믿으려 하지 않는다. 만약 『더 타임즈』가 공적인 정책과 상이한 기사를 쓴다면 외국의 관측통들은 출판가(Printing House Square)가 날카로운 두뇌파를 독자적으로 갖고 있는 것이라 믿는 것이 아니라 여론을 떠보기 위해 외무성이 '연을 날리는 것' 이라고 믿는다.

이와 마찬가지로 전국적인 규모를 갖는 일간지들이 정부를 공격하면 외국의 관측통들은 정부가 '여론을 시험하고 있다' 고 국민은 믿으려는 경향이 있다. 이러한 오해는 많은 폐단을 유발한다. 한편으로 다른 정부들은 영국의 여론이 매우 세분화되어 있으며 영국 정부가 다른 나라보다 더 우유부단하다고 믿게 된다. 그리고 다른 한편으로는 다른 나라가 영국 외무성에게 외국과 외국인을 공격한다고 비난해도, 사실상 영국의 이 불행한 외무성은 그들에게 아무것도 할 수가 없다. 자유 언론이 갖는 잇점은 거기에서 오는 불이익과는 비교도 안 될 만큼 막중한 것이기 때문에 민주 외교를 논의하는 과정에서 이와 같은 특수 문제를 다루는 것이 어떤 불안을 유발할 필요는 없다.

외교적 관행에서 좀 더 위험한 개혁은 민주주의 국가들이 그들의 정치인들로 하여금 협상에서 사사로운 입장을 취하도록 허락하는 경향이 있다고 하는 사실이다. 수상이나 외상이 어느 중요한 회의에 반드시 참석해야 할 경우가 분명히 있다. 그러나 어느 한 나라의 외상이 다른 나라의 외상을 빈번하게 방문한다는 것은 권할 만한 일이 아니다. 그와 같은 방문은 대중적인 기대를 유발하고, 오해를 불러일으키고,

또 혼란을 야기한다. 이러한 방문객들에게 할당된 시간은 항상 그들로 하여금 참고, 냉정하게 뭔가를 생각할 만큼 충분한 것이 되지 못한다.

외국의 수도에서 외상에게 베푸는 의전(儀典)은 그의 몸을 피로하게 만들거나, 그의 허영심을 자극하거나, 아니면 그의 판단을 흐리게 한다. 그는 자기를 초청해 준 측에게 결례가 되는 일을 하고 싶지 않기 때문에 가급적이면 언짢은 질문을 피하고 날카롭게 맞서는 논점에 대하여는 불명확한 태도를 취하게 되는데, 그 결과는 참으로 한심한 것이다. 그렇다고 해서 그가 귀국했을 때 자신의 성명이나 처사에 대하여 각료들이 항상 동조를 하는 것은 아니다.

그와 같은 방문은 모든 정치인들의 가슴에 친근하게 느껴지는 것은 당연한 일이다. 그와 같은 방문은 '개인 접촉의 가치' 라고 일컬어진다. 그러나 실제로 외교라 함은 내가 이미 다른 곳에서 언급한 바와 같이, 대화의 기술이 아니라 분명하고도 실증적인 형태로 합의에 도달할 수 있도록 협상하는 기술이다. 따라서 대부분의 경우 외교는 직업적인 외교관에게 맡기는 것이 좋다.

직업적인 외교관이 신임장을 제정한 한 국가의 외무성을 방문하는 것은 대중의 시선도 끌지 않을 것이고, 신문에서 멋대로 추측하는 일도 없을 것이고, 아무런 성과가 없더라도 시민이 실망하지 않는다. 그는 정규적인 간격을 두고 외무성을 방문할 수 있는 시간적인 여유가 있으며, 본국에 보고서를 발송하고, 지시를 받고, 협상 자체에 대하여 조용히 생각할 수 있는 시간적인 여유를 갖게 된다. 그는 의전 문제로 방해 받는 일도 없으며 지나친 의전으로 괴로움을 겪지도 않는다. 그러나 무엇보다도 의미 있는 것은 협상의 과정과 결과가 주의 깊게 문서화된다는 사실이다.

6 여러 세대에 걸쳐 소양이 있고 합리적인 사람들이
발전시켜 온 선의와 경험에 의한 일반적인 원칙을
국민에게 교육해야만 한다.

그와 같은 것이 민주제도 하에서의 외교가 지금 해결해야 할 이론과 실제상에서 중요한 문제들 중의 일부이다. 나는 독자들의 마음속에 내가 민주 외교를 그 이전의 것들보다도 비능률적이고 위험스러운 것으로 여긴다는 인상을 남겨 두고 싶지는 않다. 그와는 반대로 비록 민주 외교가 오늘날 혼란스러운 상태에 빠져 있기는 하지만 다른 어떤 제도보다도 분명히 바람직하다고 나는 생각한다. 그렇지만 나는 내 마음 가운데 민주 외교가 아직 독특한 틀을 갖추지 못하였음을 스스로 고백하는 바이다.

그 독특한 방식이란 것은 어떻게 얻어질 것인가? 거친 손마디를 가진 유권자들에게 우아하고 고상한 피아노를 적응시키려면 우리는 오랜 시행 착오를 거쳐야 한다. 그러나 그러기 위해서는 우리가 마음속에 새겨 두어야 할 어떤 적응의 원칙이 있다.

첫째로 중요한 것은, 내가 여러 번 강조한 바와 같이, 유권자들이 정책과 협상의 차이점을 인식해야만 한다는 점이다. 일단 그들이 비밀 정책에서 오는 피해로부터 보호를 받고 있다는 사실을 완전하게 이해한다면 그들은 비밀 협상에 대하여 그처럼 심하게 가상적인 공포를 갖

지는 않을 것이다.

둘째로 일단 외교와 주권자 간의 신뢰가 이루어지면 외교의 직업적인 면이 강조되어야 하고 그 기반을 넓혀 나가야 한다는 점이 중요하다. 앞으로 우리는 외상이나 수상이 경험 부족으로 대외 정책에서 감정적이고 감상적인 견해를 가지는 경우를 겪을 수도 있을 것이다. 그러한 사람들은 철저하게 잘 수련된 참모들의 도움을 필수적으로 받을 수 있게 해야 한다. 그러나 그 참모들은 어디까지나 민주화되어야 하며 어느 정도는 불확실하지만 일반적으로 상류 유산 계급의 사람들로 취급되어서는 안 된다.

셋째로 외교 업무의 자세한 내막은 그만두더라도 여러 세대에 걸쳐 소양 있고 합리적인 사람들이 발전시켜 온 선의와 경험에 의한 일반적인 원칙을 모든 일반 국민에게 교육해야만 한다. 인간이 독립 국가에서 살아가는 한, 그 원칙들이 국가 간의 외교 관계를 항상 지배해야 할 것이다.

V
이상적인 외교관

내가 말하는 이상적인 외교관의 특질은
진실, 정확, 침착, 인내, 관용, 겸손, 그리고 충성심이다.
그리고 이것이야말로 이상적인 외교의 특질이기도 한다.
그러나 당신은 '지능, 지식, 통찰력, 신중, 인자함, 매력, 근면, 용기,
그리고 심지어는 지략까지도 망각하고 있다' 고 나를 반박할 것이다.
나는 이것들을 잊어버린 것이 아니라
당연한 것으로 생각하고 있을 따름이다.

Diplomacy by Sir Harold Nicolson

건전한 외교 업무의 수행에 필수적인, 경험적인 원칙들은 이상적인 외교관의 자질을 검토함으로써 밝혀질 수 있다 / 이 특수 자질들은 어떤 것들인가? / 그들 중의 어느 것은 시대에 뒤떨어진 것도 있다 / 현대에서도 중요시되는 그 밖의 외교적 자질들 / 원만한 협상의 기본 조건은 도덕적 설득력에 기초를 두고 있다. / 도덕적 설득의 기본 요소가 되는 7가지의 특별한 외교적 미덕 / (1) 진실성, (2) 정확성, (3) 냉정성, (4) 원만한 성격, (5) 인내심, (6) 겸손, (7) 충성심

1

러시아의 제르브스트 공비(Princess of Zerbst)는 훌륭한
외모를 가진 청년을 대사로 선발하여 러시아로
파견해 줄 것을 프레데릭 대왕에게 부탁하는 편지를 썼다.

제4장의 결론에서 내가 언급한 '선의와 경험의 일반적인 원칙'이라
는 것들은 무엇인가? 나의 생각으로는 이 장에서 이상적인 외교관이
가져야 할 윤리와 지적인 품성의 정의를 내릴 수만 있다면 위의 질문
은 가장 쉽게 설명될 수 있을 것이다. 그러나 내가 개인적인 특성의 형
상에 따라서 이러한 성질의 목록을 작성한다고 할지라도 내가 테오프
라스투스(Theophrastus)¹⁾나 라 브뤼에르(La Bruyere)²⁾의 방법으로 성격의
묘사에 몰두하고 있다는 인상을 받고 싶지는 않다.

나의 의도는 그것보다는 더 실질적인 데 있다. 즉 건전한 외교는 몇
세기에 걸쳐 이와 같은 규칙과 법규에 따라서 스스로 발전되어 왔다는
사실을 예증코자 하는 것이다. 동시에 외교를 공부하는 학도들이 어떤
것이 '훌륭한 외교'이며 어떤 것이 '그릇된 외교'인가를 판단할 수 있
도록 해주는 어떤 비판의 기준을 제시하고자 한다. 그리고 나는 그렇
게 함으로써 협상의 기술은 평범한 정치가나 일반적인 사람에게서 항
상 발견되는 것이 아닌 어떤 특수한 자질의 조화를 필요로 한다는 것

1) 테오프라스투스(Theophrastus, 372~287 B.C.) : 그리스의 철학자이자 문필가로서 아
리스토텔레스의 제자였다.
2) 라 브뤼에르(La Bruyere, 1645~1696) : 프랑스의 풍자적 도덕주의자이며 작가였다.

V. 이상적인 외교관 • 143

을 독자에게 지적해 주고 싶다.

외교 이론에 대한 대부분의 저자들은 성공적인 협상자를 위해서 필요한 자질이 무엇인가를 논의하는 데 많은 지면을 할애하고 있다. 유능한 대사라 함은 그가 신임장을 제정한 국가의 실권을 쥐고 있는 사람으로부터 신뢰와 호감을 얻을 수 있는 사람이라는 것에 대체로 우리의 의견이 일치하고 있다. 이것은 반드시 시간과 장소를 모두 고려할 것을 요구한다. 17세기에는 훌륭한 대사가 될 만한 사람이었지만 오늘날에 웃음거리가 되지 않으리라고는 누구도 장담할 수 없을 것이다. 테헤란에서 탁월하게 성공했던 사람도 워싱턴에 가서는 뼈저린 실패를 맛볼 수도 있는 것이다. 이러한 차이는 명백한 것이며 우리가 이에 구애될 필요는 없다. 그러나 협상자의 영원한 자질을 다루기 전에 옛날에는 외교관의 바람직한 자질로 간주된 바 있지만 오늘날 이미 적용되지 않는 몇 가지의 자질을 잠시 살펴보는 것도 흥미 있는 일일 것이다.

외교에 관한 칭찬할 만한 저서로서는 필립스(Alison Phillips)[3] 교수가 『대영백과사전』(Encylopaedia Britannica)에 기고한 글이 있다. 이 글을 보면 이상적인 외교관들이 갖추어야 할 자질이 무엇인가에 관해서 몇 가지 재미있는 단편들이 옛날 책자에서 발견되고 있다. 예컨대 매기(Ottaviano Maggi)도 1595년에 발행된 『공사(公使)』(De Legato)라는 책에서 대사는 이론가로 훈련되어야 하며, 아리스토텔레스(Aristoteles)와 플라톤(Platon)에 정통해야 하며, 가장 추상적인 문제를 순간적으로 관찰하여 정확한 변증법으로 해결할 수 있어야 한다고 주장했다.

또한 대사는 수학·건축·음악·물리학·시민법 및 종교법에도 전문가가 되어야 한다. 그는 라틴어를 유창하게 말하고 쓸 수 있어야 하

---

3) 필립스(Alison Phillips, 1864-1950) : 바이마르(Weimar)대학과 옥스퍼드대학에서 수학. 세인트 존스대학(St. John's College)의 외교사 교수. 『대영백과사전』 수석 편집인. 『아일랜드 史』(History of Ireland, 1909-21)를 썼다.

며 또한 그리스어 · 스페인어 · 프랑스어 · 독일어 및 터키어에도 능숙하지 않으면 안 된다. 대사는 또한 훈련된 고전학자, 역사가, 지리학자가 되어야 하며 군사 과학에 대한 전문가가 되는 한편 시를 음미할 수 있어야 한다. 그리고 무엇보다도 그는 훌륭한 가문에서 태어나 부유해야 하며 멋진 풍모를 타고났어야 한다.

이밖에도 좀 더 특수한 자질이 요구될 때도 있다. 이와 같은 것을 우리는 러시아의 캐더린 황후(Empress Catherine)⁴⁾의 모친인 제르브스트 공비(Princess of Zerbst)에게서 찾아볼 수 있다. 그는 훌륭한 외모를 가진 한 잘생긴 청년을 대사로 선발하여 러시아로 파견해 줄 것을 프레데릭 대왕(Frederick the Great)⁵⁾에게 조언하는 편지를 보낸 적이 있었다. 그런가 하면 홀랜드와 독일에 파견되는 대사는 많은 양의 독한 술을 마시고도 취하지 않는 주량을 갖는다는 것이 필수적이었다.

외교관 시험의 후보자를 시험하는 사람들은 이와 같은 자질들을 절대적으로 필요한 것으로 고려하지는 않고 있다. 어떤 형태의 지위를 위해서 어떤 유형의 사람을 선별하는 식의 낡은 이론은 옳지 않다는 평가를 받고 있으며, 대신에 한 나라에서 유능하다고 입증된 사람은 다른 나라에서도 완전히 똑같이 유능할 것이라는 이론이 계승되고 있다고 말할 수 있다. 이러한 주장은 매우 옳다. 지성과 성격은 부에노스아이레스(Buenos Aires)에 있을 때나 바르샤바(Warsaw)에 있을 때나 똑같다는 사실은 우리의 경험으로 잘 나타나고 있다. 그러나 영국 외무성은 이러한 생각을 멀찍이 밀어 붙이고 임지의 조건이나 외교관의 개인적인 심리 상태를 고려하지 않고 발령하는 경향이 있다고 말하는 사

---

4) 캐더린 왕후(Empress Catherine, 1684~1727) : 러시아 피터 1세(Peter I)의 계비. 부황(夫皇)이 죽자 왕위를 계승하여(캐더린 1세) 문화 정책을 수행했다.
5) 프레데릭 대왕(Frederick the Great, 1712~1786) : 프러시아의 왕.(재위 1740~86) 오스트리아의 왕위 계승 전쟁과 7년 전쟁에서 프러시아의 국위를 떨쳤다.

람도 가끔 있다. 전체적으로 볼 때 그러한 비판은 근거가 없다.

지식과 성품, 교활과 정직 중 어느 것이 외교 수단으로서 더 효과적이냐 하는 질문에 대해서는 나이에 따라서 그 의견이 다르다는 사실도 또한 매우 흥미 있는 일이다. 심지어 제법 현대적인 외교관이라 할지라도 외교적인 거짓말을 정당화할 수 있는 길을 찾고 있다. 따라서 베트맨-홀베그(Theobald von Bethmann-Hollweg)[6]는 '종이 조각'에 관한 그 불운한 문구를 사용한 적이 있었다는 사실을 단호하게 부인했어야 했다고 빌로우 공(Prince Büllow)은 주장했다.

쉴라시 백작(Vincent Szilassy)[7]은 외교에 대한 그의 논문에서, 어떤 환경 아래서는 신중하게 거짓말을 하는 것이 오히려 애국적이라고 명확히 주장했다. 이러한 저자들은 고전적 외교 이론의 대표자는 아니다. 쉴라시 백작은 아주 유치한 외교관이었으나 빌로우 공은 독일 역사상 가장 비참한 정치가였다. 협상의 기술에 대한 일반적인 사상의 경향은 기만보다는 '신용'과 '신뢰'를 분명히 선호하고 있다. 이와 같이 다소 개명된 이론은 비교적 최근에 나타난 산물에 지나지 않는다.

예컨대 드 깔리에르(M. de Callières)[8]는 1716년에 「군주와의 협상에 대한 방법, 외교의 사용, 공사와 사절의 선택, 해외 업무의 성공을 위해서 필요한 개인적인 자질」(On the Manner of Negotiation with Princes; on the Uses

---

6) 베트맨-홀베그(Theobald von Bethmann-Hollweg, 1856~1921) : 독일의 정치가. 프로이센 관료계에서 승진하여, 내무장관을 거쳐 1907년에는 총리 서리를 지냈으며, 1909년 빌로우(Prince Bülow)의 뒤를 이어 총리에 취임하였다. 유능한 행정가이기는 했으나 1914년 7월의 위기 때에는 오스트리아 측에 강경 자세를 취하도록 설득함으로써 제1차 세계 대전의 한 원인을 제공했다. 1917년 군부 및 의회의 공격을 받고 실각하였다.

7) 쉴라시(Vincent Szilassy, 1450-1473) : 헝가리의 외교관. 국왕 코르비누스(Matthias Corvinus)를 수행하였다.

8) 드 깔리에르(M. de Callières, 1645~1717) : 프랑스의 외교관. 네덜란드에 특명전권대사로 파견된 바 있고(1697), 각료를 역임했으며(1698), 그의 『외교실무론』(The Practice of Diplomacy, 1716)은 외교론의 고전으로 손꼽힌다.

of Diplomacy; the Choice of Ministers and Envoys; and the Personal Qualities necessary for Success in Missions abroad)이라는 논문을 발표했다. 이 입문서는 18세기 외교관들의 교과서로 간주되었는데 이 책에 수록된 지혜롭고 올바른 수많은 교훈 중의 일부를 나도 인용하고자 한다. 잠시 그 내용을 살펴보면, 심지어 프레데릭 대왕이 4살이던 그 당시에도 외교에 관한 뷜로우 공의 이론은 상식적인 사람들에게 아무런 호소력을 갖지 못했다는 것이다. 드 깔리에르는 다음과 같이 말하고 있다.

"훌륭한 협상자는 결코 그릇된 약속을 하거나 신의를 저버림으로써 협상의 성공을 도모하지는 않는다. 일반인들이 생각하듯이 유능한 대사는 과거처럼 남을 속이는 데 능숙해야 한다고 생각하는 것은 그릇된 사고 방식이다. 정직하지 못하다는 것은 사실상 그 사람의 마음가짐이 옹졸하다는 증거밖에는 되지 않으며 그 사람은 너무도 부족한 사람이어서 정직으로는 자신의 목적을 이룰 수 없다는 것을 보여 주는 것이다.

외교관들이 속임수를 써서 성공을 거두는 경우가 있다는 것은 의심할 나위도 없다. 그러나 정직이 동서고금의 최선의 정책인 것 같지는 않지만 거짓은 항상 독소적인 흔적을 남긴다. …… 속임수에 의해서 이루어진 외교적 승리는 아무리 찬란한 것이라고 할지라도 그 기초는 불안하다. 속임수는 분노와 복수심과 원한에 가득 찬 패자를 남기는데 이는 항상 위험스러운 일이다.

설령 속임수라는 것 그 자체가 모든 정직한 사람들의 비위를 거스르는 것은 아니라고 할지라도, 외교관은 자기의 남은 여생을 외교가에서 보낼지도 모른다는 점과, 외교관은 협상에서 구김이 없고 정직하다는 평판을 얻음으로써 그 후의 처세에서 다른 사람들로 하여금 자기의 말을 신뢰하도록 만드는 일이야말로 참으로 소중하다는 사실을 기억해야 할 것이다."

2 그가 주재하는 나라의 정부와
그를 파견한 나라의 정부가 그의 언행을 신임한다면
그는 매우 영예로운 사람임에 틀림없다.

위와 같은 사실로 미루어 보건대 자기의 경험을 글로써 남긴 세기의
외교관들은 성공적인 외교관들이 갖추어야 할 자질 중에 으뜸가는 것
으로서 도덕적 존엄성을 들고 있었다는 점이 명백해진다. 드 깔리에르
보다도 2백년이나 뒤늦게 글을 쓴 깡봉(J. Cambon)도 같은 의견을 제시
하고 있다. 그는 다음과 같이 말하고 있다.

"도덕적 영향력이야말로 외교관이 갖추어야 할 가장 본질적인
자질이라는 사실을 알게 될 것이다. 만약 그가 주재하는 나라의 정
부와 그를 파견한 나라의 정부가 자기의 언행을 명백히 신임한다
면 그는 매우 영예로운 사람임에 틀림이 없다."

그러므로 재간 있는 외교관이라 함은 믿을 수 없는 외교관임이 증명
되고, 믿을 수 없는 외교관은 분명히 위험한 실패를 저지르게 된다는
사실을 인정한다면, 이상적인 외교관이 소유하거나 습득해야 할 특별
한 덕성이 무엇인가 하는 문제는 도덕적 영향력이라는 일반적인 명제
하에서 검토해 보지 않을 수 없다.

외교관이 갖추어야 할 덕성 중에서 제일 먼저 들어야 할 것은 진실

성이다. 이는 단순히 의식적인 거짓말의 포기뿐만 아니라, 암시적인 거짓말이나 진실을 억압하는 태도마저도 피하도록 각별히 조심해야 한다는 것을 의미한다. 훌륭한 외교관이라면 자기가 협상하고 있는 사람에게 부정확한 인상은 어떠한 것이라도 남기지 않으려고 고심해야 한다. 아무리 좋은 뜻에서 이루어진 것이라고 할지라도 만약 자기가 외무장관을 오도했거나 또는 이번에 올린 정보가 전에 올린 정보와 상치된다면, 사실을 은폐하는 것이 일시적으로는 아무리 편리하다고 할지라도, 자기의 과오를 즉시 수정해야 한다. 우리가 아무리 협상을 최저의 기준으로써 평가한다고 할지라도, 부정확한 정보를 수정한다는 것은 현재의 신임을 높이고, 미래의 신뢰를 돈독히 한다는 것은 분명한 사실이다.

협상자는 "상대편의 속임수는 그 자체가 나의 속임수를 정당화한다."는 마키아벨리(N. Machiavelli)의 주장에 잠시라도 귀를 기울여서는 안 된다. 이탈리아의 외상이었던 소니노 남작(Baron Sonnino)[9]은 1918년에 그의 벽난로 선반에다 "다른 사람은 그럴지 몰라도 당신은 그럴 수 없다"(Aliis si licet : tibi non licet)라는 경구[10]를 새겨 넣었는데 이것이야말로 모든 외교관들이 마음속에 새겨야 할 구절이다.

섬세한 동양 사람들과 담판해야만 하는 사람들에게도 이러한 규범은 적용될 수 있다. 극동과 중동에서 오랫동안 경험을 쌓은 바 있는 영국의 한 저명한 외교관은 젊은 협상자들이 동양의 도성으로 부임할 때는 다음과 같이 충고하는 버릇이 있었다.

---

9) 소니노 남작(Baron Sonnino, 1847~1921) : 이탈리아의 정치가. 대장상(1893~96), 수상(1906, 1909, 1910), 외상(1914~19) 등을 지냈고, 파리강화회의에서 이탈리아 대표로 활약했다. 단테(Dante) 연구가로 유명하며, 이집트에서 태어난 스코틀랜드 계 유대인으로서 이탈리아의 수상이 된 입지전적인 인물이다.
10) 로마의 극작가인 테렌티우스(P. Terentius Afer, 190~159 B.C.)의 희곡 작품 *Self-Tormentor*에 나오는 구절이다.

"동양인들의 마음속 깊은 곳에 있는 것이 무엇인가를 알아내기 위하여 시간을 낭비하지 말아야 한다. 알고 보면 그 이면에는 아무 것도 없을 것이다. 오히려 당신의 마음속에 있는 것에 관해서는 그 사람이 의심할 것이 없다는 사실을 그에게 확신시키기 위하여 모든 주의력을 집중시켜야 한다."

내가 이미 위에서 언급한 바와 같이 진실성이야말로 효과적인 외교를 수행하면서 필수적이라는 원칙은 어제 오늘에 발견된 사실이 아니다. 구외교의 한 예로서 나는 이미 말메스베리 경(Lord Malmesbury)에 관하여 언급한 바 있고 그의 외교 방법을 서술하였다. 그러나 심지어는 말메스베리 경마저도 표리부동은 아무런 댓가도 얻지 못한다는 것을 경험으로 알고 있었다. 1813년에 외교적 처신에 관한 그의 의견이 어떤 것인가 하는 물음을 받고 캠던 경(Lord Camden)[10]에게 회답하면서 그는 자신을 다음과 같이 설명하고 있다.

"아무리 가슴속에서 끓어오른다고 할지라도, 어떤 경우라도 부당한 비난을 반박하기 위하여 항의하고, 안달한다거나, 당신이 생각하고 있는 목적을 이루기 위하여 어떤 구상을 하면서 거짓말을 할 필요는 없으며, 더구나 그 거짓말을 정당화시켜서는 안 된다는 것은 더 말할 나위도 없습니다. 이와 같은 방법으로 성공한다고 해도 그것은 덧없는 것이어서 오래가지 못합니다. 그 거짓말이 밝혀지면 그것은 당신의 명예를 손상할 뿐만 아니라 왕실의 명예에 치명상을 입힐 수도 있습니다. 흔히 발생하는 바와 같이, 어떤 교활한 대사가 갑작스럽게 당신에게 분명한 대답을 요구하는 것처럼

---

10) 캠던 경(Lord Camden, 1759~1840) : 영국의 정치가로서 국방상, 식민상, 아일랜드 총독 등을 지내는 동안 아일랜드에 대한 탄압이 지나쳐 반란이 일어났으며, 말년에는 케임브리지대학 총장을 역임했다.

보이는 무분별한 질문을 던졌을 때, 그것을 경솔한 질문으로 취급하여 받아 넘기든가 아니면 근엄한 표정을 지음으로써 그 질문을 봉쇄해야 합니다. 그러나 그 질문의 내용이 사실일 경우에는 노골적으로 그러한 주장을 반박해서는 안 되며, 반면에 그것이 허위이고 또 위험한 내용을 담고 있을 경우에는 그것을 사실처럼 시인해서도 안 됩니다."

3

대사가 그의 정부에 보내기 위해 작성한 보고서는
그렇게 이야기한 장본인에게 검토를 받아야
구속력과 신뢰성이 있다.

만일 진실성이 이상적인 외교관에게 첫 번째로 필수적인 것이라면,
정확성은 두 번째로 중요하다. 이것은 단지 지적인 정확성뿐만 아니라
도덕적인 정확성도 의미하는 것이다. 외교협상자들은 마음과 정신에
서 모두 정확해야 한다.

직업적인 외교관은 일찍이 그의 수행원 시절부터 정확성을 기르도
록 단련을 받는다. 아마추어 외교관은 사물에 소홀하기 쉽다. 외교 그
자체가 의미하는 것과 같이, 심지어 정치인이나 내각 각료들도 외교라
는 것은 말의 기교보다는 씌어진 문서라는 점과, 완성되지 않았거나
또는 완성되었다고 할지라도 그것이 말의 오해라고 하는 사상누각이
라는 단 한 가지의 이유 때문에 붕괴되어 버린 작은 평화의 성전들로
역사의 대도는 가득 차있다고 하는 사실을 간과했다고 알려지고 있다.
브요르쾨(Björkoe),[11] 부클라우(Buchlow),[12] 뜨와리(Thoiry),[13] 스트레사

---

11) 브요르쾨(Björkoe) : 핀란드 만에 있는 섬. 1905년 7월 24일에 독일의 빌헬름 2세와
    러시아의 니콜라스 2세(Nicholas II)가 회동하여 선상에서 대영연합전선을 모색했
    으나 무위로 돌아갔다.
12) 부클라우(Buchlow) : 러시아 주재 오지리-헝가리 대사인 베르히톨드 백작(Count
    Berchtold)의 저택. 1908년 9월에 베르히톨드, 오지리-헝가리 대사인 애렌탈 백작
    (Count Aehrenthal), 러시아 외상 이즈볼스키(A. Izvolsky)가 여기에 모여 보스니아

(Stresa),[14] 뮌헨(Münich)[15] — 이 붕괴된 사원들은 모든 젊은 외교 협상자들이 가슴속에 새겨야 할 역사적인 사실인 것이다. 직업외교관이 일반적으로 대체로 부정확성을 면할 수 없는 것은 아니다. 대사는 거의 변함없이 문서로써 정부의 지시를 받는다. 그 후 대사가 외국 정부에 제출하는 진술은 조심스럽게 초안된 비망록(Note)으로 구체화되거나 개인적인 면담으로 전달된다. 개인적으로 면담할 경우 그는 돌아오는 즉시 면담의 과정을 기록하여 본국 정부에 전송할 수 있도록 세심한 주의를 기울인다.

더구나 대사가 외국 정부와 특별히 중요한 의사를 나누어야 할 경우 그는 본국으로부터 전달 지시를 받은 간략한 보조비망록(aide-memoire)을 가지고 가는 것이 관례로 되어 있다. 그는 이 보조비망록을 외국 장관에게 읽어 줄 수도 있고 그 사본을 남겨 놓고 올 수도 있다. 입장을 바꾸어 그 대사가 주재국의 외무장관으로부터 중요한 구두 전달을 받았을 경우, 그는 본국 정부에 그것을 공식적으로 보고하기 전에 주재국 외무장관에게 담화의 내용을 적은 기록을 보여 주고 내용을 확인하는 것이 현명한 예방책이다. 옛날에는 이러한 주의를 기울이지 않아 후회할 만한 사건을 일으킨 적도 있었다.

그러한 오판의 대표적인 예를 들어 보면, 1848년에 기조(F. Guizot)[16]

헤르체고비나의 병합을 숙의했다.

13) 뜨와리(Thoiry) : 1926년 9월 17일에 프랑스의 수상 브리앙(A. Briand)과 독일의 수상 슈트레제만(G. Stresemann)은 프랑스의 작은 촌락인 뜨와리에서 만나 점심을 먹으면서 독일의 배상금 지불과 라인란트로부터 프랑스의 철수를 협상하였으나 회담의 결과는 무위로 끝났다.

14) 스트레사(Stresa) : 이탈리아의 북서부에 있는 소도시. 관광지. 베르사이유조약에도 불구하고 독일은 재무장할 것이라고 히틀러(A. Hitler)가 공언한 후 1935년에 이곳에서 이탈리아·영국·프랑스 사이에 이에 대응키 위한 회담이 있었으나 무위로 끝났다.

15) 뮌헨(Münich) : 독일 바이에른 주의 수도. 1938년 9월 30일에 독일·영국·프랑스·이탈리아의 대표가 모여 체코슬로바키아의 서부 지방에 있는 주데텐(Sudeten)을 독일이 합병하는 것을 동의하는 뮌헨협정(Münich Agreement)을 체결했다.

가 당시 프랑스 주재 영국 대사였던 노르만비 경(Lord Normanby)[17]에게 구두로 약속하자 노르만비 경이 그것을 본국에 타전하였더니 그제서야 기조는 그것을 부인한 일이 있었다. 기조는 주장하기를 노르만비 경이 완전히 자기의 말을 오해한 것이지 그런 식의 약속을 결코 한 적이 없다고 잡아떼었다. 그리고 대사가 그의 정부에 보내기 위해 작성한 대담 보고서는 그렇게 이야기한 장본인으로부터 사전에 검토를 받아야만 신뢰성과 구속력이 있다고 하는 경구를 기조는 남기었다.

그러나 비록 직업적인 외교관이 내가 앞서 말한 소위 '지적인 오류'를 범하는 경우는 드물다고 할지라도 소위 '도덕적인 오류'를 범할 수 있는 유혹의 가능성은 끈덕지고 또한 극심하다. 도덕적 오류에는 몇 가지 종류가 있다. 인간의 행동은 우연의 일치에 의해 좌우되는 경우가 있고 예견은 항상 위험하다는 것을 경험 많은 외교관은 너무나 잘 알고 있다. 만약 모든 편견을 피하지 않는다면 적어도 델피의 신전에서 예언을 말하던 식의 유혹을 겪게 된다.

시빌(Sibyl)[18]의 정신은, 그 교묘한 어법과 마찬가지로, 외교관들을 초조하게 만드는 예를 너무도 빈번하게 보여 주고 있다. 그는 핑계 대기를 좋아한다. 비록 외교관은 모든 무절제한 발언은 물론, 성급한 예언을 피하는 것이 아무리 정당한 일이라고 할지라도 그는 자기가 주재하고 있는 나라의 사태가 어떠한 방향으로 전개되리라고 확신하는 바에

---

16) 기조(F. Guizot, 1787~1874) : 프랑스의 보수주의 정치가·역사가. 7월 왕정 (1830~48)의 지도자로서 수상(1840~48)을 역임하고, 1848년의 혁명으로 은퇴하여 역사서의 저술로 만년을 보냈다. 저서로는 『프랑스 민주주의』(De la Democratie en France, 1849) 등이 있다.

17) 노르만비 경(Lord Normanby, 1797~1863) : 핍스(Constantine H. Phipps)를 의미한다. 케임브리지대학을 졸업하고, 자마이카 총독(1832~34), 식민상(1839), 내상 (1839~41), 프랑스 대사(1846~52), 피렌체 영사(1854~58) 등을 역임했다.

18) 시빌(Sibyl) : 옛날에 신을 섬겨 그 힘으로 예언을 하거나 신탁을 전하던 무녀를 의미한다.

대하여 자기 본국 정부에 신속히 보고해야 한다.

"나는 머리를 얻었고 당신은 꼬리를 잃었다."라는 식의 전문은 경우에 따라서 머리나 꼬리에 대한 그 대사의 종전의 기호를 환기시킴으로써 그 대사가 좀 더 슬기롭게 하기를 요구할 수도 있다는 것은 사실이다. 그러나 이런 식의 표현은 본국 정부나 그 자신의 명성에 아무런 득이 되지 않는다. 모든 외교관들은 종종 자신이 판단력이 부족하다는 이야기를 듣는 것을 너무도 두려워하기 때문에 그들은 어떤 자신의 판단을 노출하는 것을 극히 꺼린다. 이러한 식으로 책임을 회피하느라고 그들은 가장 바람직한 의무를 빠뜨리고 있다.

이것은 아마 소극적 실수일 것이다. 그러나 만일 도덕적 부정확에 대한 경향이 주재국 정부와 사절 사이의 의사 소통에 영향을 끼친다면 매우 심각한 상처를 입게 될지도 모른다. 대사는 그가 관계해야만 하는 국가와 권위를 가지고 우호 관계를 유지해야 한다는 과업에 여념이 없으며 또 그래야만 한다. 그러나 때로는 이러한 몰두가 지나칠 경우가 있다. 어떤 외교관이 본국 정부로부터 주재국 정부와 의견을 교환하도록 훈령을 받았는데 그것이 매우 못 견딜 노릇이요, 고통스러운 일이라는 점을 그가 잘 알고 있을 경우, 그 외교관은 그 훈령의 본뜻을 흐림으로써 그 후면에 포함되어 있는 취지가 부정확하고 흐리터분하다는 인상을 받게 하는 경우는 흔히 있다.

비록 그가 본국 정부의 엄격한 훈령을 수행하면서 충성심과 양심을 충분히 가지고 있다 할지라도 그는 때때로 자신이 무례를 저지르는 것을 피하기 위해 그가 정부로부터 받은 훈령에 그 자신이 실제로 동의하지 않는 듯한 목소리의 억양과 무마하는 제스처로 그 훈령을 주재국 정부에 전달하고 싶은 유혹을 느낄 때도 가끔은 있다. 이러한 유혹과 그에 따르는 징후는 '충성' 이라는 제하에서 다시 다루고자 한다.

4

외교관은 침착해야 한다.
첫째 상냥해야 하며, 아니면 까다로운 성격을
억누를 수 있어야 하며, 둘째 인내심이 있어야 한다.

이상적인 외교관에게 필수적인 세 번째 자질은 침착성이다. 외교관은 접촉하기에 불쾌할 정도로 우둔하고, 정직하지 못하고, 잔인하고, 자만한 사람을 만났을 때에는 초조감을 나타내서는 안 될 뿐만 아니라 모든 개인적인 원한, 열광, 편견, 허영심, 과장, 극화의식(劇化意識), 그리고 도의적 분노를 피해야 한다. 젊은 외교관들에게 줄 수 있는 충고가 무엇이냐는 질문을 받았을 때 딸레랑(C. Talleyrand)이 대답한 유명한 경구 즉 "무엇보다도 당신 자신이 한 일에 관하여 스스로 도취되어서는 안 된다."(Et surtout pas trop de zèle)라는 말은 경험 있는 모든 협상자들에게 공감을 얻고 있다.

이상적인 외교관의 특징이 되고 있는 무감각성은 그의 친구들에게 역겨운 감정을 불러일으킬 수도 있다. 사실상 노련한 외교관의 특징인 판단 중지, 회의적인 관용, 고답(高踏)한 초연 등의 수법은 종종 외부 관측자로 하여금 그를 기상천외하거나, 게으름뱅이거나, 우둔하거나, 그렇지 않으면 중병환자로 추측하게 만든다.

이상적인 외교관에게 적용되는 침착성은 두 가지의 방향으로 표현된다. 첫째로 외교관은 상냥하여야 하며, 아니면 적어도 자신의 까다로운 성격을 완전히 억누를 수 있어야 한다. 둘째로 극히 비상한 인내심이 있어야 한다. 외교관이 분별을 잃고 화를 낸 장면들은 여러 세대를 두고 후학들의 두려운 기억이 되고 있다. 나폴레옹은 1813년 6월 26일에 드레스덴(Dresden)의 마르콜리니 궁정(Marcolini Palace)에서 메테르니히(Prince Metternich)에게 화를 내면서 주단 위에 그의 모자를 집어던짐으로써 가장 불행한 결과를 초래하였다. 스미스 경(Sir Charles E. Smith)[19]은 모로코의 군주(Sultan)에 노하여 군주가 보는 자리에서 조약문을 집어 찢었다. 타텐바흐 백작(Count von Tattenbach)[20]은 알헤시라스회의(Algeciras Conference)[21]에서 분별을 잃음으로써 자기 나라로 하여금 씻을 수 없는 외교적 굴욕을 받게 하였다. 슈틴네스(Hugo Stinnes)[22] 씨는 스파(Spa)[23]에서 역시 그의 이성을 잃었다.

협상자로서 성공하려면 인내와 끈기가 또한 필수적이다. 현대사에서 가장 성공적인 외교관의 한 사람이며 20년 이상이나 런던 주재 프랑스 대사였던 깡봉(Paul Cambon)은 불가사의하리만큼 인내심이 강한 사람이었다. 영-불 관계가 거의 폭발될 정도로 긴장되었을 때 그는 영국에 부임하였다. 그러나 그가 떠날 적에는 영국과 프랑스가 굳은 동맹국이 되었다. 깡봉 씨는 이 순간이 올 때까지 20년간을 기다렸다. 그

---

19) 스미스 경(Sir Charles E. Smith, 1842~1910) : 영국의 군인이며 외교관. 아비시니아 (1867), 페르시아(1870~71), 잔지바르(1872) 등지에 원정하고, 잔지바르 총독(1887), 모로코 특사(1891)를 역임하였다.

20) 타텐바흐 백작(Count von Tattenbach, 1875-1961) : 독일의 외교관. 1906년의 알헤시라스회의(Algeciras Conference)에 독일 대표로 참석하여 서명하였다.

21) 알헤시라스회의(Algeciras Conference) : 스페인 남단의 도시. 1906년 1월 16일부터 4월 7일까지 국제회의가 열렸는데 이 자리에서 스페인은 프랑스가 모로코를 식민지화하는 데 동의하였다.

22) 슈틴네스(Hugo Stinnes, 1870~1924) : 독일의 광산사업가. 제1차 세계 대전 당시 독일 군수산업의 총수(總帥)로 활약했다.

23) 스파(Spa) : 벨기에의 동부에 있는 작은 도시로서 광천(鑛泉)이 있어 휴양지로 유명하다.

는 언제나 융화적이었으며 언제나 신중했다.

순간을 포착하면서 비상했던 깡봉의 재능, 그의 오묘한 '상황 판단' 그리고 매우 근엄한 태도는 1914년에 이르기까지 그로 하여금 만인의 신용과 존경을 받게 하였다. 조속한 승리를 쟁취하여 빛나는 성과를 이룩하고 빨리 귀국하는 것을 원하는 다른 나라의 사절들은 이와 같은 인내심을 발휘하지 못하였다. 이 성급한 대사들은 종종 영국의 불독 (bull-dog)으로 하여금 놀라서 뼈를 버리고 도망가게 만들었다.

폴 깡봉의 아우로서, 베를린 주차 프랑스 대사인 줄 깡봉(Jules Cambon)은 『외교관』(Diplomatist)이라는 그의 매력적인 저서에서 인내를 외교적 덕성의 첫째로 들고 있다. 그는 이렇게 쓰고 있다.

> "인내는 성공적인 협상가들이 갖추어야 할 필수불가결한 특질이다. 바람은 때때로 반대 방향으로 부는 수가 있다. 그때에는 항구에 도달하도록 항로를 바꾸어야 한다."

그리하여 그는 인내가 끈기의 한 예로서 전쟁이 일어나기 전에 있었던 키데를렌-백테르(Kiderlen-Waechter)[24]를 상대로 하여 벌였던 자신의 협상을 인용하고 있다.

---

24) 키데를렌-백테르(Kiderlen-Waechter, 1852~1912) : 독일의 정치가·외교관. 코펜하겐 주재 영사(1895), 부카레스트 영사(1900), 콘스탄티노플 영사 등을 역임했다. 그는 1911년에 모로코 문제로 깡봉(J. Cambon)과 협상한 바 있다.

5 직업적인 외교관은 여러 가지 상이하고도 상극되는
충성을 바쳐야 한다. 그는 군주, 정부, 외상, 외무성,
그리고 주차국 사절단에게 충성해야 한다.

외교관이 진실하고, 정확하고, 침착하고, 참을성 있고, 온후하더라
도 또한 겸손하지 못하면 이상적인 외교관이라 할 수 없다. 협상자에
게서 허영의 위험성은 아무리 강조해도 지나칠 것이 없다. 외교관들은
어떤 문제에 대하여 자기보다 오랜 경험을 가진 선배들의 충고나 의견
을 무시하고 싶은 충동을 느낀다. 허세를 부리는 사람은 교섭 상대자
가 던지는 아부나 공격에 쉽게 넘어간다. 허세는 자기 임무의 성질과
목적에 대하여 지나친 사적 견해를 취하게 하며, 심한 경우에는 눈에
띄지 않지만 좀 더 조심스러운 절충보다 화려하면서도 실속 없는 승리
를 좋아하도록 종용한다.

　허세는 자기의 승리를 자랑하게 함으로써 정복당한 적들의 증오를
초래한다. 이로 인하여 어떤 결정적인 순간에 그로 하여금 자기의 예
언과 정보가 옳지 못했다는 것을 본국 정부에 고백하지 못하도록 하는
사태가 일어난다. 허세는 순전히 사교적 중요성을 갖는 문제에 대하여
불필요한 마찰을 초래하거나 자극한다. 허세는 그로 하여금 허식, 속
물 근성 또는 졸렬한 비언(卑言) 등으로 상대편을 공격하게 만든다. 무
분별과 무모함은 모두가 이 허세에 뿌리를 박고 있다. 이는 또한 외교

관들을 마춰시켜 자신의 변론의 찬란함을 과시하게 하며, 풍자 · 경귀 · 암시, 그리고 가시 돋친 대답 등 외교관으로서는 치명적인 것들에 탐닉케 한다.

허세는 대사로 하여금 어떤 중요한 계제에도 통역의 힘을 빌리지 않아도 좋을 만큼 자신이 터키어, 페르시아어, 중국어, 그리고 러시아어에 능하지 못하다는 것을 스스로 깨닫지 못하게 한다. 허세는 또한 직업 외교관으로 하여금 자신의 입장은 외교적 보편성의 중심을 이루고 있으며, 외무성은 맹목적이고도 완고하여 자기의 충고를 무시한다는 무서운 착각을 일으키게 하는 경우가 흔히 있다. 허세는 또한 자기를 방문하는 정치가나 기자를 접대할 때 자기의 상사인 장관에 대하여 불충하고 매몰스러운 말을 하게 한다. 그리고 허세는 그것이 익숙해짐에 따라서 부정확, 흥분, 성급, 감정주의, 그리고 심지어는 허위 등의 여러 가지 악습을 초래한다. 외교상의 결점은 흔히 있지만 그 중에도 개인적 허세가 가장 공통적인 것이며 또한 가장 불리한 것이다.

개인적 허세가 인간의 취약한 마음을 불행으로 이끌어 가는 것 중에서도 교섭의 관행에 대하여 일층 특수한 연관성을 가진 것이 하나 있다. 그것은 자기 만족이다. 이 자기 만족은 우선 적응성을 상실케하며 다음으로는 공상에 빠지게 만든다.

외교관들, 특히 하급 직위에 임명되었거나 또는 언제나 하급 직위에 머무르고 있는 외교관들은 보통 인간적인 허세가 점차로 자신을 과도하게 중요시하는 경향으로 서서히 변모하는 경향이 많다. 의전, 조정에서의 역할, 커다란 저택, 종자(從者), 그리고 식사 등 외교 생활의 제도는 모두가 인간성을 점점 경화시킨다. 이러한 사람들은 나이를 먹어가면서 언사, 행동, 지각 작용 등이 거의 거만하게 보일 정도로 느리게 되는 경향이 있다. 물론 노르뿌아(M. de Norpois)와 같은 유형이 현대 외교의 공통적인 것은 아니지만 그를 한 예로 드는 것이 부당하다면 그의 경우를 경고로 생각하는 것이 현명할 것이다.

재능이 적은 외교관에게서 볼 수 있는 바와 같이, 외교관으로부터 적응성을 박탈하는 것은 이와 같은 정신적 경직의 소치이다. 그는 자신이 부정하는 상황이나 또는 자기가 정통하지 않은 이상에 대하여 탄력 있게 적응하지 못한다. 물론 이러한 결점은 세상의 풍파를 겪지 않고 중년의 후반기까지 세월을 보내고마는 사람들에게는 공통적인 것이다. 그러나 외교관들에게는 이와 같이 현실에 적응하지 못한다는 점이 실질적인 능력의 감퇴를 초래하고 만다. 왜냐하면 적응성, 즉 자신을 다른 환경으로 적응시키는 능력은 협상의 성공에 필수적인 요소이기 때문이다.

다시 한번 드 깔리에르(M. de Callières)의 말을 인용해 보자.

"협상자는 자신을 교섭 상대인 군주와 대등한 지위에 놓기 위해서라면 자신의 의견을 포기할 수 있어야 한다는 것은 매우 긴요한 일이다. 즉 그는 남의 개성을 받아들이고 동시에 그의 견해와 기호를 살펴볼 수 있어야 한다. 그리고 다음과 같이 자문해 보아야 한다. '내가 만약 저 군주의 지위에 올라 그와 동등한 권력을 잡고 동일한 편견과 정열에 사로잡혀 있다면 지금 내가 취하고 있는 사절(使節) 행위는 나에게 어떠한 결과를 가져올 것인가?' 라고."

적응력이 없어지면 상상력도 없어진다. 젊은 외교관에게는 상상력이 오히려 함정이 되는 경우가 흔히 있다. "상상하지 말라"(Pas de fantasie)는 말은 뷜로우(Prince Bülow)가 자기보다 더 유명한 그의 아들에게 준 충고였다. 그러나 연로한 외교관이 그 천부의 상상력마저 잃어버리면 그는 항해하지 않는 배의 용골(龍骨)이나 밸라스트(ballast)[25]가

되고 만다. 그는 본국으로부터 불어오는 새로운 바람이나 주차국에서 돌연히 일어나는 광풍에 적용하지 못한다. 그는 스스로 만족한 나머지 남의 심리에 대하여 이전만큼 관심을 갖지 않는다. 그리고 경계심은 교섭에서 가장 중요한 요소의 하나이기 때문에 그러한 문제에 혼수 상태가 되어 있는 외교관은 유익한 기회를 잃고 만다.

이상적인 외교관의 일곱 번째의 위대한 덕성을 논함으로써 본 장을 끝마치기로 한다. 그것은 곧 충성심(忠誠心)이다. 직업 외교관은 여러 가지 상이하고도 때로는 상극되는 충성을 바쳐야 한다. 그는 군주, 정부, 외상, 그리고 외무성에 충성해야 한다. 그는 참모에게 충성해야 한다. 그는 주재국 수도에 있는 사절단에게도 일종의 충성을 바쳐야 한다. 그는 각지의 영국 식민지와 그 상업상 이익에 충성을 바쳐야 한다. 또한 그는 주차국 정부 및 그의 교섭 상대인 대신에게 어떤 다른 형식으로 충성해야 한다.

외국에서 오랫동안 근무하여 때로는 본국의 국민이나 외무성과 접촉이 두절된 외교관들 사이에는 그들의 충성이 좀 불명료해지는 경향을 항상 발견한다. 그들은 주차국을 감상적인 정열로 사랑함으로써 그 나라의 모든 비행을 눈 감아 주거나 아니면 이와는 반대로 그 나라의 모든 장점에 무감각할 정도로 심히 미워하는 경향도 있다. 그와는 반대로 대사의 임무는 외국 정부와의 '우호 관계'를 조성하는 데 있다는 교리에 구애되어 목적을 방법과 혼동하고 '우호 관계'란 것을 그들의 임무의 한 부분으로서가 아니라 활동의 유일한 목표로 생각하게 되는 수가 있다. 자기 사절단의 사업에 너무 열중한 나머지 자기 나라가 다른 나라에도 사절단을 파견하고 있으며, 모든 정보원을 장악하여 이

---

25) 밸라스트(ballast) : 항해하는 배를 안정시키기 위하여 바닥에 싣는 쇠나 돌 따위의 무게 나가는 물건.

국가와 저 국가에서의 외교적 지위를 정확하게 균형을 취할 수 있는 유일한 중앙 당국은 본국 외무성이라는 사실을 잊어버릴 수도 있다.

어떤 외국인 동료에 대한 개인적인 반감으로 인하여, 협조를 하는 것이 그들이 대표하는 두 나라의 정책임에도 불구하고, 그 동료와의 협조에 혼란이 일어날 수도 있다. 심지어 옛 전통이나 옛 경쟁자에 대한 감정 때문에 외무장관이 주장하는 어떤 정책의 충실한 수행을 꺼리는 수도 있다. 그리고 때로는 참모와의 개인적인 마찰로 인해서 그 사절단이 매우 중대한 임무를 소홀하게 처리하는 적도 있다. 협상자를 해치는 그러한 모든 독소에는 최상의 해독제가 있다. 그 해독제는 무엇보다도 자기의 정부에 대하여 충성하는 것이다.

본국 정부의 정책과 자기 의견이 합치하지 않는 것을 발견한 외교관이 자기가 받은 훈령을 조금도 위반하지 않고도 그 의견의 상이를 지적하는 것이 얼마나 용이한가 하는 점에 대하여서는 이미 논한 바가 있다. 그러나 가령 그가 '시민의 곁눈질에 동의한다' 할지라도 그는 그의 태도가 실제로는 무언의 불충임을 충분히 알아야 한다.

더욱 미묘하고도 무의식적인 불충이 그가 본국에 보내는 보고서 속에 개입될 수도 있다. 심지어 드 깔리에르도 외교관이 본국 정부가 알아야 할 것보다도 본국 정부가 듣고 싶어 하는 것을 본국에 보고하려는 경향이 있음을 경고하였다. 가장 명예스러운 사신도 사실은 자신이 그렇게 함으로써 뼈아픈 진실을 말해야 할 본국 정부에 사실상 불충을 범하고 있다는 것을 인식하지 못한 채 그러한 유혹에 빠져 들어가기 쉽다.

그러나 외교관이 진실에서 벗어나지 않으면서도 만사를 좋게 만든다는 것이 얼마나 마음 끌리는 것이랴! 그는 자기의 보고서가 다른 여러 수도로부터 들어오는 여러 가지 보고와 함께 다우닝 가나 께 도르

세(Quai d'Orsay)[26]에 도착하리라는 것을 알고 있다. 그는 또한 이들 보고 서를 읽고, 기록해야 하는 외무성의 직원들이 일에 압도되어 있을 뿐만 아니라 걱정에 싸여 있다는 것도 알고 있다. 인간의 본성이 그렇듯이 그는 위로가 되는 보고서는 기쁜 기분을 일으키지만 골치 아픈 보고서는 고통을 자아낸다는 것을 알고 있다.

여섯 나라로부터 온 여섯 가지의 보고서가 자기의 책상 위에 쌓여 있는 것을 바라보는 이 당혹한 직원은 국내에서 타성적으로 일어날 신랄한 비판이나 장차 다가올 음울하고도 불길한 예감으로 필시 고민할 것이다. "귀하가 심각하고도 즉각적인 조처를 취하지 않는 한 최악의 비극적인 사태가 발생할 것"이라는 찰스 경(Sir Charles X)의 전문을 읽다가도 "제국 정부의 용기와 선견지명으로 사태의 불길은 이제 거의 잡혀 가고 있다. 모든 것은 나에게 맡겨도 좋다. 더 이상의 훈령은 필요치 않다"는 헨리 경(Sir Henry Y)의 전문을 읽노라면 그는 한숨이 저절로 나올 것이다. 이 고뇌하는 직원은, 찰스 경은 '심지가 나쁘고 머리가 둔하지만' 헨리 경은 '틀림없이 신용할 만한 사람'이라는 결론에 이르게 된다. 드 깔리에르는 이미 1716년이란 옛날에 이러한 사실을 경고한 바 있다.

내가 말하는 이상적인 외교관의 특질은 진실, 정확, 침착, 인내, 관용, 겸손, 그리고 충성심이다. 이것들이야말로 이상적인 외교의 특질이기도 하다. 그러나 당신은 "지능, 지식, 통찰력, 신중, 인자함, 매력, 근면, 용기, 그리고 심지어는 지략까지도 망각하고 있다"고 나를 반박할 것이다. 나는 이들을 잊어버린 것이 아니라 당연한 것으로 생각하고 있을 따름이다.

---

26) 께 도르세(Quai d'Orsay) : 파리의 세느강가에 있는 구역 이름. 파리 외무성이 이곳에 위치하고 있기 때문에 그 대명사로 쓰인다.

VI
유럽 외교의 유형

프랑스인은 날카로운 관찰력과
천부적인 명쾌한 설득력을 잘 조화시키고 있다.
그들은 존경할 만하고 정확하다.
그러나 그들은 관용이 부족하다.
프랑스 시민은 자신의 지성적인 탁월성을 확신하며,
자기 문화의 우월성을 잘 알고 있기 때문에
다른 나라에 거주하는 야만인에게
때때로 그의 조바심을 감추기가 어렵다는 것을 알고 있다.
이것이 그들을 공격적인 사람으로 만든다.

Diplomacy by Sir Harold Nicolson

영국과 미국 정치가들의 아마추어성 / 미국 외교 / 영국 외교 / 정책 반영 / 영국 외교의 기초 / 크로웨(Eyre Crowe)의 각서 / 세력 균형 / 영국의 정책이 주는 교훈들 / 이러한 것들은 영국 외교 정책에 어떠한 영향을 미치는가? / 영국적 외교 방법의 미덕과 악덕들 / 외국 관찰자들의 비평 / 소심함과 신중함과의 관계 / 독일의 정치 이론 / 피히테(J. G. Fichte)에서 히틀러(A. Hitler)에 이르기까지 / 국가에 대한 예찬과 통합 방식으로서의 힘에 대한 신비주의적 믿음 / 이러한 이론이 독일 외교 정책에 미친 영향 / 기습 외교 / 공포 대 화해 / 프랑스의 정책과 외교 / 프랑스 체제의 결함 / 완고성과 편협성 / 변동에 대한 이탈리아의 개념 / 이탈리아의 외교 방법 / 강대국 대약소국의 외교

1

미국의 실업가가 자만심을 가지고
외국 실업인과 협정을 맺는 것과는 달리
미국 외교관들은 대륙의 외교관들 앞에서 압도된다.

앞 장에서 나는 외교적 실제와 이론의 계속성을 강조하였고, 영원하고 보편적인 것으로 여겨지는 어떤 교섭의 기준이 존재한다는 것을 보여 주려고 노력하였다. 모든 외교에 통용되어야만 하는 원칙들을 제외한다면 몇몇 강대국들의 이론과 실제는 상당한 차이점을 보여 주고 있다. 이러한 차이는 국가의 성격, 전통, 그리고 필요 조건에 그 원인이 있다. 사람들은 위와 같은 것들에 따라서 외교의 형태나 종류를 구별할 수 있는데, 이런 차이점을 안다는 것은 중요한 일이다. 아마추어에 비하면 직업적인 외교관에게는 거의 없는 일이기는 하지만, 모든 외교관은 자신과 담판을 벌이고 있는 외국인들도 협상의 기술에 대한 자기의 개념에 공감하고 있다고 생각하려는 경향이 있는데 이러한 잘못된 생각은 오해를 불러일으킨다.

이를테면, 특히 영국 사람이 이와 같은 환상에 빠지기 쉽다는 사실을 우리는 인정할 수 있다. 그들은 국내적인 문제의 쟁점에서 정당한 처리 원칙을 주장하고, 타협에 의하여 해결하는 데 익숙해 있기 때문에 외국의 협상자들의 가슴 속에는 그러한 사고 방식이 항상 존재하는 것은 아니라는 사실을 이해하지 못한다. 예컨대 그레이 경(Sir E. Grey) 밑에서 일하던 외교관들은 몇몇 발칸 국가의 사절단들이 그레이 경과 똑같은 전통과 제도, 그리고 원칙을 갖고 있지 않다는 사실을 그에게 확신시키기란 어려운 일이었다. 그는 그 사절단들이 옛날 윈체스터대학(Winchester College)의 학사 출신 정도는 되리라고 생각하려 했다. 설령 그 후의 사태가 발전하여 그레이 경이 자신의 견해를 바꾸었다고 할지라도 그는 엄청나게 사기를 당했다고 느낄 수도 있는 것이며, 옛날의 말보로대학(Marlborough University) 출신의 규범대로 살지 못하는 외국의 정치인들을 구제받을 수 없는 죄인이라고 생각할 수도 있었을 것이다.

이와는 반대로 미국인은 모든 외교관이 그들과 협상을 하고 있는 모든 상대 외교관들을 경멸하고, 분규를 일으키고, 모욕하리라고 결심하고 있다고 믿고 있었다. 그들은 다니엘(Daniel)[1]이 사자의 우리에 들어갈 때와 마찬가지로, 자기들을 둘러싸고 있는 맹수의 발톱으로부터 자기들을 보호해 줄 수 있는 것은 그들의 밝은 신념과 때묻지 않은 마음의 자세뿐이라고 생각하면서 회담에 들어갔다.

미국의 실업가가 거의 무모할 정도의 자만심을 가지고 외국 실업인들과 협정을 맺을 것이라는 사실과는 달리 미국 외교관이 대륙의 외교관들 앞에서 겁과 두려움에 압도된다는 것은 참으로 이상한 일이다. 만약에 각 국가들의 외교적 방법과 규범이 각기 다르다는 사실을 좀 더 명석하게 인식하고 또 수긍했었더라면 영국의 낙관주의나 미국의 비관주의가 갖는 그와 같은 오류는 시정될 수도 있었을 것이다.

그러므로 이 장에서 나는 영국, 독일, 프랑스, 그리고 이탈리아 사이에 존재하는 외교상의 이론과 실제와의 차이를 살펴보고자 한다. 만약에 내가 제시하고자 하는 외교적 유형을 구분하면서 내가 이미 선택한 네 가지의 주요 유형이 흡족하지 못하다면 나는 '소국 외교'(小國外交)

---

1) 다니엘(Daniel) : 기원전 6세기경의 히브리의 예언자.(Dan. 6 : 16~27)

와 '동방 외교'(東方外交)라는 유형을 더 첨가해서 나의 논의를 확대할 수밖에 없다.

나는 미국의 외교에 대하여는 논의하지 않겠다. 왜냐하면 미국의 직업 외교관 제도가 존재하게 된 것은 최근의 일이고 또 미국은 자기들의 독자적인 외교 기술을 발전시킬 시간이 없었기 때문이다. 과거 몇 년 동안 미국 외교관에 대한 평가는 엽관제도(spoil system) 아래서 정치적으로 임명된 것이라는 사실로 인하여 치명상을 입었다. 대사관이나 공사관에게 돈을 제공하는 정치적 후원자는 해외에서 자국의 권리나 이익을 위해 봉사하기보다는 그 자신의 국내 인기를 유지하는 데 더 많은 관심을 갖는 것이 예사였다.

유럽과 라틴 아메리카의 모든 도시에서는 이러한 일부 아마추어적 외교관들의 무분별한 행동들에 관한 얘기가 떠들썩하게 나돌았으며 그 엄청난 피해는 사방으로 번져 나갔다. 미국 국민도 어떤 형태로든 직업 외교관이 필요하다는 사실을 자신의 지혜로써 깨달은 지금에 와서 그것이 세계 외교가에서 최상의 것이 속히 되리라고 우리는 믿는 바이다. 내가 미국 외교관들을 만나 본 경험은 일률적으로 흐뭇한 것이었다. 나는 그들이 이상적이고, 책략이 있고, 박식하고, 명확하며, 깊이 신뢰할 만하다는 점을 발견하였다.

미국 외교관들은 영국 외교관들이 그랬던 것처럼 본국 국민의 감정을 생각해야 한다는 속박 때문에 방해를 겪고 있다. 그렇다고 해서 미국의 상원외교위원회에서 거의 맹무식꾼이면서도 질투나 부리며 꼬치꼬치 캐묻고 있는 미국의 외교관들을 내가 시샘하고 있는 것은 아니다. 그들의 외교적 이상은 우리의 그것과 같다. 단지 우리보다는 더 단순하고 덜 장애를 받을 뿐이다. 그리고 확언하건대 그들의 외교 방법도 몇 세기에 걸쳐 인간미와 상식을 갖춘 사람들에게 항상 권장되었던 것과 꼭 같은 것이 될 것이다.

나는 이제 유럽 열강의 외교 이론과 실제 면에서 관찰할 수 있었던 차이점을 살펴보고자 한다. 위에서 이미 언급한 바와 같이 그러한 차이점들은 국민적 전통, 성격, 그리고 필요상의 변화에서 나오는 것이다. 정책을 결정하는 것은 다름 아닌 바로 이 세 가지 요소이며, 더 나아가서는 이 정책이 외교 방법을 결정한다. '외교의 유형'이니 또는 '정책의 유형'이니 하는 것들은 분명히 구분할 수 있는 것이 아니라고 논쟁을 제기할 수도 있다. 그러나 강대국이 실행하고 있는 바와 같은 협상의 기술에서 어떤 항구적인 특성을 추출할 수 있는 것은 사실이다. 그리고 이 장에서 나는 바로 이 항구적인 특성이 무엇인가를 살펴보고자 하는 것이다.

2 영국으로 하여금 자신이 약소 국가의 패자(覇者)라고
생각하게 만드는 것은 인간의 어떤 덕성보다는
정책의 원칙 때문이라는 전제가 타당하다.

일반적으로 외국의 학자들은 **영국**의 외교가 당혹스럽고 때로는 분개
스러운 탄성의 대상이 된다고 생각하고 있다. 한편으로 영국의 직업
외교관은 창의성을 거의 보이지 못하며 아무런 고통도 없이 다른 사람
에게 자신들의 지식이 탁월하다는 인상을 심어 주며, 어느 모로 보나
상상력이 없고, 획일적이고, 흐리멍텅하며, 굼뜨다는 사실을 외국의
학자들은 알고 있다. 그런가 하면 영국의 외교관은 의외로 견문이 넓
으며, 외국 정부의 신임을 얻고 그것을 지속시키기 위하여 잘 처신하
며, 위기에 처해서도 동요하지 않고 거의 항상 성공하였다는 사실을
무시할 수는 없다.

외국의 비평가들은 여러 가지 근거 없는 이론들에 의하여 이러한 이
례적인 현상을 설명하는 경향이 있다. 때때로 그들은 영국의 외교관들
이야말로 악마처럼 교활한 사람들이어서 극단적인 경우에는 약삭빠르
고 방심할 수 없는 속셈을 숨기고 태연스럽게 점잔을 뺀다고 논쟁을
벌일 수도 있다. 그러다가도 시간이 바뀌면 다른 곳에 나타나서 영국
외교가 성공한 것은 그것의 기초를 이루고 있는 영원한 도덕적 원칙의
덕분이라고 우겨댈 것이다. 또 다른 경우, 영국과 같이 엄청난 잠재력

의 뒷받침을 받고 있는 외교야말로 항상 실패의 여지가 없는 것이라고 주장함으로써 영국의 외교가 안고 있는 현저한 불합리성과 그의 명백한 성공 사이에 생기는 모순을 자신 있게 설명할 것이다.

그리고 협상의 기술은 본질적으로 상업적 기술이라는 것과 분수를 지키고 공정하게 거래하며, 이성적이며, 신용을 지키고, 타협하며, 남을 깜짝 놀라게 한다거나 아니면 선정적(煽情的)인 목적으로 극단적인 행동을 하지 않는다고 하는 건전한 사업 원칙에 그 기초를 두고 있다는 사실로 인하여 영국의 외교가 성공했다는 것이 설명되어질 수 있음을 알게 되는 깨우침의 순간이 있을 것이다.

국제적 접촉이라는 면에서 본다면 영국의 외교는 본질적으로 역사 · 지리적 위치, 제국적 책임, 자유주의적 제도, 그리고 국가적 성격으로 인하여 세월이 흐름에 따라서 영국적인 필요 조건에 가장 부합하게 된 정책의 원칙을 표현한 것에 지나지 않는다. 그렇다면 그러한 원칙들이란 과연 무엇일까?

1907년 1월 1일에 외무성 서방국의 국장이었던 크로웨 경(Sir E. Crowe)은 영국과 독일의 관계에 관한 비밀 문서를 내각에 제출하였다. 그 문서는 부수적으로 독일의 목표에 대한 예리한 분석을 포함한 것으로서 영국 정책의 역사적 원칙을 조심스럽게 정의하고 있다. 크로웨 경은 영국의 정책이 지리적 환경에 의해서 결정되었다는 명백한 전제를 그의 원리로 삼았다. 영국은 한편으로 유럽의 측면에 위치한 작은 섬나라이며 또 다른 한편으로는 세계를 가로지르는 거대한 제국을 형성하고 있다. 자기 보존의 법칙은 영국에 대한 지속적인 식량 공급과 해외 식민지와의 안전한 의사 소통을 필요로 하였다. 이러한 이중적 필요성은 어떤 가상의 적(假想敵)에 대항할 수 있는 해군력의 우위를 의미하는 것이었다. 미국은 가상의 적이 아니다.

강한 해군력은 현재 나의 논쟁에 응용되고 있는 이러한 전제의 당연한 귀결이다. 이와 같은 해상권의 우월성이 만약 계속 지속되었더라면 전세계를 통하여 분개와 질투의 감정이 야기되었을 것이라고 크로웨 경은 주장했다. 그렇기 때문에 해군력은 최고의 덕을 끼치는 동시에 최소의 분노를 야기하면서 행사되어져야만 한다. 또한 해군력은 '다른 여러 나라의 기본적이고도 치명적인 이해관계와 밀접하게 동일시되어야만 한다.'

그러면 기본적인 이해관계란 무엇인가? 첫 번째는 독립이요, 두 번째는 무역이다. 그러므로 영국의 정책은 문호 개방 정책을 지속하는 동시에 '약소 국가의 독립에 대하여 직접적이고도 적극적인 관심을 표시해야만 했다.' 영국은 자신이야말로 '약소국의 독립을 위협하는 나라에게는 필연적인 적'이라고 인식하였다. 따라서 '세력 균형'의 원칙은 영국에서 특수한 형태를 취하게 되었다. 그것은 영국이 어떤 특정한 시대에 나타나는 강력한 단일 국가 또는 국가군의 정치적 독재에 반대해야 된다는 것을 의미하는 것이었다. 영국의 입장에서 볼 때 이와 같은 반대는 '자연의 법칙'이라고 크로웨 경은 말하였다.

역사가들은 후자와 같은 가정의 타당성에 의문을 제기할 수도 있으며 자기 보존을 위한 영국의 본능은 대륙의 어떤 독재자의 위협에 의해서 생긴 것이 아니라, 그 독재자가 영국 해협이나 영국의 해상 교통을 위협할 때만 야기된다고 논쟁을 제기할 수도 있을 것이다. 그러나 영국으로 하여금 자신이야말로 약소 국가의 권익을 보호하는 패자(覇者)라고 생각하게 만드는 것은 인간의 어떤 덕성 때문이라기보다는 오히려 정책의 원칙이었다는 크로웨 경의 전제에 대해서는 역사가들도 동의할 것이다.

그리고 민주주의 체제하에서 배가되어지는 이와 같은 필연성은 과

거 백 년 동안 영국의 정책, 그리고 더 나아가서는 영국의 외교로 하여
금 다른 어느 열강보다도 더 '자유주의적'인 경향을 보여 주었다는 사
실에 대해서도 역사학자들은 동의할 것이다. 그러므로 만약 우리가 이
러한 일반적인 규범을 받아들인다면, 그것이 지난 세기 동안의 국제
문제에는 어떻게 나타났으며, 가장 독특하게 영국적인 것으로 인식될
수 있는 정책상의 특수한 교훈은 무엇인가를 알아보는 데 유용한 것이
다.

3

세력 균형의 원리는 영국의 외교 정책에
독특한 경험주의적 성질을, 좀 심하게 말해서는
기회주의적 특성까지도 부여하였다.

영국의 모든 외교 정책을 관통하고 있는 항구적인 동기나 원칙은 '세력 균형'의 원리였다. 이 세력 균형의 원리는 최근 들어 악평을 듣고 있으며 또한 상당히 잘못 이해되고 있다. 그러나 비판자들이 생각하듯이 영국의 외교 정책은 항상 어떤 시대에서나 유럽에 나타나는 패권 국가에 대항키 위하여 연합 전선을 조직하는 것을 지향하지는 않는다는 데에 세력 균형의 뜻이 있는 것은 아니다. 오히려 영국 외교 정책의 일반적 경향은 유럽 여러 나라의 자유와 독립을 빼앗기 위하여 그들의 힘을 사용하는지도 모르는 어느 한 강대 국가 또는 강대 국가들의 동맹에 반대한다는 데에 그 의미가 있다. 1859년에 러셀 경(Sir John Russell)[2]은 "유럽에서의 세력 균형이란 사실상 여러 국가의 독립을 의미한다."고 말했다.

세력 균형의 원리는 영국의 외교 정책에 독특한 경험주의적 성질을, 좀 심하게 말해서는 기회주의적 특성까지도 부여하였던 것이다. 독일이나 이탈리아의 외교 정책처럼 영국의 외교 정책이 어떤 계획된 야심

---

2) 러셀 경(Sir John Russell, 1792~1878) : 영국의 정치가. 귀족적 자유주의의 대표적 인물. 1813년에 의회에 진출하여 『권리장전』(1832) 통과의 영웅이 되었으며, 수상 (1846~52, 1865~66)을 역임했다.

에 의하여 좌우되는 것은 아니며 또한 프랑스처럼 어떤 대대로 내려오는 적이라는 선입견에 의하여 영국의 외교 정책이 결정되는 것도 아니다. 그것은 다만 어떤 사건의 전후 관계에 따라서 결정될 따름이다.

1768년에 상 수시(Sans Souci)[3]를 찾아온 한 방문객이 프레데릭 대제에게,

"폐하께서는 영국의 제도를 어떻게 생각하십니까?"

라고 물었더니 그는,

"영국에는 제도라는 것이 없습니다."

라고 일축해 버렸다. 이러한 기회주의는 온화한 섬나라의 영국적 기질에 의하여 강화되었으며 또한 영국 통치 기구의 민주적 특성에 의하여 요청되었던 것이다. 이런 이유 때문에 지난 백 년 동안에 영국의 정치가들은 계획적이고도 장기적인 외교 정책을 피하는 동시에 될 수 있는 한 대륙 국가들에게 어떤 분명한 언질을 주지 않으려고 최선을 다해 왔다.

캐닝과 파머스톤은 똑같이 '결과적 가능성에 대하여 고정적인 결단'을 내리는 것에 반대하였다. 파머스톤은 소련 주재 영국 대사에게 다음과 같이 훈령하였다.

"실제로 일어나지 않은 사건이나 당장 어떤 전망이 보이지 않는 사건들에 관하여 영국이 협상하는 일은 흔치 않는 일이다. 그 이유는 간단하다. 전쟁과 평화의 문제를 포함하는 모든 문제에 관하여 국왕이 공식적인 계약을 체결하는 일은 반드시 의회에 상정되어야 한다. 그리고 의회는, 아마도 지금은 예견할 수 없지만, 장차 발생할지도 모르는 사태에 영국을 무장하도록 하는 조약의 체결을 찬

---

3) 상 수시(Sans Souci) : 포츠담(Potsdam)에 있는 왕궁으로서 프레데릭 대왕 때 건축되었다.

성하지는 않을 것이다."

이러한 원리 밑에 깔려 있는 일반적인 개념은 1869년 4월 17일에 글래드스톤이 빅토리아 여왕에게 보낸 편지보다 더 명확하게 표현된 것은 없다.

"어떤 국제적인 사건이 일어났을 때 영국은 그 사건의 여러 가지 상황에 관하여 자신의 의무를 평가할 수 있는 수단을 완벽하게 장악하고 있어야만 합니다. 영국은 적어도 다른 열강들이 자기들도 참견할 수 있다고 주장하는 실질적이거나 또는 가정된 이해관계의 문제를 다루면서 그들에게 맺고 끊는 듯이 분명한 태도를 취함으로써 선택의 자유를 미리 막는다거나 그 폭을 좁히는 일이 있어서는 안 됩니다.

영국이 유럽의 분쟁에서 혼자 앞장을 선다거나 그렇게 함으로써 고립된 처지에 빠지는 것은 위험한 일입니다. 무슨 일이 있더라도 지나치게 많이 약속하는 것보다는 지나치리만큼 적게 약속하는 것이 낫습니다. 영국은 약소 국가가 강대국에게 항거할 때 영국이 자국을 지원해 줄 것이라는 기대감을 갖게 함으로써 그들을 고무하는 일이 없어야 하지만 강대국에게는 굳고 부드러운 어조로써 그들이 약소국가를 유린하지 못하도록 하는 길을 모색해야만 합니다.

영국은 부정에 대한 최후의 보루로서, 대중의 행동과 국내·외의 여론을 발전·성숙시킬 수 있는 길을 모색하여야 합니다. 그러나 영국은 자신의 권위로써 그러한 여론의 법칙을 규제하려는 것처럼 보이고 있으며, 따라서 자신의 진심이라든가 권리·정의에 부합하여야만 하고 또 대체로 그렇게 되는 대중적 감정을 그것들과는 동떨어진 방향으로 이끌어 가는 위험이 있다는 사실에 대하여 주의를 기울여야 합니다."

이러한 견해는 백 년 이상 영국 외교 정책의 방향이 되어 왔다. 영국이 이러한 장점들을 잃어가고 있는 듯이 보이는 지금으로서는 위와 같은 원리들도 수정되어져야 한다는 주장이 나옴직하다. 간섭과 고립을 번갈아가며 행사하던 종전의 외교 정책은 집단 안보라고 하는 좀 더 계획된 체제에 의하여 밀려 나야만 하며 또 그럴 정도로 세력 균형의 옛 원리는 포기되어질 것이라고 말할 수도 있다. 그러나 전쟁에서 최종적인 결정이 바다로부터 공중으로 옮겨질 것인가는 아직 의문이며 또 영국은 오랫동안 거의 수정 없이 자신의 옛 전통에 집착하여야만 한다는 사실을 내세울 수도 있는 것이다.

국제 문제에서 영국의 위치가 '정직한 중개자,' '마지막 조정자,' '세계 평화를 제조하는 나라,' '어부지리의 국가'(*tertius gaudens*) 또는 '기구(機構)의 신'이라고 위대하게 기술될 수 있는지의 여부는 각자가 생각할 나름이다. 이러한 정책의 일반적 원칙이 어떻게 영국의 외교 방법에 영향을 미치고 있는가? 지금 우리가 고찰하고자 하는 문제는 바로 이것이다.

4

외무성과 내각은 낙관적인 대사를 좋아해서
재해와 위험을 경고하는 대사를
'신경과민이다,' '불건전하다,' '불균형하다'고 판단했다.

칸토로비츠(H. Kantorowitz)[4] 박사는 그의 재미있는 저서인 『영국 외교
정책의 정신』(*The Spirit of British Policy*)에서 외국인의 관점을 통하여 영국
제도의 지도적 원리와 그것들이 외교에 미치는 영향을 분석했다. 그의
분석은 영국의 자만심을 추켜올려 주고 있다. 그는 영국 외교의 주요
덕목을 기사도(chivalry), 객관주의(objectivity), 인도주의(humanitarianism)
의 세 가지로 꼽았다. 그의 눈에 비친 영국 외교의 주된 결점은 불합리
성이었다. 그는 영국의 제도가 안고 있는 기회주의라든가 근원적인 이
기주의에 대해서는 어떠한 주장도 하지 않았다.

그러나 그는 학자답고 자비로운 관찰자였기 때문에 영국의 정책이
이상주의와 현실주의, 그리고 인도주의와 이기주의의 사이에서 너무
나 동요하기 쉽다는 것을 알아냈다. 그리고 그는 '믿을 수 없는 영국
인'(*perfide albion*)이라는 오명은 물론이고, 영국이 국제 무대에서 위선
자라는 평판을 듣고 있는 것은 그들의 민족성이 불성실한 때문이 아니

---

4) 칸토로비츠(H. Kantorowitz, 1877~1940) : 독일의 전시국제법학자. 프라이부르크
(Freiburg)대학(1913~27), 킬(Kiel)대학에서 교편 생활을 하다가 만년에는 옥스퍼드
대학과 케임브리지대학에서 국제법을 강의했다. 『법의 개념』(*Definition of Law*,
1938)을 썼다.

라, 영국 국민이 논리적인 것을 싫어하고 또 무슨 일이 일어나기 전보다는 무슨 일이 벌어진 다음에야 사태를 처리하려는 국민성을 가지고 있기 때문이라는 사실을 인정하고 있는데 이는 문제의 핵심을 정확하게 본 것이었다.

바꾸어 말해서 어떤 국제 문제에 대한 영국의 전형적인 접근은 이상주의적인 것으로부터 현실주의적인 것으로의 전이(轉移)였다. 첫 번째 충동은 인도주의적인 것이며, 이기심이나 자기 보존의 동기가 작용하는 것은 그 다음 단계의 일이었다. 이러한 현상은 어떤 국제적 위기가 발생되었을 때에 발표된 목적과 영국의 정책을 마지막에서 결정짓는 목적 사이에 어떤 모순을 만들어내기 쉽다.

외국의 모든 관찰자들은 칸토로비츠 박사처럼 이해심이 많지는 않다. 예컨대 하이네(H. Heine)[5]는 영국을 "신이 분노 중에 창조한 가장 추악한 종족"이라고 묘사했으며, 그의 같은 시대 사람들에게 "북해의 카르타고인이라고 할 수 있는 배신적이고도 잔인한 음모꾼들"을 경고했다. 그러나 하이네는 그 무렵에 저널리스트로서 글을 쓰고 있었는데 프랑스와 독일에 다소 영향력을 미치고 있었던 그의 이런 통렬한 비난은 그것이 선전적인 효과를 노리고 있었다는 점에서 크게 참작하여 들을 수도 있다.

뷜로우 공이나 번스토르프 백작(Count Bernstorff),[6] 그리고 멘스도르프 백작(Count Mensdorff)[7]과 같은 노련한 관찰자들에게 영국의 제도는 어

---

5) 하이네(H. Heine, 1797~1856) : 독일의 시인. 유대인 출신으로서 젊은 날에는 파리에 살면서 서정시를 썼다.

6) 번스토르프 백작(Count Bernstorff, 1862~1939) : 영국 태생의 독일 외교관. 런던 주재 대사(1902~06), 카이로 주재 총영사(1906), 주미 대사(1908~17), 콘스탄틴노플 주재 대사(1917~18), 국제연맹 부의장, 군축 대표(1929~31) 등을 역임하면서 윌슨(W. Wilson)의 평화주의를 지원하였다.

7) 멘스도르프 백작(Count Mensdorff, 1861~?) : 오스트리아·헝가리의 외교관. 런던 주재 대사(1904~14)를 역임한 바 있다.

떠한 느낌을 주었을까를 생각해 보는 것은 매우 흥미로운 일이다. 이 외교관들은 두 가지의 표제로써 외교 문제에 대한 영국과 대륙 국가들의 주요한 차이를 규정하였다. 첫째로 영국 외교는 유치할 정도로 단순한 것이요, 둘째는 감상주의적인 것이다. 1899년 뷜로우 공은 윈저(Windsor)[8]를 방문한 인상을 다음과 같이 그의 일기에 기록했다.

"영국의 정치가들은 대륙을 잘 모른다. 그들은 우리가 페루(Peru)나 샴(Siam)의 사정을 아는 것보다 더 대륙의 사정을 모른다. 우리의 기준에 따르면 그들의 일반적인 생각은 어느 정도 천진난만한 것이다. 그들의 무의식적 자기 중심에는 소박한 점이 있지만 그들은 또한 다소 고지식한 면을 가졌다. 그들은 진정 악의를 실제로 의심하려 하지 않는다. 그들은 매우 조용하며 오히려 게으르고 매우 낙관적이다."

오랫동안 런던 주재 오스트리아 대사였으며 영국의 좋은 친구였던 멘스도르프 백작은 뷜로우 공작의 의견에 동의했다. 그는 다음과 같이 말하고 있다.

"대부분 영국의 대신들과 정치가들은 우리가 믿는 것보다 더 무지하고, 부정확하며, 아마추어적이다. 우리가 허위라고 판단하는 것 중의 상당량은 사실상 무지와 의심의 결과에 지나지 않으며 부주의와 혼란에 기인하고 있다. 거의 예외 없이 그들은 해외 사정에 대하여 분명한 생각을 가지고 있지 않다."

---

8) 윈저(Windsor) : 영국 왕실의 명칭. 본래는 House of Saxe-Coburg and Gotha이던 것을 1917년에 개칭하였다. 조지 5세(George V), 에드워드 8세(Edward VIII), 조지 6세(George VI), 그리고 엘리자베스 2세(Elizabeth II)는 이 왕가의 출신이다.

이러한 무지와 얼빠짐에 대한 비난과 함께 영국의 감상주의에 대한 불평이 가중된다. 이러한 불평은 1904년에 번스토르프 백작이 뷜로우 공에게 보낸 편지에서 다소 놀랍게 나타나고 있다. 번스토르프 백작은 그 후 워싱턴 주재 독일 대사를 지냈고 한때는 런던 주재 독일 대사관의 참사관을 역임한 바도 있는 인물이다. 그는 이렇게 말하고 있다.

"나의 미천한 의견으로는 영국과의 중재조약 체결에 의하여 양국 간의 관계 개선이 훌륭하게 이뤄질 수 있다고 본다. 오늘날에 흔히 볼 수 있는 형태로서의 그러한 조약은 매우 무해하여 사실상 중요하지도 않다. 동시에 우리의 '실용적인 영국인'(practical Englishmen)이 정치적인 문제에서 자구(字句)에 구애를 받고 있다는 사실까지 언급해야 한다는 사실은 놀라운 일이다. 만약 우리가 중재조약에 동의한다면 많은 영국인은 독일인이 정복욕을 버리고 평화로운 개인이 되리라고 믿을지도 모른다. 특히 만약에 그러한 조약들이 공개되지 않는다면 우리는 덕분에 좀 더 많은 전함(戰艦)을 건조할 수 있을 것이다."

영국의 정치인들이 국제 문제에서 저지르는 가장 중요한 실수가 무엇인가를 위의 세 사람이 예시하고 있기 때문에 나는 이 노련한 관찰자들의 의견을 인용해 왔다. 그들의 지적에 따르면, 영국의 외교관들에게는, 해외 사정에 관해서는 심하지 않지만, 외국인의 심리에 대해서 상당한 무지가 개재되어 있다. 그들에게는 무한의 낙관주의가 있다. 그들은 미래의 불쾌한 가능성을 생각조차 하기 싫어한다. 그들은 실질적인 합당성을 갖고 있지 않으면서도, 귀에 듣기 좋은 소리를 사랑하는 영국 국민과 외교관들의 감정에 호소력을 가지는 것으로 평가되어지는 거래나 협상을 환영하는 경향이 있다.

영국 외교관은 불가피하게도 그의 정치 지도자들의 장단점을 반영하고 있다. 외무성과 내각은 비관적인 대사보다는 낙관적인 대사를 좋아하고, 그들에게 다가오는 위험과 재해를 경고하는 사람들에 대해서는 '약간 불균형하거나,' '신경과민적이거나,' 아니면 '불건전하다' 고 여기는 경향이 있음을 나는 이미 지적한 바 있다. 그의 생애를 외교에 바치고 나서 외국인의 가치 기준과 정신 상태가 영국의 신사와 같지 않다는 것을 깨달은 대사는 내각의 대신들의 거의 어린아이처럼 태연하다는 사실에 대하여 소스라치게 놀라는 일이 빈번하다.

만약 외교관이 매우 성실하며 의지가 있는 사람이라면 그는 재난을 예언하는 자에게 치명상을 입히는 인기 하락을 기꺼이 맡아 카산드라 (Cassandra)[9]의 역할을 기꺼이 감당할 것이다. 그러나 그가 부족한 인격자라면 그는 자기가 받드는 통치자의 맑은 뜻을 노출시키고, 심지어는 그 지배자의 그러한 뜻을 어찌 다뤄보고 싶은 충동을 느낄 것이다. 그렇게 되면 영국의 외교 정책에는 커다란 재난이 닥쳐올 것이다.

다시 말하거니와 영국의 외교관은 정부를 당혹한 위치에 처하게 하는 무분별이나 경솔한 언행을 피한다는 것이 얼마나 중요한 것인가를 깊이 명심하고 있다. 그러나 그가 늙어 눈앞에 대사의 연금이 어른거림에 따라서 잘못된 조치를 취하는 것은 애당초에 손을 대지 않은 것보다 더욱 무서운 일이며, 잘못 판단한 행위는 즉각 응징을 받는다. 워즈워드(W. Wordsworth)[10]의 말을 잘못 인용한 것인지 모르지만, 무행동이야말로 '영속적이고, 모호하고, 어둡고, 그리고 무한의 성격을 가졌다' 고 생각하려 한다. 그러한 환경 속에서는 영국의 외교 활동에 활력

---

9) 카산드라(Cassandra) : 호머(Homer)의 시에 나오는 트로이(Troy)의 여자 예언자. 프리암(Priam)과 헤큐바(Hecuba)의 딸로서 트로이의 멸망을 예고했으나 아무도 믿지 않았다.

10) 워즈워드(W. Wordsworth, 1771~1850) : 영국의 저명한 계관 시인.(1843~1850)

을 불어 넣어주는 신중성의 아름다운 전통은 소심한 모습으로 기울어지게 된다.

그러나 만약에 영국의 외교가 영국의 정책 실패를 반영하는 것이고 또 그렇기 때문에 영국의 외교관은 너무 낙관적이고, 혼란스럽고, 애매하고, 불합리하고, 유순하게 되었다면 그것은 단순히 실패로만 그치는 것이 아니라 장점이 될 수도 있다. 영국의 훌륭한 외교관들은 관대하고 공정하다. 그들은 상상과 이성, 즉 이상주의와 현실주의의 사이에서 훌륭한 균형을 취한다. 그들은 믿음직스럽고 빈틈없이 정확하다. 그들은 자존 망대하지 않으면서도 위엄이 있으며, 진부하지 않게 처신하며, 둔감하지 않게 균형을 잡는다.

영국의 외교관은 유연성을 보이면서도 과단성을 과시하며, 용기와 신사도를 조화시킬 수 있다. 그들은 결코 뽐내지 않는다. 그들은 성급함이야말로 까다로운 성미만큼이나 위험하며, 지적인 탁월함은 외교관의 기질이 아니라는 것을 그들은 알고 있다. 그들은 무엇보다도 충성과 양식을 가지고 본국 정부의 정책을 해석하는 것이 자신의 임무이며, 훌륭한 외교의 기초는 훌륭한 사업의 기초인 신용, 신뢰, 이해심, 그리고 타협과 같은 것이라는 점을 알고 있다.

5

독일의 외교는 전사적이거나 군사적 개념을 띤다.
그들은 신뢰심을 갖게 하는 것보다는
공포심을 갖게 하는 것이 중요하다고 본다.

　이제까지 나는 외교의 영국적 유형을 설명하는 데 지면을 소비하였다. 이는 내가 나의 전 생애를 통하여 이에 관해 친근하고도 지속적인 지식을 가졌기 때문만이 아니라, 어느 모로 보나 영국적인 외교 유형이야말로 평화적인 관계를 유지하면서 가장 도움되는 것임을 충심으로 믿기 때문이다.

　이제 나는 다른 나라로 넘어가, **독일**의 유형을 살펴보고자 한다. 독일의 정책 이론, 그리고 더 나아가서 외교 이론은 내가 이미 언급한 바와 같이 '영웅적'이거나 '무사적'인 개념을 가지고 있는 것이기 때문에 상업적이거나 장사꾼적인 영국의 개념과도 상당히 구별되는 것이다. 그것은 또한 주목할 만한 계속성을 보여 주고 있다.

　남이 보아도 인식할 정도로 확연히 구별되는 독일적인 심리 유형을 발생시킨 원인이 무엇인가를 밝히는 것은 이 논문의 범위를 벗어나는 것이다. 독일인이 가지고 있는 굳세고도 탁월한 모든 덕목의 밑바닥에는 신경질적인 불확실성의 심층 심리가 깔려 있다. '정신적인 고향이 없는 것'(spiritual homelessness)이라고 지부르크(F. Sieburg)[11]가 정의를 내

---

11) 지부르크(F. Sieburg, 1893~?) : 독일의 저술가 · 언론인. 하이델베르크대학에서 철

린 바 있는 이 불확실성은 그들이 날카로운 지리적 · 종족적 · 역사적 개념이라든가 윤곽을 결여하고 있기 때문이다.

이와 같은 현상은 아우구스투스(Augustus)[12]가 로마의 '요새화된 국경선'(limes)을 엘베(Elbe)[13]로부터 다뉴브(Danube)[14]로 철수시킴으로써 결국 독일 사람들을 문화인과 미개인으로 나누었을 때부터 시작되었다. 이러한 분열은 그 후 종교개혁과 북부 독일이 이제는 더 이상 신성로마제국의 식민지가 아니라는 느낌으로 인하여 굳어지게 되었다. 지부르크는 다음과 같이 말하고 있다.

> "우리는 흐르는 모래다. 그러나 모든 모래알들은 다른 모래알과 합쳐져서 단단하고 영원한 돌멩이가 되고 싶은 열망을 원래부터 가지고 있다."

이와 같은 말은, 그들의 표현을 빌린다면, '통일'의 개념을 다소는 신비스럽고도 거의 종교적인 것으로 인식하도록 독일 국민을 감동시킬 수 있는 어느 정도의 현실적인 초점, 즉 구심점(求心點)을 찾고자 하는 열망의 표시이다. 이러한 주장은 또한 개인으로서의 독일 국민이 결여하고 있는 단결심을 물리적인 단결, 그리고 더 나아가서는 물리적인 힘에서 찾도록 유도하였다.

피히테(J. G. Fichte)[15]로부터 시작하여 헤겔(G. Hegel)[16]과 챔벌린(S.

학 · 역사 · 민속을 전공한 후 프랑크푸르트 신문사의 기자로 있으면서 저술 활동. 만년에는 바덴뷔르트(Baden-Württ)대학의 교수(1957), 베를린 예술원 회원(1959)이 되었다.

12) 아우구스투스(Augustus, B.C. 63~A.D. 14) : 로마 최초의 황제.(재위 B.C. 27~ A.D. 14) 시저(J. Caesar)의 양자인 옥타비아누스(Octavianus)를 의미한다.

13) 엘베(Elbe) : 독일의 중부 지방을 서북으로 흘러 북해로 빠지는 강.

14) 다뉴브(Danube) : 유럽에서 두 번째로 큰 강. 독일의 서남부에서 동으로 흘러 흑해로 들어감.

15) 피히테(J. G. Fichte, 1762~1814) : 베를린대학 총장. 나폴레옹의 침략에 격분한 피

Chamberlain)[17]을 거쳐 히틀러(A. Hitler)[18]에 이르기까지의 독일의 근대 정치사상은 모두가 다소 신비주의적인 통일을 강조하고 있다는 데 그 특징이 있다. 독일의 기사들이 조직한 '튜톤 기사단'(Teutonic Order)[19]의 13세기적 고대 이상은 독일 민족의 힘, 종족적 우월감, 그리고 정치적 우월에 대한 동경을 대변하는 프러시아로 이어졌다. 독일 민족이야말로 어느 면에서는 이 지구상에서 '최초로 나타난 민족'(Urvolk)이라고 하는 피히테의 원초적인 개념은 '피와 철'이라든가 '피와 땅', 그리고 '피와 종족'이라고 하는 그 후의 개념으로 연결되어졌다.

"최강자의 권리가 아닌 한 국가 간에는 법이니 권리니 하는 것들은 존재하지 않는다."고 피히테는 선언한 바 있다. 전쟁은 "영원하고 도덕적인 것"이라고 헤겔은 정의를 내렸다. 따라서 독일 사람들이 말하는 소위 '문화'(Kultur : 이 말을 영어로 culture라고 번역하는 것은 전혀 엉뚱한 일이다)라는 것은 독일 민족과 자연의 본질적인 힘을 다소 신비하게 일치시키는 기능의 일반 이론인 동시에 항상 새롭게 부여되는 노력을 의미하는 것이 되고 말았다.

독일의 철학은 이와 같은 철학에 깊이 영향을 받았다. 독일의 '문화'

히테는 『독일 국민에 고함』(Reden an die Deutsche Nation)을 통하여 독일 민족의 우월성을 강조했는데 이것이 독일 민족주의의 이론적 기초가 되었다.
16) 헤겔(G. Hegel, 1770~1831) : 헤겔은 주로 국가학이라는 입장에서 독일의 국가주의 형성에 커다란 기여를 했다.
17) 챔벌린(S. Chamberlain, 1855~1927) : 독일에 귀화한 영국의 인종주의자. 영국의 수상 챔벌린(N. Chamberlain)의 조카이자 바그너(R. Wagner)의 사위. 그가 주장한 아리안 민족의 우수성은 범게르만주의와 나치즘의 철학적 기초가 되었다.
18) 히틀러(A. Hitler, 1889~1945) : 히틀러가 내세웠던 '아리안 민족의 우수성'에 관한 이론은 그가 피히테나 헤겔의 충실한 제자였음을 보여 주는 것이었다.
19) 튜톤 기사단(Teutonic Order) : 1190년경의 제3차 십자군 당시에 팔레스타인에서 창립된 그리스도 교도의 군단. 처음에는 십자군 부상병의 간호와 순례자의 보호를 맡았으며, 후에는 이교도 민족을 압박하여 중세 독일의 동방 진출에 힘썼으나 차차 쇠퇴하여 1809년에 나폴레옹 1세에 의해서 완전히 진압되었다.

는 인류라고 하는 문제에서 독일을 세계적 차원으로 부각시키는 다소 남성적이고도 활력적인 힘이라는 이상이 독일의 정책을 고무하고 있다. 이러한 이상은 본질적으로는 신비적인 것이다. "독일은 하나의 운명이지 삶의 길은 아니다."라고 지부르크는 말하고 있다. 그러한 운명을 위하여 독일의 각 국민은 자기의 마음과 존엄성마저도 희생할 준비가 되어 있으며, 필요하다면 자기의 생명까지도 희생할 준비가 되어 있다. "우리 민족이 다른 민족과 구별되는 것은 개체 보존의 본능을 억제한다는 점"이라고 지부르크는 말하고 있다. 모든 독일인에게는 자살적 열광의 요소가 있다.

이러한 이상의 실제적인 해석으로서는 몇 가지의 유형을 추정할 수가 있다. 대외 정책이나 외교에 관한 한, 그것은 두 가지의 방법으로 해석될 수 있다. 첫째로는 무력 또는 무력을 행사하리라는 위협이 협상의 주요한 수단이라고 하는 확신이며, 둘째로는 '국가의 존재 이유' (*raison d'Etat*)는 개인의 종교나 철학에 우선한다는 이론이다.

그러므로 독일의 정책은 본질적으로 '힘의 정치'(*Machtpolitik*)이다. 내가 이미 앞에서 지적한 바와 같이, 독일의 외교는 이와 같이 전사적 (戰士的)이거나 군사적 개념을 띠고 있다. 외교에서는 신뢰심을 갖도록 하는 것보다 공포감을 불러일으키는 것이 더 중요하다고 그들은 생각하고 있다. 그리고 겁에 질린 국가들이 자구책으로 연합 전선을 형성하면 독일 사람들은 자기들의 처사가 그러한 반동을 유발한 그들 나름대로의 방법이요, 협박이라는 사실을 까맣게 무시한 채, '포위 정책' (*Einkreisung*)을 쓰고 있다고 불평한다.

외교 정책의 전사적 개념이 가지는 특징적인 현상은 "느닷없이 대드는 외교"(sudden diplomacy)라고 모와트 교수(Professor Mowat)는 지적한 바 있다. 모든 외교 유형 중에서도 이것이야말로 참으로 위험한 것이다. 힘을 과시하고, 불안감을 조성하고, 그럼으로써 압력의 기회를 중대한다는 것이 그러한 외교의 이론적 기초를 이루고 있다. 이런 외교를 해야만 협상자의 "손에 뭔가 생기는 것이 있다"는 점이 그것을 정당화시킬 수 있는 실질적인 근거가 되고 있다.

1908년에 애렌탈 백작(Count Aehrenthal)이 보스니아-헤르체고비나(Bosnia - Herzegovina)[20]를 점령한 사건이야말로 '느닷없이 대드는 외교'의 전형적인 예가 되고 있다. 그러한 식의 외교는 그 순간에는 찬란한 성공을 거두지만 그 배후에는 결과적으로 오스트리아-헝가리제국(Austro-Hungarian Empire)의 붕괴를 초래했던 공포와 분노의 유산을 안고 있었다. 최근에도 이와 같이 느닷없이 대드는 외교 또는 기습적인 외교의 예는 있었다. 독일의 외교관들이 종종 써먹는 협상의 개념이 바로 그것이다. 그것은 본질적으로 군사적 개념이다.

협상의 기술이라고 하는 것은 시민적인 기술이며, 주로 군사적 이상에 의하여 지배를 받고 있는 국가 이론 중의 작은 일부에 지나지 않는다고 주장할 수도 있다. 독일의 외교 정책은 항상 '힘의 정치'에 종속적인 경향을 보여 왔으며 참모부가 외교 정책에 대하여 외무성보다 더 강력한 영향력을 행사하는 일이 자주 있었다. 또한 독일 사람들은 지도자론에 대하여 확신을 가지고 있고, 권력을 어느 한 개인의 손에 집중시키려는 경향이 있기 때문에 독일의 외무성은 영국의 상대역으로서의 협동의식이라든가 기술 또는 독립성을 갖고 있지 못했다.

그러나 이와 같은 불리한 조건에도 불구하고 독일의 외교 업무와 영사 활동은 매우 유능하고 영예로운 사람들의 보좌를 받아 훌륭하게 수행되고 있다. 제1차 세계 대전 이전의 독일 대사들은 대체로 자신의 직

---

20) 보스니아-헤르체고비나(Bosnia - Herzegovina) : 유고슬라비아 사회주의 연방공화국의 6공화국 중의 하나로서 그 수도는 사라예보(Sarajevo)였음.

업에 마음이 끌려 있었기 때문에 베를린에 있는 관료들보다는 유럽의 공동된 이해관계에 관하여 더 분명한 의식을 가지고 있었을 뿐만 아니라 외국인의 심리에 대해서도 좀 더 민감한 이해를 가지고 있었다. 이와 같은 외교관들의 전문(電文)과 비망록을 읽는다거나 그들의 의사가 황제나 외무대신에 의하여 얼마나 빈번하게 무시되거나 오해되고 기각되었던가를 살펴본다는 것은 비참하기 짝이 없는 일이다.

독일 외교관들의 수련이라든가 충성심이 다른 나라 외교관들에게서 요구되고 있는 기준과 비교할 수 있는 정도라고 말할 수도 없다. 자기가 선발한 요원을 해외 주재 대사관의 서기관으로 임명하여 대사의 동정을 감시·보고하는 첩자의 기능을 수행하는 제도를 처음으로 시작한 사람은 비스마르크였다. 이러한 제도는 홀슈타인(Fritz von Holstein)[21]에 의하여 훌륭하게 전승되었다. 그는 독일 외무성에 오랫동안 영향을 미치면서 외무성을 온통 의혹과 질투와 음모의 거미줄로 얽어 놓았다.

독일의 원로 외교관들이 세워 놓은 고매한 원칙과 지혜로운 판단이 그토록 종종 무기력하게 된 것은 주로 반미치광이가 된 관료들의 행세 때문이었다. 그리고 심지어 홀슈타인이 사라진 이후에 리히노브스키 공(Prince Lichnowsky)[22]은 1914년에 독일 외교 정책의 영향력에 관하여 본국 정부에 주의를 주려고 한 적이 있었는데, 그때에도 자기의 참모가 보낸 비밀 보고서 때문에 곤욕을 치렀다고 그는 불평하였다.

이런 점에서 보건대 독일의 외교관들은 능력을 제대로 발휘할 수 있을 정도의 훌륭한 기회를 가져본 적이 없다고 말할 수가 있다. 그들이

---

21) 홀슈타인(Fritz von Holstein, 1837~1909) : 독일의 외교관. 1860년 외무성에 들어가 덴마크(1864), 미국(1865~67) 등지에서 근무했다. 제1차 세계 대전 전의 독일 외교 정책을 대표하는 인물이었으나 제1차 세계 대전을 억제하는 데 실패했다.
22) 리히노브스키 공(Prince Lichnowsky, 1860~1928) : 독일의 외교관. 주영대사 (1912~14)로 있으면서 영독 관계의 우호 증진을 위해 노력했지만 실패했다.

중용(中庸)을 취하면 그것은 나약하거나 비겁한 것으로 베를린에 보고
되었으며, 그들의 신중한 의견은 비독일적이라고 기각되었으며, 청렴
한 것을 의혹의 눈길로 바라보았다. 그토록 탁월한 외교관들이 쓰라린
수모를 받으면서 수없이 물러날 수밖에 없었다는 것은 조금도 이상할
것이 없다.

6 프랑스의 외교 활동은 세계에서 가장 훌륭하다.
그것은 오랜 전통과 이상적인 외교관의 본보기를
그들이 갖고 있었기 때문이다.

최근 60년 간의 **프랑스**의 외교 정책은 동쪽에 있는 이웃 나라[독일]
에 대한 두려움으로 좌우되었으며, 그러한 두려움은 다른 어느 강대국
에 대한 두려움보다도 더 일관성을 띠고 있다. 프랑스 외교관들의 눈
은 온통 '보쥬의 푸른 선'(Blue Line of Vosges)[23]에 고정되어 있으며 그들
의 모든 정책은 독일의 위협으로부터 자신을 방어하는 것을 지향하고
있다. 이러한 지속적인 선입관은 프랑스의 정책을 긴장되고, 경직되
고, 융통성 없는 것으로 만들기 쉽다.

프랑스의 외교 활동은 세계에서 가장 훌륭한 것일 수밖에 없다. 오
랜 전통과 더불어 깡봉 형제(Cambons), 쥬세랑(J. Jusserand),[24] 바레리(C.
Barrüre),[25] 그리고 베르틀로(P. Berthelot)[26]와 같은 이상적인 외교관의 본

---

23) 보쥬의 푸른 선(Blue Line of Vosges) : 독일의 라인 계곡으로부터 시작하여 동부 프
  랑스의 보쥬에까지 이르는 국경 산록을 의미한다.
24) 쥬세랑(J. Jusserand, 1855~1932) : 프랑스의 작가이자 외교관. 주덴마크 대사(1890),
  주미대사(1902~25)를 역임했고, 그의 저서인 『미국인의 어제와 오늘』(*With
  Americans of Past and Present Days*, 1916)는 제1회 퓰리처상을 받았다.
25) 바레리(C. Barrüre, 1851~1940) : 프랑스의 외교관. 주이탈리아 대사(1897)를 역임
  했으며, 제1차 세계 대전 당시에는 이탈리아의 참전에 결정적인 역할을 했다.
26) 베르틀로(P. Berthelot, 1866~1934) : 프랑스의 외교관. 중국(1902~04)에서 근무했
  고, 파리강화회의의 대표를 역임했으며, 외상(1902~21, 1925~32)을 지냈다.

보기를 보여 주었다. 프랑스 외교는 훌륭한 지성, 폭넓은 경험, 그리고 위대한 사회적 매력을 가진 사람들로 구성되어 있다. 프랑스인은 날카로운 관찰력과 천부적인 명쾌한 설득력을 잘 조화시키고 있다. 그들은 존경할 만하고 정확하다. 그러나 그들은 관용이 부족하다. 프랑스의 평범한 시민은 자신의 지성적인 탁월성을 확신하며, 자기 문화의 우월성을 잘 알고 있기 때문에 타국에 거주하는 야만인들에게 때때로 그의 조바심을 감추기가 어렵다는 것을 알고 있다. 이것이 그들을 공격적인 사람으로 만든다.

또한 프랑스인은 어느 특정한 정책 노선에 집착하고 있기 때문에 경우에 따라서는 목전의 중요한 촛점을 벗어나고 있는 사건들을 관찰하지 못한다. 모든 외교관들은 자기 나라의 이해관계를 염두에 두어야 한다. 그러나 프랑스인의 경우 국가적인 이해관계에 대한 배타성을 너무 약하게 드러내기 때문에 그러한 생각은 막혀 버리기가 쉽다. 더구나 논리를 추구하는 열의, 법률적인 기질, 극단적인 현실주의, 그리고 모든 정치적 감정에 대한 불신 때문에 다른 나라의 동기나 느낌, 그리고 생각까지도 직시하지 못하게 만드는 경우가 자주 있다.

프랑스의 외교관들은 훌륭한 지적 완벽성 때문에 다소 우매한 사람들의 두서없는 실수를 충실치 못한 것으로 간주하며, 상대편이 학구적인 진지함이 부족하다고 느낄 때에는 화를 내거나 무참하리 만큼 경멸하기 쉽다. 따라서 프랑스 외교는 그 탁월한 장비나 훌륭한 원칙을 갖추고 있으면서도 때로는 비능률적인 경우가 발생한다. 그리고 직업적인 정치인들조차도 직업 외교관들에게 의무의 범위를 항상 허용하고 있는 것도 아니다.

프랑스 외교의 경직성은 이탈리아의 기동적인 외교와 매우 뚜렷한 대조를 이룬다. 이탈리아의 제도는 르네상스 시대 국가의 전통으로부터 유래하고 있으며 건전한 사업적 개념이나 권력 정치 또는 어떤 목표의 논리적 귀결에 그 바탕을 두고 있는 것도 아니다. 그것은 오히려 기회주의적이며 끊임없는 책략에 그 바탕을 두고 있다.

이탈리아 외교 정책의 목표는 자기의 국력에 의하여 얻을 수 있는 것보다도 더욱 중요한 것을 협상에 의하여 얻는 데 있다. 따라서 이탈리아의 외교는 물리적인 힘을 근거로 한 외교에 바탕을 두는 대신에 외교에 국력의 기초를 둔다는 점에서 독일의 체계와 대조적이다. 이탈리아의 외교 정책은 영원한 적에 대항하여 영원한 동맹국을 확보하려고 노력하는 대신에 그들의 동맹국이나 적국이야말로 상호가변적인 것이라고 보는 점에서 프랑스의 제도와도 대조를 이룬다.

또 국가가 추구하는 것은 영원한 신뢰가 아니라 목전의 이득이라는 점에서 보더라도 이탈리아의 외교는 영국의 제도와도 상반된다. 더욱이 '세력 균형'에 대한 이탈리아의 개념은 영국의 그것과 다르다. 왜냐하면 영국에서는 세력 균형의 이론이 유럽의 지배를 모색하는 어떤 국가도 반대하는 것으로 풀이되고 있는 반면에, 이탈리아에서는 세력 균형이란 자국의 무게에 의하여 천칭(天秤)을 기울일 수 있는 경우에나 바람직하다고 여기기 때문이다.

이탈리아의 외교관들은 협상의 기술이라는 면에서 빼어나다. 그들의 통상적 방법은 우선 그들이 협상하려고 하는 국가와의 관계를 악화시켜 놓은 다음 '우호 관계'를 제안하는 것이다. 그러한 협상을 시작하기에 앞서 그들은 세 가지 협상의 역조건들을 마련하는 데에 주의를 기울인다.

⑴ 이탈리아 국민 사이에 불평과 적대감을 인위적으로 조성한다.
⑵ 이탈리아가 협상하려고 하는 국가의 목을 조를 수 있는 어떤 약

점을 잡는다.

(3) 이탈리아가 얻으리라고 기대하지 않던 것, 또는 실제로 얻고자 기대했던 것을 저쪽에서 양보하도록 요구하는 것이다. 그러나 자신이 그러한 요구를 포기할 때는 상대국이 그만한 댓가를 치르도록 할 것이다.

협상이 진행됨에 따라 이러한 역(逆)조건에 다른 요소들이 첨가된다. 그리고 만약 협상이 어렵게 되어 가는 징후가 보이면 이와 유사한 협상이 어디에선가 열리리라는 암시를 준다. 경우에 따라서는 상반되는 두 곳에서 협상이 동시에 이루어진다. 이와 같이 하여 이탈리아는 1914년부터 1916년 사이에 동맹국들과 협상을 하던 같은 시간에 적국들과도 양보에 관한 협상을 벌이면서, 동맹국들에게는 중립을 지켜 준다는 댓가로 양보를 요구했고, 적국에게는 도와준다는 댓가로 양보를 요구했다. 이럴 경우 후자가 더 큰 댓가를 치러야 할 입장에 있었다.

비록 교묘하기는 하지만 이탈리아의 외교는 협상술의 모범적인 본보기라고는 할 수 없을 것이다. 이탈리아는 이쪽 강대국들의 야망과 위선을 저쪽 약소국의 방법과 조화시킨다. 이탈리아의 정책은 이와 같이 경박할 뿐만 아니라 본질적으로는 부동(浮動)하는 것이다. 근대 이탈리아는 이미 정당하게 촉망을 받는 스포르차(Francesco Sforza)나 그란디(D. Grandi)[27]와 같은 외교관들을 배출했다. 이탈리아는 강대국이 되어 가고 있는 만큼 이탈리아의 외교도 이제는 명실상부하게 더욱 안정되고 더욱 품위를 갖추게 될 것을 굳게 기대하는 바이다.

---

27) 그란디(D. Grandi, 1895~1988) : 이탈리아의 외교관. 제1차 세계 대전 때 육군 대위로 참전했고, 전후에는 파시스트 정권에서 외상(1929~32), 주영대사(1932~39), 법무상(1939~43)을 지냈다.

VII
최근에 나타난 외교 관행의 변화

국적이 다른 남녀가 어떤 공동 목표를 위하여
끊임없이 함께 일하고 있으며,
그들은 어떤 국가적 이념을 강조한다거나
어떤 국가의 이익을 위하여 봉사하려는 욕심도 없다.
그들의 야망은 불안을 유발하는
정치적·경제적 요인에 대하여 진실을 심으며
그러한 야심을 추구하면서 진정한 국제적 협조 정신을 습득하고,
연맹 이사회와 총회에 참가하는 정치가에게
그러한 정신을 다소나마 심어 줄 수 있었다.

Diplomacy by Sir Harold Nicolson

회담식

외교 / 오늘날 회담식 외교는 쇠퇴하고 있다 / 회담식 외교의 장점과 결점 / 점증(漸增)하고 있는 민주적 통제의 요구 / 상업적 외교 활동의 출현 / '언론 담당 공보관'과 그 기능 / 선전의 위험 / 국제연맹 사무국 / 국제 협력에 대한 하나의 새로운 경험으로서의 영연방

회담식 외교가 성공하려면
사전에 회담의 범위와 계획이 합의되고,
참석자의 견해가 모순되지 않는 것이 확인되어야 한다.

　나는 이제까지 외교의 이론과 실제가 어떻게 발생하고 발전하였는
가에 대해서 고찰하였다. 나는 구외교와 신외교의 단점과 장점을 고찰
했으며, 다양한 정책의 형태에 의해서 이 존경할 만한 직업에 부과되
는 어떤 결함과 이상적인 외교관의 자질을 대조해 왔다. 이 장에서 나
는 보다 강화된 민주적 통제, 경제와 재정의 중요성 증가, 현대 과학의
발명, 그리고 비록 아직은 제한되어 있다고는 하지만 국제적 이해를
함께하는 공동체에 대한 진보된 개념 등과 같이 전후의 발전에 의해서
외교 관례에 도입된 중요한 개혁에 대해서 논의해 보고자 한다.

　외교 교섭이 거의 전적으로 원탁회의에 의해서 수행된 것은 제1차
세계 대전 이후부터였다고 생각된다. 1914년 이래 국제회의에 488차
나 참석한 경험이 있는 행키 경(Sir Maurice Hankey)[1]은 1920년 11월 2일
자로 왕립국제문제연구소(Royal Institute of International Affairs)에 보낸 중
요한 글에서 "회담식 외교의 시대가 왔다는 것은 거의 의심할 수 없
다."고 주목할 만한 의견을 표시했다.

---

1) 행키 경(Sir Maurice Hankey, 1877~1963) : 영국의 군인. 청년 시절에는 왕실해군포병
　대(1895~1918)에서 복무한 후 국방장관(1912~1938)을 지냈다. 제1차 세계 대전 전후
　에는 군사전문가로서 각종 국제 회의에 참가했다.

직접적인 중요성을 갖는 문제에 관한 여러 동맹국 사이의 협정은 일상의 외교적 의견 교환에 의해서는 신속히 이루어질 수 없다는 것이 전쟁 중에 드러났다. 일정한 간격을 두고 몇몇 동맹국의 수상이나 전문가가 원탁에 마주앉아 전쟁의 공동 수행에 요구되는 전략과 정책에 대한 긴박한 문제를 토론하는 것이 필수적이었다. 뿐만 아니라, 거기에는 식량이나 수송과 같이 모든 동맹국들이 공동으로 직면하고 있는 위험과 필요성에 따라서 해결해야 할 것에 대해서도 기술적인 문제가 수없이 많았다. 그들은 전쟁 물자를 공동으로 부담하고 그들이 가지는 필요성의 우선 순위에 대해서 합의하지 않을 수 없었다. 따라서 동맹국 내의 각 위원회간의 전체적인 연락망인 상설 회의가 나타나게 되었다.

이러한 모임은 전쟁 물자와 재정에 관한 연합국회의(Allied Council on War Purchase and Finance), 국제군수위원회(The Commission Internationale de Ravitaillement), 연합국식량회의(Allied Food Council), 그리고 연합국해양운송회의(Allied Maritime Transport Council)와 같은 거대한 기구로부터 석탄·질산염·무명·석유·목재와 같은 공급 물자를 다루는 보다 작은 전문위원회에 이르기까지 그 규모가 다양하였다. 이러한 몇 개의 회의와 위원회는 하나의 뚜렷한 형태의 피라미드 모양으로 협조를 이루고 있으며 그 피라미드의 밑 부분에는 특수한 공급 물자를 다루는 몇 개의 소위원회가 자리 잡고 있고, 그 피라미드의 꼭대기에는 연합국 및 부속국의 최고전략회의(Supreme War Council of the Allied and Associated Powers)가 구성되어 있다.

『연합국 해운 관리』(Allied Shipping Control)라는 책에서 연합국 운송 회의의 발달과 그 기능에 가치 있는 역사를 기술하면서 솔터 경(Sir Arthur Salter)[2]은 이러한 국제위원회들이 시간이 흐름에 따라서 어떻게 단순한 전시 조정 기구 이상의 것이 되었는가를 설명하고 있다. 각국이 근본적인 개혁을 이룩하고 난 후에 그러한 것들은 하나의 국제 협상의 통상적인 관행으로 정착되었다. 외교란 경쟁적이고 모순된 것이라는 인식을 바탕에 깔고 있는 국가 정책에 대신하여 각국은 이제 국제 협력을 필요로 하는 공통된 국제적 이해관계를 가지게 되었다.

이것이 지난날과의 유일한 차이점은 아니다. 이제 각국은 위에서 바라보면서 상황에 정책을 부과하는 대신에 정책에 상황을 부과하는 체제의 시대가 온 것이다. 매우 구체적인 사실을 당하여 겪는 공통된 위험의 압력을 극복하는 동안 국제 전문가들은 전문적 외교관들이 업무를 처리하면서 체득한 것보다 더 지속적으로 상호 신뢰와 상호 협조의 기준을 체득하게 되었다는 것이 밝혀졌다. 아래에서 위에 이르기까지 외교를 수행하면서 얻어진 이러한 새로운 경험들이 실제로 국제 관행에서 매우 값진 개혁이었음이 입증되기를 우리는 바랬다.

능률과 협력이라는 면에서 매우 고귀한 가치 기준을 습득했고 또 아직까지는 그러한 기준을 지속시키고 있는 국제연맹 사무국에서는 이러한 희망들이 어느 정도 실현되었다. 그러나 일단 공통된 위험이 사라지자 그토록 거창했던 연합국전쟁회의(War Councils of the Allies)도 그리스의 인보(隣保)동맹회의(Amphictyonic Councils)의 운명과 마찬가지로 분해가 시작되었다.

회담식 외교의 장점들은 자명하다. 그것은 정책을 수립하는 데 책임을 지고 있는 사람들이 협상을 수행할 수 있게 한다. 이 방법에 의하면 막대한 시간이 절약되며 보다 높은 유동성을 취할 수 있다. 빈번한 모

2) 솔터 경(Sir Arthur Salter, 1881~1975) : 영국의 경제전문가. 연합국해양운송회의 사무국장(1918), 배상위원회 사무총장(1920~22), 국제연맹 경제·재정위원장(1919~20, 1922~31), 국제연맹 고문(1932~), 옥스퍼드대학 교수(1934~37), 국회의원(1937~)을 역임했다.

임을 갖는 가운데 수상들은 서로의 얼굴을 익히게 되고 때로는 서로 신뢰할 수 있게 된다. 행키 경은 "진실된 친교와 우정은 절대적인 토론의 솔직성을 가능케 함으로써 회의식 외교의 성공에 실질적으로 공헌하였다."고 기술하였다.

이것은 사실이다. 그러나 잦은 접촉에서 우정 대신에 반감이 일어날 수도 있다. 예를 들면 커즌 경(Lord Curzon)[3]과 뿌앙까레(R. Poincaré)[4]의 개인적인 관계는 협상 때에 아무런 도움이 되지 못했다. 반면 브리앙(A. Briand)[5]과 슈트레제만(G. Stresemann)[6]의 뜨와리(Thoiry) 오찬에서와 같이 우정은 이제까지 거부되어 왔던 문제점을 다소 구식으로 타결시킬 수도 있었다. 부정확과 오해, 결렬 그리고 경솔과 같은 위험이 오늘날에 보다 크게 증가되고 있다. 그리고 평화 시기에는 토론의 신속함이 반드시 득이 되는 것은 아니다.

최근 몇 년 동안의 계속적인 실패의 결과로 적어도 영국에서는 회담식 외교의 인기가 현저하게 감소되었다. 베르히테스가덴(Berchtes-gaden)[7]과 뮌헨(München)회의[8]는 이러한 회담식 외교에 대한 염증을 확

---

3) 커즌 경(Lord Curzon, 1859~1925) : 영국의 정치가. 1885년에 의회에 진출하여, 부외상(1895~98), 인도 총독(1899~1905), 옥스퍼드대학 총장(1907), 상원의원(1916~24), 외무상(1919~24)을 지냈다.
4) 뿌앙까레(R. Poincaré, 1860~1934) : 프랑스의 정치가. 국회의원(1887~1902)으로 출발하여, 각료(1893~1903), 상원의원(1903~12), 수상(1912~13)을 지냈으며, 공화국 9대 대통령(1913~20), 수상(1922~24, 1926~29)을 역임했다.
5) 브리앙(A. Briand, 1862~1932) : 프랑스의 정치가. 극좌 언론계 출신으로 1902년에 의회에 진출하여 11차례의 수상을 지냈고, 1926년에 유럽의 전후 평화 유지를 위해 노력한 공로로 노벨 평화상을 받았다. 1927~28년의 부전조약(Briand-Kellog Pact)을 체결하였다.
6) 슈트레제만(G. Stresemann, 1878~1929) : 독일의 정치가. 외상(1923~29)으로 재직하는 동안 유럽의 전후 평화 유지를 위해 노력한 공로로 1926년에 노벨 평화상을 받았다.
7) 베르히테스가덴(Berchtesgaden) : 독일 동남부 바바리아 주에 있는 휴양지로서 히틀러의 산장이 여기에 있었다.
8) 뮌헨(München)회의 : 1938년 9월 30일에 독일·영국·프랑스·이탈리아의 대표가 모

인시켜 주었다. 나폴레옹전쟁(Napoleonic Wars) 이후에 알렉산더 대제와 메테르니히가 영속시키려고 애썼던 국제회의식 체제(Congress System)에 대한 회의(懷疑)가 보여 주는 바와 같이, 영국의 시민은 이러한 국제적인 회합을 본능적으로 항상 싫어했다. 그리고 국제연맹 추계 회의는, 특수하거나 선정적인 모든 회의에 해로운 요소가 되고 있는 지나친 대중적 기대의 분위기를 각료들에게 만들어 주지 않고서도, 정상적으로 필요한 접촉 기회를 충분히 마련해 주었다는 것이 일반적인 느낌이었다.

그러나 회담식 외교가 꼭 필요한 경우도 있는 것이 사실이다. 만약에 회담식 외교가 성공하려면 사전에 회합의 기초가 매우 주의 깊게 마련되어야 한다. 회담의 범위와 계획이 모든 참석자들에 의해서 합의되었고 정상적인 외교 계통을 통했다 할지라도 참석자의 견해가 무망(無望)할 정도로 모순되지 않는다는 것이 확인될 때까지 회담을 주선해서는 안 된다. 소위 '도즈안'(Dawes Plan)[9]을 안출해낸 런던배상회의 (London Conference on Reparations)가 성공한 것은 맥도날드(R. Mac-Donald)[10]와 에리오(E. Herriot)[11]가 사전에 수상 관저(Chequers)에서 주의 깊게 회의했기 때문이었다.

1926년 제네바에서 있었던 해군군축회의(Naval Disarmament Conference

여 체코슬로바키아의 서북지방에 있는 주데텐(Sudeten)을 독일이 합병하는 것을 동의한 회의.
9) 도즈안(Dawes Plan) : 제1차 세계 대전 이후 독일의 배상 능력이 없게 되자 미국의 재정·실업가이며 당시 예산국장이던 도즈(C. G. Dawes)가 1923년에 제안했던 타협안. 독일은 경제가 회복된 후에 배상금을 지불하는 대신에 프랑스와 벨기에는 루르(Ruhr)로부터 철병하는 것을 내용으로 함. 도즈는 이 협상의 성공으로 1925년에 노벨 평화상을 받았다.
10) 맥도날드(R. MacDonald, 1866~1937) : 영국 노동당의 지도자. 의회(1906~18)에 진출하여 3차례(1924, 1929~31, 1931~35) 수상을 지내면서 반전평화주의를 주창했다.
11) 에리오(E. Herriot, 1872~1957) : 프랑스의 정치가. 급진사회당으로 정계에 진출하여 수상(1924~25, 1932), 외상(1934~36)을 지냈다.

at Geneva)의 실패와 오히려 이보다 비극적이었던 1933년 세계경제회의(World Economic Conference)의 실패는 영국과 미국 사이에 회담에 필요한 사전 타협이 부족한 데에 거의 전적으로 기인된다고 할 수 있다. 정치가들은 이 황금률을 충분히 이해하고 있지 않다.

2

위원회의 단점은 외상에게 과중한 노고를 부과한다는 점,
침묵으로써 해결될 수 있는 애로 사항과 불화를
노출시킨다는 점 등이다.

그러므로 오늘날에도 회담식 외교가 '도래하여 있다'고 말할 수는
없다. 1920년에 유럽이 전쟁을 통하여 얻은 협조의 교훈은 마치 외교
관행에 근본적인 변화와 같은 무엇을 가져온 것처럼 보이는 것이 분명
하다. 오늘날의 조류는 새로운 제도를 거부하고 성문 훈령(成文訓令) 하
에 움직이는 직업적 전문가의 외교로 돌아가는 경향을 보여 주고 있
다. 그러나 비록 이 특별한 변혁은 일시적으로 인기를 잃었다고 할지
라도 외교 관계와 기능에는 영구적이고 발전적인 또 다른 변화가 일어
나고 있다.

예를 들면 아직도 대의제도를 실시하고 있는 국가에서는 외교 정책
과 협상에 민주적 관리를 강화할 필요성이 점증할 것이라고 생각할 수
도 있다. 이러한 요구는 흔히 헌법의 운용에 대한 충분한 지식 없이 나
타나고 있으며, 이미 언급한 바와 같이 '정책'과 '협상'의 혼동 속에서
나오는 것이다. 그러나 이러한 요구는 보편적인 것이며, 1938년 8~9월
사이에 체코슬로바키아에서 일어난 위기의 결과로 증명될 것 같다.[12]

---

12) 1938년에 러시아가 독일에 적대를 보이면서 체코슬로바키아를 지원하리라고 공표
하였으나 영국과 프랑스가 냉담을 보임으로써 러-불 동맹의 중요성이 사라지고, 러

심지어 조약 비준 거부권에 의하여 입법부가 행사할 수 있는 권한이 막강하다는 사실을 알고 있는 사람들은 행정부와 관리들이 수행하는 외교 정책에 대하여 의회가 다소 부가적이고도 좀 더 지속적인 감독 기능을 가져야 한다고 주장하는 경향이 있다. 과거에는 영국에서도 미국의 외교관계위원회(Foreign Relation Committee)라든가 또는 이와 유사한 프랑스의 의회위원회(Parliamentary Committee)와 동등한 특권과 권위를 의회가 가져야 한다는 쪽으로 요구가 집중된 적이 있었다. 이러한 위원회의 장점은 외상으로 하여금 의회의 의사를 정확히 파악하게 해주는 반면에 공개적으로 토론할 수 없는 비판과 제안에 대해 의회에 안전판을 제공해 준다는 점이다.

그 반면에 위원회 제도가 가지는 단점은 외상에게 과중한 노고를 부과한다는 점, 종종 침묵으로써 해결할 수 있는 애로 사항과 불화를 노출시킨다는 점, 당론적인 요소를 외교 문제의 처리로 이끌어 들인다는 점, 재정적·상업적 이해관계가 부당하게 정책에 영향을 미칠 수 있는 통로를 만들어 준다는 점, 그리고 위원회는 틀림없이 그리고 돌이킬 수 없이 아주 경솔하고 폭로적인 것으로 외교 문제를 이끌어 간다는 점 등을 들 수가 있다.

최근 영국에서는 여당이 정부를 지원하여 야당 의원을 제외하고 비공식적인 외교위원회를 구성한 적이 있었다. 이 위원회는 표면상 외교 문제의 사사로운 토의를 목적으로 하며, 투표로써 의사를 타진하거나 정부에 결의안을 보내는 것을 내규로써 금지하고 있다. 이 위원회는 위원 사이에 의견을 교환하고, 정보를 얻고, 때로는 외상으로부터 비밀 증언을 청취할 수 있다는 점에서 커다란 의의를 가지고 있는 것은

시아가 고립되었으며, 체코슬로바키아와 독일 사이에 긴장이 고조된 사건을 의미한다.

사실이다. 그리고 이 위원회는 원내 총무가 당의 의사를 알 수 있게 해 준다. 그러나 위원회는 공식적으로 선출된 기관이 아니며 정부에 다수의 의사를 반영시킬 권한도 없다.

3 정치적 이익과 상업적 이익을 결부시키는 것이
유용하다는 것을 처음 안 사람들은
독일인이었고, 미국인이 그 뒤를 이었다.

더 나아가서 외교 관행에 변혁을 일으킬 수밖에 없었던 좀 더 어쩔
수 없는 원인은 상업의 중요성이 증대되었다는 사실이다. 어떠한 의미
에서 이것은 새로운 변혁이 아니다. 조직화된 직업으로서의 외교는 정
치적 이익과 마찬가지로 상업적 이익을 공유하고 있다고 주장할 수 있
는 것이 사실이다. 과거의 비직업적 외교를 전문화된 직업 외교로 변
화시킨 주요한 충격은 무역에 있다고 말할 수 있다.

의심할 나위도 없이 베네치아(Venice)인의 외교 활동은 직업 외교의
기반을 확립한 것으로서 근원적으로 볼 때 그것은 상업 기관이었다.
근동과 극동에서 영국의 외교 사절은 상업적 필요성에서 시작되었다.
레반트회사(Levant Co.)[13]와 같은 조직은 정부의 도덕적 지원과 회사의
비용으로 반(半)관·반(半)상업적 사절을 현지에 유지시켰다. 요원들은
그들의 주된 충성을 회사에 바치느냐 아니면 정부에 바치느냐를 결코
분간하지 못했다.

이 이중적 임무는 대사나 공사가 군주의 개인적 대표가 됨으로써
사라졌다. 해가 갈수록 이 전권 대사들은 과거의 '회사 대리인'과의 연

---

13) 레반트회사(Levant Co.) : 이탈리아의 저명한 가죽 제품 회사.

관성을 갖지 않으려고 너무도 조바심을 했기 때문에 상업에서 손을 떼지 않는다면 그들의 신분이 군주의 대표에서 장사꾼으로 전락할 것이라는 생각을 갖게 되었다. 외교가 무역에서 정치로 그리고 다시 무역으로 돌아가는 이 전개 곡선은 과도기의 사람들이 상업 활동에 대하여 느꼈던 혐오감을 느끼고 있었다는 사실을 설명해 주는 것이다.

이와 마찬가지로 19세기 초의 영국 외교관이 자기 국민의 물질적 욕구를 충족시키는 일에 종사해야 했다면 그들은 수치를 느꼈을지도 모른다. 그는 단지 어느 한계까지 자기 국민의 자유를 보호하고 방어하리라고 각오하고 있었다. 그들은 국민이 상업상의 이익을 획득하도록 도우려고 마음먹지도 않았고 또 남들도 그것을 기대하지도 않았다.

정치적 이익과 상업적 이익을 결부시키는 것이 유용하다는 것을 처음 안 사람들은 독일인이었다. 그리고 미국인이 그 뒤를 이었다. 구외교 시대에는 정치적 이익만이 다른 정치적 이익과 흥정되었다. 즉, 19세기 중엽까지만 해도 상업상의 이익 역시 균형을 이루고 있었다. 여기에서 이권 추종자가 출현했다. 정치적 이해관계의 영역에서 이러한 변혁의 첫 징조는 터키와 중국의 철도 이권에 대한 경쟁으로 나타났다. 이러한 경쟁은 유럽의 장관들이 자본주의적 착취와 정치적 영향력 사이에 약간의 연관성이 있다고 확신하게 했다.

과거의 직업 외교관은 이러한 상업적 관련에서 벗어나기 위해 오랫동안 싸웠다. 어떠한 경우라도 국가 간의 정치적 관계가 너무 복잡하여 공적으로 상업적 적대 관계에까지 신경을 쓸 겨를이 없다고 그들은 생각했다. 그들은 또한 경제적 제국주의에 대해 반대하는 감정을 가졌던 것과 꼭 같이 모든 이권 추종자들에 대해 반대하는 감정을 가지고 있었으며, 자유 방임을 신봉하였으며, 무역과 재정에 대하여 자기들의 경험이 부족하다는 것을 알고 있었다. 그러나 19세기 말의 30년 동안에 외교 업무의 기능은 개인의 상업상 이익을 보호할 뿐만 아니라 이를 촉진시킨다는 원칙이 확립되었다.

영국에서는 1866년에 외무성 상무국이 설치되었고, 1872년에 전면적으로 개편되었다. 1880년에는 파리 대사관에, 그리고 1887년에 센트 페테르부르크에 상무관이 임명되었다. 영국의 대사관 직원, 영사관 직원, 그리고 무역 공무원들이 무역업자들의 이익을 위하여 독일과 미국의 외교관들이 자국의 무역 이익에 대하여 활동하는 것처럼 해주지 않는다고 영국의 업자들은 끊임없이 불평했다. 영사의 보고서나 상무 장관의 조회에 대한 회신에 포함되어 있는 정보는 불충분하고 때로는 오해를 일으킨다고 그들은 말했다. 대사·공사와 지방 상업 단체의 관계는 멀고도 냉담했다. 그들은 극심한 불공평에 대해서 외교관에게 보호를 요청할 수 있으나 독일이나 미국의 경쟁자들만큼 그들의 상품 시장에서 충분하고도 적극적인 지원을 받지 못하였다.

이러한 비극적인 사태를 조사하기 위하여 일련의 위원회가 구성되어 좋은 결과를 얻었다. 1903년에 영사 업무는 거의 완벽하게 재편되었으며 더 많은 상무관이 임명되었다. 그리하여 무역성 상업정보국과 외무성 상무국 사이의 중복된 업무 조정의 문제가 대두되었다. 해외통상국을 창설하고 신분과 충원에서 전혀 새로운 차원의 상무관을 배치함으로써 업무 조정의 문제는 대전 직후에 가서야 겨우 해결되었다. 그리고 과거의 제도 대신에 정식 상업 외교 기구가 설치되었고 그 직원들에게는 정치 분야에 종사하는 사람들과 동등한 직책과 신분이 주어졌고 직무, 서무 보조 및 대우에 관한 적절한 규정들이 마련되었다.

지금 이 새로운 상업 기구는 자신의 전통과 본래의 모습을 개발하리라는 전망을 충분히 보여주고 있다. 이 기구는 상업 단체에게 전문가와 상세한 정보, 그리고 효과적인 협조를 해 줄 수 있게 되었다. 이 기구는 외교 기관에서 해결하기 어려운 일, 그리고 때때로는 자기들의 직분에 맞지 않는 문제를 해결해 줌으로써 그들로부터 따뜻한 환영을 받고 있다.

외교 절차의 구습에서 나타난 또 다른 변화는 통화나 재정과 같은 국제 문제의 중요성이 증가되었다는 사실 때문에 나타났다. 과거의 외교 관습에 따르면, 모든 협상은 공관과 주재국 외무성 사이에 수행되어야 하며 공관장이 다른 성(省)과 교섭하는 것은 굉장한 실례로 간주될 수 있는 것이었다. 이러한 관례는 제1차 세계 대전으로 무너졌다. 로이드 조지가 대장상이던 시절에 그는 프랑스 재무상과 직접 교섭하였으며 그 후 그가 군수상이 된 후에도 또마(Albert Thomas)[14]와의 관계는 계속적이고도 친밀하였다.

더구나 이와 같은 중요한 문제를 논평하고 협의하기 위해서는 그것을 맡을 만한 전문적 지식을 가지고 있어야 하는데, 일반 외교관은 통화 재정 문제와 같은 것을 교섭할 만한 지식을 갖고 있지 못하여 그러한 주제에 관해서는 다른 사람과 상의하지 않을 수 없다는 것을 알게 되었다. 이와 같이 그러한 상의를 대장성의 전문가에게 맡긴다거나 이러한 전문적인 문제를 연구하는 데 일생을 바친 사람들은 어느 대사관의 재무관으로 상근시키는 훌륭한 외교 관행이 발생하게 되었다.

---

14) 또마(Albert Thomas, 1878~1932) : 프랑스 사회당 지도자. 의회(1910)에 진출하여 국방상(1915~17), 국제연맹 노동국장(1917~32)을 지냈다.

4 대사가 자유주의자들과 접촉을 개시한다는 것은
불가능하지는 않다 하더라도 미묘한 일이지만,
공보관은 그러한 접촉을 지속할 수 있다.

　또한 신문의 중대성과 힘이 증대함에 따라서 해외의 주요 대사관에 공보관을 임명하게 되었다. 이 관리의 직능은 허다하며 다양하다. 그는 주재국의 신문에 발표된 논설을 읽고 소화하여 번역하도록 되어 있다. 그는 영국 및 다른 나라의 통신원들과 회견하며 자기 정부의 견해가 충분히 알려질 수 있도록 노력한다. 그리고 그는 가치 있는 정보를 제공하는 지방의 신문 기자와 접촉할 수도 있다.

　공보관은 그 밖에도 많은 역할을 한다. 대사나 그 참모들이 각국 수도로 부단히 전임(轉任)되는 것과는 달리 공보관은 보통 몇 년씩 동일한 직책에 유임되는 것이 상례이다. 비교적 긴 재임 기간으로 말미암아 그는 주재국의 정치와 인물들에 관하여 상당한 지식을 얻을 수 있다. 대사, 그 중에서도 특히 정치열이 높은 대륙 국가들의 대사는 반정부적인 정치가들을 사귀기가 곤란하다는 것을 알고 있다.

　예컨대 제정러시아에 주재하고 있는 영국의 대사는 밀류코프(P. Milyukov)[15]나 르포프(G. Lvov)[16] 같은 유형의 자유주의자들과 접촉을 개

---

15) 밀류코프(P. Milyukov, 1859~1943) : 러시아의 학자 · 정치가. 모스크바대학을 졸업하고(1886), 미국에서 역사학을 강의하다가 러시아 혁명 이후에는 파리로 망명하여 반혁명운동을 전개했다.

시한다는 것이 불가능하지는 않다 하더라도 미묘한 일이다. 그러나 공보관은 법을 어기지 않고서도 그들과 접촉을 지속할 수 있다. 그리하여 공보관의 지위는 대단히 유용하고도 상당히 중요할 수 있다. 이 제도는 모든 중요한 업무에도 확장되어야 한다.

근대 외교가 안고 있는 또 하나의 새롭고도 심각한 문제는 선전(宣傳)의 문제이다. 구식 외교가 행하여지던 시대에는 어떤 외교 정책에 관한 문제를 일반 국민에게 호소하는 것은 생각할 수도 없는 야비한 행위로 여겨질 수도 있었다. 소위 '대중적 흥분이라고 하는 치명적인 대포'가 가지는 효과를 1826년에 최초로 인정한 것은 캔닝(S. Canning)이었다. 비록 이러한 방법에 대하여 불안을 느꼈다고 하지만 메테르니히 공(Prince Metternich)은 이와 같은 견해를 동의하지 않았다. 메테르니히는 캔닝이 인기, 즉 '정치가에게 잘못 부여된 허세'를 얻고자 한다고 비난하였다.

만약 캔닝이 정책 수단으로서의 이론을 깊이 인식한 영국 최초의 정치가였다고 한다면 그는 이러한 여론이 진실과 정의에 기초를 두지 않으면 안 된다는 조건을 주의 깊게 설정한 인물이었다. 19세기 후반기에 그의 이론을 채택한 대륙의 정치가들은 이 조건을 무색하게 만들었다. 비스마르크와 그의 추종자들은 어떤 특수한 논점에 관하여 여론을 선동하기 위하여 어떤 사건을 조직하거나 왜곡하는 것에 능통하였다.

그러나 비록 비스마르크(O. von Bismarck)와 심지어는 뷜로우(Prince Bülow)조차도 다른 사람들에게 서슴지 않고 허위 사실을 주입하였지만 그들은 명백한 거짓을 말하는 것을 스스로 삼갔다. 사실상 제1차 세계대전이 모든 국제적 가치 규범을 떨어뜨리게 되기 이전까지, 정치가가

---

16) 르포프(G. Lvov, 1861~1925) : 러시아의 정치가. 1차 두마(Duma) 의원(1905) 입헌민주당에 가입하여 혁명 이후에는 임시 정부 수상(1917)을 지냈고, 1917년에 케렌스키(Alexandre F. Kerensky) 정부가 구성되자 파리에 정착하였다.

그 자신의 국민에게 다른 나라의 여론이 전적으로 허위일지도 모른다고 공개적으로 말하는 것은 온당하지 않으며 어리석은 것이라고 생각되었다.

그러나 전쟁은 그러한 양심의 품성을 모두 무너뜨리고 말았다. 진실한 민족인 영국인조차도 점차로 선전에 구미를 느끼게 되었으며 그들도 또한 신중하게 거짓말을 할 수 있다는 것을 입증하였다. 영국의 전시 선전은, 아마 히틀러(A. Hitler)가 우리들에게 자신 있게 말한 바와 같이, 그렇게 탁월하지도 못했으며, 또 스콰이어스(R. Squires)[17]가 주장한 바와 같이 그렇게 효과적이지도 않았다. 그러나 전쟁 말년에 이르러서는 영국의 전시 선전도 고도로 조직된 체제를 갖추었으며 확실히 일반 국민을 자극시킬 수 있는 놀라울 만한 무기가 되었다.

그 이후 무전기(無電機)의 발명은 정책의 방법으로서의 선전에 엄청난 박차를 가하였다. 히틀러는 여러 해 동안 이 문제에 관한 연구에 몰두하였으며 『나의 투쟁』의 앞부분에서 그의 결론을 구체적으로 표현하였다. 그는 대중들이 어떤 다른 종류의 의사 전달보다도 인간의 소리에 의해서 보다 더 쉽사리 동요된다는 공리(公理)를 확언하였다. 그러나 무전에 의한 선전이 성공하려면 몇 가지의 원칙을 인정하지 않으면 안 된다.

첫째로 히틀러가 우리들에게 확언한 바와 같이, 선전은 지식의 가장 낮은 상태를 겨누지 않으면 안 된다. 선전은 모든 지적 사고를 회피해야 하며, 그 방법은 '열광시키고 경우에 따라서는 병적인 흥분을 유발하는 것'이어야 한다. 다른 측면에서도 말할 수 있는 어떤 여지가 있다는 것을 암시해서는 안 된다. 이럴 경우에 섬세하다거나 유보적인 것

---

17) 스콰이어스(R. Squires, 1880~1940) : 캐나다에 병합되기 이전의 뉴파운드랜드의 수상.(1919~23, 1928~32) 기회주의적이고 낭비벽이 심했으며 부패했던 정치 행로로 유명하다.

이 개재되어서는 안 되며, "긍정이냐 부정이냐, 사랑이냐 미움이냐, 옳으냐 그르냐, 진실이냐 거짓이냐를 맺고 끊은 듯이 말해야지, 반쯤은 그럴 수도 있고 반쯤은 안 그럴 수도 있다는 식으로 말해서는 안 된다."[18]

그리고 무엇보다도 중요한 것은, 히틀러가 우리에게 말한 바와 같이, 허위는 굉장하지 않으면 안 된다. 작은 허위는 쓸데없는 것이라고 그는 생각했다. 즉 선전적인 허위는 너무도 엄청나게 거짓된 것을 말함으로써 그것을 듣는 사람들이 그럴 수 없으리라고는 도무지 의심도 품지 못하도록 만들어야 한다.

목전에 의한 이와 같은 선전 체제가 어떤 경우에는 국제 관계에 치명상을 입힐 수도 있다. 그리하여 무솔리니(B. Mussolini)가 바리 방송국(Bari Station)을 통하여 아라비아어로 방송하던 끊임없는 반영(反英) 선전은 영국 정부가 생각하기에 따라서는 명확히 비우호적인 행위였다. 이러한 방송을 중지하는 것이 프랑스-이탈리아협정의 중요한 하나의 목적이었다. 그리고 만약 양국이 최하층의 국민 사이에 히스테리를 야기할 수 있도록 신중히 계획된 용어로써 서로를 연결한다면 옛날의 외교 교섭에서 볼 수 있었던 예의는 빈약하고 보잘것 없는 것이 되고 말 것이다.

선전의 보다 더 큰 위험은 이 선전을 이용하는 사람이 그 선전에 의해 희생이 되기 쉽다는 점이다. 그러한 예로서, 1919년에 오를란도(V. Orlando)[19]가 윌슨 대통령에게 퓨므(Fiume)[20]에 관하여 이탈리아 국민이 느끼고 있는 감정의 심각성을 인식시키기 위하여 강렬한 선전을 구사

---

18) A. Hitler, *Mein Kampf*, Vol. 1, Chapt. 6 : War Propaganda.
19) 오를란도(V. Orlando, 1860~1952) : 이탈리아의 정치가. 수상(1917~19)으로서 파리 회의의 이탈리아 대표를 이끌었으며 파시스트의 등장과 함께 정계에서 은퇴했다.
20) 퓨므(Fiume) : 유고슬라비아의 서북부 아드리아 해에 있는 항구 도시.

하였을 때, 윌슨으로서는 합리적인 해결책을 찾을 수 없을 만치 그렇게 극렬한 감정이 야기되었다는 것을 알았다. 이보다 더 슬픈 예는 주데텐(Sudeten)[21]에 살고 있는 독일인에 대한 나치의 선전에 의하여 나타났다. 걷잡을 수 없는 감정이 폭발되었고 히틀러는 자신의 외교적 승리가 오히려 패배로 생각될 수 있는 처지에 놓이게 되었음을 알았다.

외교가 어떻게 하면 이 무서운 발명품인 선전의 위험을 완화할 수 있을까 하는 것을 제시하기는 곤란하다. 이 사람들은 이 문제에 관한 국제협정을 회피하거나 아니면 무시하고 있다. 역선전은 다만 이러한 충돌을 가열시킬 뿐이다. 기대할 수 있는 최상의 것은 그러한 방법의 독성 그 자체와 분명한 허위의 실질적인 반복이 종국에 가서는 그 스스로의 목적을 좌절시킬지도 모른다는 점을 인식시키는 것이다. 그리고 신경질적인 방송자에 대한 가장 좋은 해독제는 진실하고 삼가고 또 냉정한 정책을 지향하는 것이다.

각 정부가 그들의 선전 기관에 소비하고 있는 금액을 정확하게 말하기는 곤란하다. 독일은 매년 대외 선전에 400만 내지 600만£를 소비하는 것으로 추산되고 있다. 프랑스는 약 120만£를 소비하며 이탈리아는 거의 100만£를 소비한다. 비록 영국문화협회(The British Council)[22]에게 선전을 위해 다음과 같은 액수가 할당되어 있다고는 하지만 위의 여러 나라만한 액수는 아니다.

1935년········ 5,000£
1936년········15,000£

---

21) 주데텐(Sudeten) : 체코슬로바키아 서북의 산악지방. 1938년의 뮌헨회의 결과로 독일에 합병하였다가 1945년에 반환되었다.
22) 영국문화협회(The British Council) : 영국의 문화를 해외에 소개하고 영어의 보급을 목적으로 하는 기관. 1934년에 창설되었다.

1937년·········60,000£
1938년······ 100,000£
(추가로 가능한 40,000£를 포함)

　영국문화협회는 공적으로 창설되어 보조금을 받는 하나의 단체로서
영국의 생활과 사상을 보다 넓게 해외에 알리며, 영어의 연구를 장려
하며, 또 지금의 영국의 문학, 과학, 또는 미술을 위하여 해외에서 공헌
할 수 있도록 하는 데 그 목적이 있다. 영국문화협회에 할당되는 금액
이외에는 영국의 어떤 자금도 선전에 사용되지 않는다.

5

여러 나라가 건전한 정신을 회복하여
분쟁보다는 협동이 더 좋은 일이라는 것을
다시 한번 깨닫게 되길 바랄 뿐이다.

　제1차 세계 대전 이후 외교에 영향을 끼친 많은 개혁 중에서도 가장
중요한 것은 국제연맹(League of Nation)이다. 연맹 정신의 기원을 검토한
다거나 그 어렵던 시기에 자신의 목적에 부적합한 결과를 가져오게 한
이유나 잘못이 무엇이었던가를 살펴보는 것은 나의 의도가 아니다. 정
확한 개념일지는 모르겠지만, 국제연맹은 이제까지 어떠한 동맹에서도
국제적 애타주의 개념에 그 바탕을 두었다고 말하기 쉬울 것이다.

　국제연맹은 어떤 강대국이 탈퇴하거나 그것을 거부하면 그 순간부
터 그 기능의 수행이 불가능해진다. 국제연맹을 평화조약의 유지와 동
일시함으로써 출발에서부터 그의 도덕적 권위를 파기했으며, 실레지
아 문제(Silesia)[23]의 해결이라든가 코르퓨선언(Corfu Declarafion)[24]이 일어

---

23) 실레지아(Silesia) 문제 : 유럽 중부 오데르강(Oder River) 상류에 있는 탄광지대. 독
　　일 · 폴란드 · 체코슬로바키아의 세 나라로 분할되었다가 포츠담협정(1945)으로 독
　　일령의 대부분은 폴란드로 편입되었다.
24) 코르퓨선언(Corfu Declarafion) : 알바니아와 그리스 서해안에 있는 섬으로서 1917
　　년 7월 20일에 세르비아 망명 정부의 수상인 파시치(N. Pasic, 1845~1926)와 런던에
　　있던 유고슬라비아위원회(Yugoslav Committee)의 대표들이 모여 제1차 세계 대전
　　이후에 세르비아인(Serbs), 크로아티아인(Croats), 슬로베니아인(Slovenians)이 합스
　　부르크왕가의 통치에서 벗어나 통일된 유고슬라비아 국을 이룩할 것을 선언한 사건
　　을 의미한다.

났을 때, 국제연맹이 취한 조치는 본질적으로 기회주의적이고도 겁먹은 것이었다는 사실을 모든 감상주의자들에게 경고했다.

모든 정책의 밑바닥에 깔려 있는 자존권의 본성은 다른 나라를 위해서 어떤 나라로 하여금 부질없는 전쟁을 모험하지 못하도록 저지시켰어야만 하는 것이라고 말할 수 있다. 그러한 비판은 자명한 것이지만 그것이 전부는 아니다. 만약 유럽에서 힘이 승리하지 않는 한, 국제연맹의 정신은 또다시 대두될 것이 분명하다.

한편, 1920년 이래 국제연맹이 존속했다는 사실은 몇 가지 중요한 점에서 외교의 구습(舊習)을 수정하였다. 전쟁을 억제하려는 상호 보장 기구의 근본적인 개념과 헌장의 엄격한 준수가 내포하고 있는 국가 주권의 양도를 논외로 하더라도, 국제연맹은 전에 있었던 국제적 협력의 모든 시도의 면에서 한 가지의 혁신적인 면을 보여 주고 있는데 그 이유는 다음과 같은 세 가지를 들 수가 있다.

(1) 국제연맹은 헌장이나 일단의 규칙과 원칙에 기초를 두고 있다는 점.
(2) 국제연맹은 정해진 장소와 정해진 시간에 연례적으로 모임을 가졌다는 점.
(3) 국제연맹은 훈련된 국제 전문가들로 이루어진 상설 사무국을 가지고 있는 점.

위에서도 지적한 바와 같이 이 (3)의 혁신은 적지 않게 중요한 것이다. 국적이 다른 남녀가 어떤 공동 목표를 위하여 끊임없이 함께 일하고 있으며, 그들은 어떤 국가적 이념을 강요한다거나 어떤 국가의 이익을 위하여 봉사하려는 욕심도 없다. 그들의 야망은 불안을 유발하는 정치적 · 경제적 요인에 대하여 진실을 확인하며, 그러한 야심을 추구하면서 진정한 국제적 협조 정신을 습득하고, 연맹 이사회와 총회에 참가하는 정치가에게 그러한 정신을 다소나마 심어줄 수 있었다.

비록 국제연맹이 정치적으로 문제를 해결하면서 결정적인 역할을 하지 못했다고 주장할 수 있었을지라도 국제연맹의 경제적·사회적 활동은 아주 중요한 것이었음을 부인할 수는 없다. 만약 세계 여러 나라가 건전한 정신을 회복한다면, 그러한 기구를 통하여 분쟁보다는 협동이 더 좋은 일이라는 것을 다시 한번 깨닫게 되기 바랄 뿐이다.

국제적 협력에서 훨씬 더 성공적인 경험은 영연방(British Common-wealth of Nations)에서 찾을 수 있다. 대영제국의 자치령이 가지고 있는 독립적 지위는 파리강화회의에 그들의 대표가 직접 참석하여 각기 독립된 국가로서 평화조약에 서명함으로써 강조되었다. 1926년의 제국회의는 영연방의 지위를 다음과 같이 정의하였다.

> "비록 왕에 대한 공통된 충성으로 연합되어 있지만 그들은 대영제국 안에서 자치국들이며, 지위도 동등하며, 국내외의 어떠한 문제에서도 상호간에 예속되지 않으며, 영연방의 구성원으로서 자유롭게 연합되어 있다."

이러한 원칙은 1931년 12월 11일의 웨스트민스터 법령(Statute of Westminster)에 의하여 법적으로도 강제되어 있다. 영연방은 독립 국가들 사이의 관계를 조정하면서 완전하고도 새로운 것을 경험하였다. 이런 방법을 활용함으로써, 전에 있었던 연맹(league)·연방(federation)·연립(coalition)들은 모든 성문 헌법이나 동맹조약들을 폐기하지 않았다. 모든 전례로부터 그토록 근본적으로 벗어난다는 것은 새로운 문제를 수없이 야기하였으며 그 중의 적지 않은 부분이 외교 정책의 수립 및 수행과 관련이 있다는 것은 분명한 일이다.

영연방 구성 국가 간의 조정은 다음에 열거되는 세 가지 중요 방법에 의해 이루어지고 있다.

(1) 모든 구성 국가가 참가하는 회의가 4년마다 개최된다.
(2) 각 구성 국가들의 총독(High Commissioner)은 다른 나라의 수도에서 자기 나라를 대표할 수 있다.
(3) 원한다면 각 자치령의 정부는 영연방 모든 구성원에게 공통되는 이익에 관한 문제나 외교에 관한 지금의 분쟁점에 대하여 영국 정부로부터 충분한 정보를 받을 수 있다.

영연방 자치령은 원한다면 특명 전권 공사의 위계에 있는 사절을 자신의 외교 대표로서 외국의 수도에 주재시킬 수 있다. 그 예로서 캐나다는 파리 · 워싱턴 · 도쿄에, 남아프리카는 로마 · 헤이그 · 워싱턴에, 그리고 아일랜드는 프랑스 · 독일 · 미국 · 바티칸에 자신의 사절을 주차시켰으며, 그와 반대로 프랑스는 캐나다 · 아일랜드에 공사관을 두고 있고, 미국은 캐나다 · 남아프리카 · 아일랜드 등지에 공사관을 설치하고 있다.

이들 자치령의 공사관은 그들 정부에 직접 보고하며 그들이 주재하고 있는 외국 수도의 영국 대사관과는 특별한 관계를 갖고 있지 않다. 비록 영연방 자치령의 정부들이 아직까지 정상적인 외무성을 가지고 있지는 못하지만 적어도 오스트레일리아와 캐나다에서는 수상실에 외교 전문가가 참모로 배속되어 있다. 1935년 오스트레일리아는 외무부(Department of External Affairs)라는 특별 기관을 창설했는데 현재 이 기구는 17명의 참모를 두고 있다. 이와 비슷한 발전이 캐나다에서도 일어나고 있다.

이러한 명예로운 경험이 아직까지는 외국의 외교관들에게 충분히 인식되지 않고 있다. 그들은 영연방 구성 국가들이 모든 국제 협상에서 서로가 후원하는 어떤 비밀 계약에 의해 묶여 있다고 짐작하고 있으며, 영국 정부가 어떤 국제 회의에서 그들이 짐작하고 있는 대로 영연방 자치령의 표를 통제할 수 있음에 틀림없다는 사실에 대하여 분개하기 쉽다. 물론 이런 상상은 잘못된 것이다.

영연방 자치령의 정부가 외교 정책에서 전적으로 독립적인 노선을 취하는 것을 방해할 필요는 전혀 없다. 현재까지 존재하는 단 하나의 규약은 1923년의 제국회의에서 통과된 것으로, 그 규정에 의하면 영연방의 각 구성 국가들은 '전체로서의 영연방 제국이나 또는 제국의 일부에 어떤 영향을 미칠 수 있을 것인가를 충분히 고려함이 없이' 외국과의 조약을 교섭하지 않도록 되어 있다.

몇몇 구성 국가들의 이익과 야망이 가끔 날카로운 갈등을 초래할 경우, 만약 그들이 국가 안전과 자기 보존의 필요에 의하여 결속되어 있다는 사실로서, 그리고 강한 유대 감정으로 결속되지 않는다면 이 느슨한 연방제는 어쩌면 무너질 수도 있다.

VIII
외교 절차상의 문제점

예를 들어서 영국에 주재하는 대사가
본국 정부에 보고해야 하는 사실들로는
다음과 같은 것들이 있다.
(1) 의회에서의 집권당의 위상 (2) 야당의 영향력
(3) 노동조합 평의회의 태도 (4) 수상과 각료와의 인간 관계
(5) 영국의 군비 계획 진척 상황 (6) 제국에 대한 여론의 동향
(7) 고용 · 보건 · 재정 상황 (8) 조세율 (9) 생계비
(10) 기타 영국의 상황과 인물—
이러한 정보들을 전달해 줌으로써
새 정책의 입안에 도움을 준다.

Diplomacy by Sir Harold Nicolson

국가간의

서열 / 서열 싸움의 실례 / 강대국과 약소국 / 공사를 대사의 직위로 승격시키는 현대 외교의 관례 / 사절의 임명 / 사절의 선출 / 아그레망 (agrement) / 사절의 착임 / 신임장 제정 / 의전상의 차이점 / 사절의 소환 / 쇼블랑(F. Chauvelin)의 경우 / 생 깡뗑(M. de St. Quentin)의 경우 / 혁명이나 폭동의 승인 / 외교 관계의 결렬 / 사절이 본국 정부에 보고하는 방법 / 사절과 주차국 정부와의 교섭 / 사절의 역할 / 사절이 처리해야 할 과제 / 사교 활동 / 회담이나 회의의 절차.

1

군주국가에서의 외교관들은 왕가의 식구들
바로 밑의 서열에 속해 있었다. 영국에서의
대사의 서열은 왕족의 바로 밑이었다.

　여러 가지 형태의 외교 이론과 실제에 관해 논했고 1차 세계 대전 후
에 일어난 많은 변화에 대해 고찰했으니, 이제 나는 지난 100년간의 흥
망성쇠 속에서도 여전히 존재하고 있는 동시에 아직도 질서 있는 외교
교섭에 가장 큰 도움이 된다고 문명국들이 일반적으로 인정하고 있는
절차상의 규칙에 관해 살펴보고자 한다. 나는 이미 국가의 서열에 관
한 문제를 언급한 바 있으며 몇 세기 전에 세계 여러 나라들이 난처한
문제에 이미 합의를 보았다는 사실에 대해서 깊은 관심을 쏟아 왔다.
구외교에서는 국가의 서열이나 몇몇 국가들의 우선순위가 극히 중요
하게 여겨졌다.

　이미 오래 전에 로마 교황(Pope)은 자신이 세계 각국의 순위를 결정
할 권리를 가지고 있다고 주장했으며 그 결과로 순위가 결정된 1504년
의 각서가 아직까지도 존재하고 있다. 교황은 당연히 군주들 중에서
자신의 지위를 첫째로 꼽았으며, 로마 황제가 두 번째, 그리고 법정 추
정 상속인인 '로마 왕'이 그 뒤를 이었다. 그 다음으로는 프랑스 왕, 스
페인 왕, 아라곤(Aragon)[1] 왕, 포르투갈 왕의 순으로 되었다. 영국의 왕

---

1) 아라곤(Aragon) : 스페인 북부 지방에 있었던 소왕국.

은 6번째였으며 덴마크 왕은 맨 마지막이었다.

　이러한 교황의 서열에 대하여 관계된 군주들이 이의 없이 찬성하지는 않았다. 이를테면 프랑스 대사는 어떤 일이 있어도 스페인보다 뒤져서는 안 된다는 훈령을 본국 군주로부터 받아왔으며, 반면에 스페인 대사도 프랑스 대사와 거의 유사한 훈령을 받는 일이 비일비재하였다. 그리하여 교황을 알현하는 자리에서 점잖지 못한 장면이 발생하였으며, 1768년 런던에서 있었던 알현에서는 프랑스 대사와 러시아 대사 사이에 난투극이 벌어져 결투로써 그 끝을 맺었다.

　서열에 대한 다툼 중에서 1661년에 있었던 스페인 대사의 마차 사건은 그 전형적인 예이다. 그 당시는 외교 사절들이 엄청난 국가적 상징을 갖추고 입장하는 것이 관례였다. 그리고 동료 외교 사절은 행렬의 웅장함을 더하기 위하여 그들의 나들이 마차를 신임 사절에게 보내도록 되어 있었다. 그리하여 1661년 9월 30일에 새로운 스웨덴 사절이 런던의 타워 부두(Tower Wharf)에 상륙하였을 때 프랑스 대사와 스페인 대사는 그를 맞이하기 위해 모두 그들의 마차를 보냈다. 스웨덴 사절은 상륙하여 그를 마중 나온 영국 국왕의 마차를 타고 출발했다. 그러자 곧 프랑스 대사의 마부가 스웨덴 사절의 마차 뒤에 바싹 붙었다.

　스페인 대사의 마부에게는 이러한 행동이 스페인 왕에 대한 직접적인 모독이라고 여겨졌다. 즉시 격투가 벌어졌으며 각 마차는 150명의 무장 군인을 수행했기 때문에 커다란 사태가 일어날 것만 같았다. 프랑스의 마부가 그의 자리에서 끌어내려졌으며, 두 필의 말이 절름발이가 되고 기병대장(騎兵隊長)은 살해되었다. 이에 대하여 프랑스의 루이 14세(Louis XIV)는 스페인과 외교 관계를 단절하고, 만약 스페인이 충분히 사과하고 런던 주재 스페인 대사를 처벌하지 않으면 전쟁을 선포하겠다고 위협했다. 적대 관계를 피하기를 간절히 원했던 스페인 왕은 적절한 사죄와 배상을 하는 데 동의했다.

서열에 관한 이러한 분규가 친목을 파괴하고 사업을 방해하는 것은 다만 공직상의 의전 문제만이 아니다. 어느 국제 회의에서든 회의 전에 몇몇 국가의 대표들이 회의석상에서 어떤 순서로 앉아야 하는가에 관해 길고 실속 없는 협상을 가질 수도 있다. 그리고 그 문제가 해결되었을 경우에도 그들은 서명의 서열에 관한 문제로 더 한층 어려움을 겪게 된다. 그리하여 각 대표는 우선 자신의 조약 문서에만 서명하는 소위 별지 서명(別紙書名 : alternat)이라고 하는 방식이 안출되었다. 그러나 이 방식도 이미 서명된 조약 문서를 편철(編綴)하는 순서의 문제를 해결해 주지는 못했다.

1815년 비엔나회의에 의해 마련된 규약(Règlement) 4조에 따르면 각국의 외교 사절의 서열은 그 사절이 도착한 것이 공식적으로 확인된 일자에 따른다는 데 합의하였다. 그리고 회의에 참석한 전권 대사가 조약에 서명하는 것은 알파벳의 순서에 따라야만 한다고 확정되었다. 이 조항은 서열에 관한 날카로운 논쟁에 종지부를 찍었다고도 하지만 아직도 해결되지 않은 다른 문제점들이 있었다.

이를테면 약소 국가들, 기술적으로 표현한다면 소위 '제한된 이해관계'를 갖는 국가들에 의하여 파견·접수될 수 있는 외교 사절은 공사의 직위여야만 하는 반면에 강대국만은 대사를 교환할 수 있다는 것이 일반적인 인식으로 되어 있다. 그러나 어느 국가를 대국이니 혹은 약소국이니 하고 판단할 수 있는 사람이 누구인가?

1919년의 파리강화회의에서는 미국, 프랑스, 영국, 이탈리아 및 일본 등 5개국은 스스로를 주연합국(The Allied and Associated Powers)이라고 규정지었으며, 그들의 약소동맹국들을 제외하고 이사회를 형성할 권리를 가진 듯이 자처했었다. 그러나 이와 같은 차등적 구별은 최근에 일어난 바와 같이 몇몇 국가들 사이에 외교 등급이 다양화되었다는 사실에 의해서도 경험한 바가 있다.

빅토리아 여왕(Queen Victoria)이 재임하고 있던 당시 영국은 파리, 센트 페테르부르크 및 콘스탄티노플의 대사들만을 접수할 가치가 있는 것으로 간주하였다. 비엔나는 1860년에, 베를린은 1862년에, 로마에는 1876년에, 마드리드는 1887년에, 워싱턴은 1893년에, 도쿄는 1905년에, 브뤼셀과 리오(Rio)는 1919년에, 리스본은 1924년에, 부에노스아이레스는 1927년에, 바르샤바는 1929년에, 그리고 산티아고는 1930년에 대사관으로 승격되었다. 그 후 영국은 중국, 그리스, 이라크에도 대사를 임명하였다. 이러한 임명의 대부분은 당해국의 국력이나 비중 또는 '서열'에 관계없이 이루어진 것이다.

형식적인 서열에 관한 이상과 같은 싸움을 조롱하면서 지금의 우리들이 우리 선조들보다 현명하다고 생각하는 것은 조금도 이상할 것이 없다. 그러나 외교 관례를 연구하는 사람들은 우리의 선조들이 논쟁할 때 거기에는 항상 그들의 싸움에 대한 어느 정도의 합리적 핵심이 있다는 사실을 시인하게 될 것이다. 오늘날 우리가 흔히 '국가적 위신'이나 '국가적 명예'라고 말하는 것들이다. 초기의 이와 같이 중요한 권력적 요소는 서열에 의하여 상징되었다. 그것은 그 후의 세대가 느낀 '국가에 대한 모욕'과 다소 유사한 것이라고 그들은 생각했다.

심지어 비엔나회의 이후에도 이 서열 문제는 완전히 해결되지 않았다. 공사관급으로 만족하던 국가도 다만 국가의 자존(自尊)의 목적을 위해서 대사관급으로 승격할 것을 열망하였다. 그리하여 자타가 공인하는 '강대국'을 외면한 채 우리가 어떤 제3국의 수도에 대사를 격상시켜 임명하면서 형평을 잃는다면, 대사관이 설치된 국가와 자신이 국력의 면에서 대등하다고 생각하고 있는 열강에서는 마치 모욕을 당하는 꼴이 되었다. 그리하여 대사를 임명한다는 것이 귀하고도 배타적인 특권을 주는 조치가 되기는커녕, 그러한 임명을 거부함으로써 상대편을 모독하는 사태로 발전하게 되었다. 그러자 결과적으로 대사라고 하는 직함이 너무 흔해 빠진 것이 되고 말았다.

심지어 자타가 공인하는 '강대국'에서도 대사의 서열은 다양하였다. 군주국가에서의 외교관들은 왕가의 식구들 바로 밑의 서열에 속해 있었다. 영국에서의 대사의 서열은 왕족의 바로 밑이었다. 대사는 공작보다는 뒤에, 그러나 후작보다는 앞의 서열을 차지하였다. 프랑스에서 대사와 공사는 상원의장이나 하원의장의 아랫 좌석에 앉아야 한다. 미국에서는 부통령이 상석을 차지한다. 남미의 여러 공화국에서는 외교사절을 각료들의 다음 자리에 앉히려는 노력이 자주 있었으나 성공하지 못하였다. 그러나 오늘날 이러한 사항은 모든 사람들에 의하여 알려지거나 묵시적으로 승인을 얻은 규정에 의하여 해결되었다. 오늘날에는 심지어 전체주의적인 사고를 가진 대사라고 할지라도 이러한 문제를 유발하는 것이 바람직한 것이라고 생각하지는 않을 것이다.

아그레망을 공식적으로 요청하기 전에 주재국 측에서
그 외교관을 '호감가는 인물'로 믿고 있는지의
여부를 사적으로 문의하는 것이 관례이다.

　나는 이제 한 국가에서 다른 국가로 파견할 외교 사절의 임명을 결
정하는 실제적인 절차를 다루고자 한다. 나는 영국의 외무성이 채택한
제도를 일상적인 관행의 예로 삼을 것이다.

　어떤 외교 사절의 대표가 퇴직하거나, 다른 곳으로 자리를 옮기면
그의 후임을 선택할 필요가 생긴다. 이론상으로 볼 때 이 선임권은 전
적으로 외상에게 귀착되어 있으나 그는 그의 직업 관료의 충고에 따라
그의 선택을 결정하는 것이다. 예전에는 외상의 '개인 비서'만이 이러
한 충고를 제공했다. 최근에는 이러한 제도가 불공평하다는 것을 알게
되자 대사의 선임을 위해서 고급 관리들로 소규모의 인사위원회를 구
성하였다. 만약 그 공석된 자리가 매우 중요한 자리라면 외상은 수상
이나 내각 전체와 의논할 것이다.

　영국의 외교 활동에서는 외상이 직업 외교관이 아닌 사람을 외교관
으로 임명한다고 해도 이를 막을 수가 없다. 가장 훌륭했다고 역사상
평가를 받고 있는 영국 대사의 일부, 즉 저 유명한 브라이스 경(Lord J.
Bryce),[2] 다베르농 경(Lord D' Abernon),[3] 크르웨 경(Lord Crewe),[4] 그리고

---

2) 브라이스 경(Lord J. Bryce, 1838~1922) : 영국의 정치학자. 옥스퍼드와 하이델베르크

더비 경(Lord Derby)[5] 등은 외무성에서 근무한 경험이 없는 사람들이다. 그러나 오늘날에는 단지 예외적인 경우에만 외무성 밖의 사람을 외교관으로 임명하는 것이 추세로 되어 있다.

적당한 사람이 결정되면, 외상은 그에게 그 직책을 맡기겠다는 사신(私信)을 보낸다. 현직에 있는 사람은 건강이 나쁘거나 가정상의 이유로 언제나 사직을 청원할 수 있고, 또 그러한 요구는 양해될 수 있다. 영국의 외무성은 그러한 경우에 사려가 깊다. 만약 그가 직책을 승낙한다면, 그 다음에는 주재국의 아그레망(agrément, 사절의 접수 승인)을 얻어야 한다. 이러한 문제를 공식적으로 요청하기 전에 그 인물이 주재국 측에서 '호감가는 인물'(persona grata)인지의 여부를 사적으로 문의하는 것이 관례이다. 만약 미심한 점이 있다면, 그러한 문의를 받은 정부는 그 사람의 인물과 경력에 관하여 그 나라에 주재하는 자국의 대사관에게 물을 것이다. 아그레망이 거절된 그 외교관은, 그에게 제시되었던 대사 취임 요구가 그의 동료들에게 알려지지 않을 수 있도록 충분한 재량권을 가질 수만 있다면, 아그레망을 요청했다는 사실만으로도 기쁘게 생각할 것이다.

만약 아그레망이 오면 그 현직 외교관은 런던으로 되돌아와 부임에 필요한 준비를 한다. 예전에는 새로운 직책에 취임하는 대사나 공사는

대학을 졸업하고 옥스퍼드대학 교수를 역임. 1880년에 의회에 진출하여 부외상(1885), 주미대사(1907~13)를 지냈으며, 제1차 세계 대전 중에는 벨기에 침입 독일군의 불법행위조사위원회 위원장을 지냈다. 저술로는 『현대민주정치론』(Modern Democracies, 1921)이 있다.

3) 다베르농 경(Lord D' Abernon, 1857~1941) : 영국의 재정전문가. 이집트 정부 재정고문(1883~89), 콘스탄틴노플의 왕립오토만 은행장(1889~97), 아르헨티나 · 브라질 파견 영국 경제사절단장(1927) 등을 역임했다.

4) 크르웨 경(Lord Crewe, 1858~1945) : 영국의 외교관. 케임브리지대학을 졸업한 후 정가에 투신하여 문부상(1916), 주프랑스 대사(1922~28), 국방상(1931) 등을 지냈다.

5) 더비 경(Lord Derby, 1865~?) : 영국의 정치가. 우정상(1903~05), 국방상(1916~18, 1922~24), 주프랑스 대사(1918~20)을 역임했다.

문서로 된 훈령을 받았으며 이 훈령 문서는 중요한 국서(國書, State Papers)의 성격을 띠고 있었다. 외국에 주재하는 사절의 대표는 어떠한 순간에라도 훈령을 요청할 수 있는 지금에 와서 위와 같은 관행은 이미 소멸하였다고 볼 수 있다. 그러한 훈령은 해당 국장이나 외상과의 구두 면담을 통해서도 전달될 수 있다. 그는 외무성에 들어가서 선임자의 연례보고서나 주재국의 저명인사에 관한 보고서, 그리고 주재국 수도에 있는 외교사절단의 단원에 관한 보고서를 얻어 볼 수 있다. 그가 부임하기 전에 이러한 보고서를 연구하는 것은 그가 부임해서 다루어야 하는 문제점이나 인물들의 성질이나 인간성 또는 동료 대사들에 관한 개괄적인 이해를 갖도록 해줄 것이다.

그리고 나서 그는 그의 도착 날짜와 시간을 부임지의 직원에게 통고해야 한다. 현대의 외교 절차에서는 옛날과 같은 입국 의전(儀典)이 없어졌다. 최근까지도 페르시아에서는 국경에서 새로운 사절을 영접하는 환영식(istiqbal) 같은 것이 관습으로 되어 있었다. 그러나 이 친절한 행사는 이제 폐지되었으며 새로운 대사나 공사가 신임장을 제정하는 공식 접견 때까지 모든 예식을 연기하는 것이 현대의 관행으로 되어 있다.

신임 사절의 도착에 대한 의전은 나라마다 다르다. 혁명 전의 스페인에서는 대사와 그의 직원들이 국왕으로부터 영접 나온 행렬과 함께 축제 마차로 긴 대오를 지어 대사관을 출발했다. 궁정에 도착한 그들은 궁정 관리들에 의하여 영접을 받은 다음 창부병(槍斧兵)들의 안내를 받으면서 벽에 융단 그림이 걸려 있는 복도를 따라 왕을 알현하러 들어간다.

워싱턴의 외교 절차는 덜 화려하다. 대사는 그의 전용차를 타고 국무부로 가서 국무장관의 안내를 받아 백악관으로 간다. 그들이 청실

(Blue Room)에 도착하면 그들의 도착을 대통령에게 알리기 위하여 국무장관이 사라진다. 그 다음에 대통령은 국무장관을 대동하고 들어온다. 대사는 그의 인사말을 읽고 대통령이 이에 답하면 절차는 끝난다. 이럴 경우의 연설은 전혀 형식적인 성격을 갖는 것이며, 이 자리에서 두 정부 사이에 존재할지도 모르는 논쟁적인 문제를 거론하는 것은 실례로 여긴다.

신임장을 제시하면 사절은 그때부터 권한을 충실히 위임받은 것으로 인정된다. 그가 다음에 할 일은 각료들과 그 나라에 주재하는 외교사절을 방문하는 것이다. 그가 이 지루한 의무를 완전히 수행하고 그 자신의 일에 착수하게 될 때까지는 오랜 시일이 걸릴 것이다.

3 혁명이나 폭동에 의해 수립된 정부를 승인하는 문제는
그 혁명 정부가 국토 전반을 어느 정도 통치할 수 있는
행정 기구를 가질 때까지 유보한다.

외교관이 임무를 개시하면서 신임장을 제시하는 것은 임기 종료 시
에 소환장을 제출하는 것보다도 더 중요하고 의례적인 직분이다. 예컨
대 대사가 소환장을 제출치 않고 다른 임지로 전보되는 경우는 흔히
있다. 그러나 이럴 경우에 후임 대사는 자신의 신임장을 제출하면서
선임자의 소환장을 동시에 제정한다.

외교 사절이 신임장이나 소환장을 제정할 때 따르는 형식적인 절차
이외에도 비정상적인 상황에 적용되는 일정한 원칙이 있다. 이와 같은
비정상적인 상황은 1792년 말엽에 피트(W. Pitt)[6]와 주영 프랑스 공사였
던 쇼블렝(F. Chauvelin)[7] 사이에 일어났다. 쇼블렝의 신임장은 루이 16
세의 이름으로 된 것이었는데 8월 10일에 왕정이 무너진 후에도 쇼블
렝은 영국에 있었지만 그는 단지 사실상의 파리 정부의 외교관으로 인
정되었다. 그러나 쇼블렝은 공식적인 직권으로 계속 외교 문서를 영국

---

6) 피트(W. Pitt, 1759~1806) : 영국의 정치가. 24살(1783) 때 수상이 된 이래로 나폴레옹
　전쟁의 와중 속에서 영국을 구출하였다. 소(小) 피트를 의미한다.
7) 쇼블렝(F. Chauvelin, 1766~1832) : 프랑스의 외교관. 프랑스혁명 직후 주영대사
　(1792)를 지내면서 영국의 중립을 유도하기 위해 노력했다. 오르치(Baroness Orczy)
　는 그를 주제로 하여 『주홍꽃』(The Scarlet Pimpernel, 1905)이란 실록소설을 썼다.

정부에 발송하였다. 이에 피트는 1792년 12월 31일, 쇼블렝에게 따끔한 주의를 주도록 그렌빌 경(Lord Grenville)[8]에게 다음과 같은 지시를 했다.

"귀하 :
    본인은 귀하 자신이 프랑스의 전권공사로서 생각하고 쓴 문서를 받았습니다. 그 각서에서 귀하는 대영제국의 외상인 본인에게 귀하 자신이 프랑스 공화국 정부로부터 접수했다는 훈령들을 통보하였습니다.
    8월 10일의 불행한 사건[9] 이후로 영국의 폐하는 프랑스와의 모든 공식적 연락을 중지하는 것이 적절하다고 생각하셨다는 것을 귀하도 모르지는 않을 것입니다. 그러나 귀하는 어느 모로 보나 이제부터는 프랑스 제왕의 명을 받들어 우리 폐하에게 파견된 것으로 볼 수 없습니다. 프랑스 국내의 어떤 다른 당국자나 권력으로부터 파송된 공사를 받아들이도록 제안하는 것은 별개의 문제입니다. 그런 문제가 발생할 경우에 우리의 폐하는 신민의 이익과 폐하 자신의 존엄성, 동맹국들과의 관계를 고려하고 유럽의 일반적 체제에 따라서 공사의 접수 여부를 결정할 수 있는 권리를 가지고 있습니다.
    그러므로 본인은 귀하에게 명백히 공식적으로 통보하건대, 본인은 귀하가 프랑스 제왕으로부터 파송되었다는 사실 이외에 어떤 공식적 자격도 인정치 않으며 따라서 귀하는 귀하가 외교 문서에 기술하신 형식이나 자격으로서 영국의 각료들과 교섭하는 것은 용

---

8) 그렌빌 경(Lord Grenville, 1759~1834) : 영국의 외교관. 옥스퍼드대학을 졸업하고 의회에 진출하여(1782~83), 하원의장(1789), 내무상(1789~90), 외상(1791~1801)을 역임함.
9) 루이 16세(Louis XVI)의 퇴위를 의미한다. 왕정국가인 영국으로서는 프랑스에서의 왕정의 불안과 공화정의 대두가 자기 나라에 파급되지나 않을까 하는 불안 심리에 빠져 있었다.

납될 수 없습니다."

3주일 뒤에 루이 16세가 처형되었을 때 쇼블렝도 영국을 떠났다.

다른 국가들로부터 승인받지 못하고 있는 한 주권자를 어떤 주권자가 공식적인 것으로 간주할 때에도 위의 경우와 유사한 어려움이 발생케 된다. 이탈리아의 왕이 무솔리니에 의해 에티오피아 왕으로 명명되었을 때에도 그런 식의 중대한 외교적 혼란이 일어났다. 전임 프랑스 대사는 로마를 이미 떠났고 후임자로서 생 깡뗑(M. de St. Quentin)이 프랑스 주재 대사로 임명되어 있었다. 생 깡뗑이 적법한 신임장을 소지하지 못했을 경우 그가 로마에서 신임장을 제정하지 못하리라는 것은 명백하였다.

그러나 그 신임장에는 이탈리아 왕의 이름과 직함이 정확하게 기재되어 있었을지도 모른다. 또한 신임장의 수신인 난에 '에티오피아 황제'라는 직함이 생략되어 있다면 생 깡뗑은 알현이 허락되지 않았을 수도 있으며, 만일 '에티오피아 황제'라는 명칭을 신임장 안에 표기했다면 프랑스는 공식적으로 이탈리아의 아비시니아 정복을 승인했음을 의미할 수도 있다. 여러 달 동안 이 문제는 해결될 기미를 보이지 않았다. 그리고 프랑스는 최근까지도 퀴리날(Quirinal)[10]에 대리 대사만을 두었을 뿐이다.

군주가 사망하거나 찬위(簒位)된 경우에는 새로운 신임장이 필요하나 그 신임장이 처음에 제출될 때와 동일한 의전에 의해 제출되지 않는 것이 통례이다. 대통령이 사망하거나 퇴임할 경우 그의 전임자가 교부했던 신임장이나 그의 전임자에게 증정되었던 신임장의 정당성에

---

10) 퀴리날(Quirinal) : 이탈리아의 대통령 관저가 있는 언덕. 여기에서는 이탈리아 정부를 의미한다.

는 아무런 변화가 없다.

보다 심각한 문제는 사절이 신임장을 제출한 정권이 혁명에 의해 붕괴했을 때에 발생한다. 위에서 언급한 바와 같이 혁명이나 폭동 등에 의해 수립된 정부를 승인하는 문제에 대한 일반적 원칙은 없다. 물론 혁명 정부가 국토 전반을 어느 정도 통치할 수 있는 행정 기구를 수립할 때까지 승인을 유보하는 것이 일반적인 관례이지만 그 승인 여부는 자기 나라의 편의에 따라 결정된다. 정부 승인의 경우에 영국 정부가 채택한 관례는 일정하지 않았다.

혁명 정부의 경우에 때로는 오랜 기간 동안 승인이 보류되기도 했고, 어떤 때에는 사실상의 승인이 거의 즉시 이루어지기도 했다. 때때로 조건부로 승인하기도 했는데, 영국이 포르투갈 공화국을 승인했을 때 총선거에 의해서 신정부를 수립한다는 조건이 부수되었던 경우가 이에 속한다. 1924년의 그리스 국민투표의 경우라든가 또는 1930년의 아르헨티나 혁명 같은 경우에는 완전한 법적 승인이 즉각적으로 이루어졌다.

여하튼 간에 혁명 정부와 외교적 접촉을 벌이는 것이 필요할 경우는 흔히 있으며 이러한 일은 신임할 만한 특사를 파견함으로써 이루어진다. 이러한 특사들은 혁명 정부에게 신임장을 제출하지는 않는다. 왜냐하면 신임장을 소지한 특사를 파견한다는 것은 곧 혁명 정부를 승인하는 것이며 외상이 서명한 각서를 가지고 가는 것으로써도 그들은 당국자들과 사실상의 문제를 협상할 수 있는 권한이 위임되어 있음을 나타내 주기 때문이다.

외교적 관계를 개시한다는 것이 때로는 복잡하고 고통스럽다고는 하지만, 그보다도 격심한 고민을 안겨 주는 것은 회담의 결렬이다. 특사의 임무가 종료되는 데에는 몇 가지 이유가 있긴 하지만 특사 자신이 납득할 만한 것은 별로 많지 않다. 사절이 주재국 정부에게 너무 불쾌한 일을 하여 주재국이 그의 소환을 요구하는 경우도 있다. 이런 경우 그는 '장기 부재'(indefinite leave of absence)의 절차를 밟을 수 있도록 해주는 것이 관례이다. 극단적인 경우에 그는 실제로 '여권을 반납'하거나 아니면 출국 명령을 받게 되는데 쇼블렝과 벌워(H. Bulwer)의 경우가 이에 속한다.

심지어는 1938년에 오스트리아가 멸망한 경우처럼 주재국이 갑자기 사라지는 경우도 생길 수 있다. 선전포고를 하는 경우도 있고 한쪽 정부가 단교(斷交, to break off diplomatic relations)를 결정하는 경우도 있다. 단교라고 하는 이 편한 방법은 어느 모로 보나 전쟁의 서막이라고는 할 수 없지만 심각한 도덕적 불쾌감을 표현하기 위한 수단으로 이용되는 경우가 흔히 있다. 그 예로서 유고슬라비아의 왕 알렉산더 1세 (Alexander I Obrenovich)[11]와 드라가 왕비(Queen Draga)[12]가 암살된 직후 영국의 공사는 베오그라드(Belgrade)를 철수하였으며, 1922년 11월에 플래스티라스 대령(Col. Plastiras)[13]이 구나리스(D. Gounaris)[14]와 그의 각료들을 죽였을 때에도 그와 꼭 같은 단교가 일어났다.

---

11) 알렉산더 1세(Alexander I Obrenovich, 1876-1903) : 세르비아의 국왕.(재위 1889~1903) 1903년 6월에 군부 쿠데타에 의해 왕비와 궁정 관료 20명과 함께 처형되었다.
12) 드라가 왕비(Queen Draga, 1861-1903) : 세르비아의 왕비. 체코의 한 기사(技師)의 아내였으며, 모험가였다. 1900년에 세르비아의 왕 알레산더 1세(Alexander I Obrenovich)와 결혼했다.
13) 플래스티라스 대령(Col. Plastiras, 1883~1953) : 그리스의 군인이자 정치가. 콘스탄틴 1세의 퇴위(1922)에 주동이 되었으며, 제2차 세계 대전 중에는 수상, 육 · 해 · 공군상을 지냈고, 그 후 재집권했다.(1950, 1951~52)
14) 구나리스(D. Gounaris, 1866~1922) : 그리스의 정치가. 수상(1915~17, 1920~22) 재직 중에 터키와의 전쟁에 패배한 후의 혁명기에 군법 재판에 회부되어 처형되었다.

외교관의 일은 두 가지로 나눌 수 있는데
첫 번째는 본국 정부에 보고하는 것이요,
다른 하나는 주재국 정부와 협상하는 것이다.

사절이 신임장을 증정한 날로부터 공식적으로 소환될 때까지의 기간을 가리켜 '재직 중'이라고 말한다. 대부분의 경우 그의 직능은 크게 두 가지로 나눌 수 있는데, 첫째는 본국 정부에 보고하는 것이요, 다른 하나는 주재국 정부와 협상하는 것이다.

그가 본국 정부에 보내는 보고서는 여러 가지의 형식을 취할 수 있다. 첫째로는 외상에게 보내는 공식 문서인데 여기에는 일련 번호를 기재하고 공관장이 서명한다. 이러한 문서는 기존 형식에 따라 꾸며진다. 이 문서는 '귀하'(Sir)라는 단어로 시작되며 외상이 작위를 가지고 있을 경우에는 '경'(My Lord)이라는 단어로 시작되며, 본문은 동일한 주제에 관해 이미 앞서 보고한 바에 관하여 간단하게 언급하는 것이 관례로 되어 있다. 외상이 재외 공관장에게 보내는 공문에도 이와 비슷한 형식이 있다. 끝말은 수신인의 지위에 따라서 다르다. 외상이 대사에게 보낼 때에는 다음과 같이 쓴다.

> "귀하의 충실한 공복(公僕)은 만강(滿腔)의 진심과 존경을 가지고 이 글을 올립니다."

(I am, with great truth and respect,
 Sir,
  Your obedient servant,)

옛날에는 '충실한'(obedient) 다음에 '보잘것없는'(humble)이라는 말을 덧붙였지만 커즌 경(Lord Curzon)은 외상이 되자 이 단어가 상황에 부적하다고 생각하고 이를 빼버렸다. 공사에게는 '존경'(respect)이라는 단어 대신 '관심'(regard)을 사용하는 것 이외에는 끝맺음이 꼭 같다. 대리 대사에게는 '존경'이니 '관심'이니 하는 단어를 모두 빼고 다소 짤막하게 '진심'(truth)이라는 단어로 끝을 맺는다.

급박한 문제에 관해서 공관장은 본국 정부에게 암호 전문을 보낼 것이다. 이 전문에도 일련번호를 붙인다. 최근에는 외교적인 의사 전달을 위해 전화를 흔히 사용한다.

중요도가 이차적이거나 또는 기술적인 중요도를 갖는 문제에 관해서 공관장은 각서(Memorandum)의 형식으로 보고할 수 있는데, 경우에 따라서는 직원이 직접 휴대할 수도 있고, 포장하여 겉봉에는 간단한 글귀를 써넣는다. 영사가 보내는 보고서나 대수롭지 않은 비망록은 3인칭으로 작성되어 '유인물'(Printed Letter) 봉투로 발송된다.

이 공식 문서들은 외무성 기록보관서로 들어가며, 필요할 경우에는 내각이나 재외 공관에게 회람시키기 위하여 유인물화된다. 이러한 공문서를 보낼 때 외상이나 상임부외상(Permanent Under-Secretary)에게 보내는 사신(私信)을 행낭(行囊)으로 발송하는 관례가 있다. 그와 같은 사신이 국유인가 아니면 발신인이나 수신인의 사물인가에 대해서는 많은 논쟁이 있었다.

솔스베리 경(Lord Salisbury)은 퇴임하면서 이 사신을 모두 가지고 햇필드(Hatfield)[15]로 가버렸기 때문에 그 후 공문서의 문맥이 통하지 않아 상당한 혼란이 일어났다. 크로웨 경은 부외상 시절에 이 사신에 대하여 편견을 가지고 있었기 때문에 이에 관한 관행을 없애려고 무던히도 애를 썼다. 그러나 공문의 형식으로는 말할 수 없고 사신으로만 말할 수 있는 문서들은 사실상 매우 많으며, 과장되거나 남용되지 않는다면 사신 제도는 유용한 것이다.

대사는 주재국 정부와 교섭하면서도 여러 가지 다른 방법을 택할 것이다. 관례적인 형식으로 서명하고 작성되는 통고문(Official Note)이 있다. 서명이 되어 있지 않다는 점에서 통고문과 구별되는 구상서(口上書 : Note Verbale)도 있다. 각서(Memorandum)와 비망록(Aide-Mémories)도 있다. 이 밖에도 구두 전달(Verbal Representation)이 있는데 이것도 공식 알선(Official démarche)으로부터 어떤 사회 활동에 대한 한담(Casual Conversation)에 이르기까지 각기 형식의 등급이 있다.

외교에 경험이 없는 사람들은 대사가 도대체 어떻게 소일하며, 그가 본국에 보고하는 내용은 과연 무엇일까에 관하여 궁금하게 생각하는 경우가 흔히 있다. 그러므로 어느 한 대사의 전형적인 하루 일과를 서술해 보면 사절의 하는 일이 무엇인가를 알게 될 것이다.

만약에 그 대사가 지혜로운 사람이라면 그는 우선 속기사에게 어제 있었던 일과 대담의 내용을 일기의 형식으로 속기사에게 불러줌으로써 아침을 맞이할 것이다. 그런 다음 그는 주재국의 신문을 주의 깊게 읽고 어떤 특정 기사에 대해서는 그 의미가 무엇인지를 공보관(Press attaché)에게 물어 본다. 그때까지 그의 기록원은 간밤에 들어온 전문을 해독할 것이다. 이 전문에는 훈령이나, 정보의 요구, 그리고 권고가 포함되어 있을 수 있다. 그는 이 전문에 대한 대답을 작성하고, 필요하다

---

15) 햇필드(Hatfield) : 런던의 한 지명. 영국의 명문 귀족들이 여기에 모여 살고 있었다.

면 외상이나 부외상과 만날 약속을 할 수도 있다.

아침의 우편배달에 의하여 도착한 공문이나 사신(私信)이 그제서야 개봉되어 기록부에 등재된 다음, 직원들은 그에 대하여 어떠한 조처를 취할 것인가를 면밀하게 검토한다. 육·해·공군의 문제에 관해서는 상무관이나 재무관의 의견을 개진해 두었을 것이다. 이제 대사는 공문이나 사신의 좀 더 중요한 부분을 읽고 취해진 조처에 관해 지시할 것이다.

한낮부터 면담이 시작된다. 이때에는 함께 주재하고 있는 다른 나라의 사절들이 찾아와 상의하고, 저명한 언론인이 면담을 요청하고, 재벌들이 도움을 청하고, 각지의 영사들이 업무 보고를 위해 수도로 올라와야 하며, 그 나라를 여행하거나 거주하는 교민들이 낙심하여 찾아와 위로나 충고를 원할 수도 있다. 대사관이나 영사관에서의 대부분 시간은 그의 국민에 대한 주재국의 학대에 관한 불평으로 지샌다.

오후가 되면 대사는 주재국의 외상을 방문할 수도 있고 돌아오는 즉시 기억이 생생할 때 본국 정부에 보고서를 쓸 필요가 있을 것이다. 그러는 동안에도 전문은 계속 들어올 것이고 읽고 써야 할 공문들이 쌓이게 된다. 대사관에는 일정한 근무 시간도 없고 주말도 없다. 조용한 순간에는 긴장을 풀기 위하여 몇 시간 쉴 수도 있다. 긴장이 고조된 시간에는 대사관의 전 직원들이 밤낮으로 기꺼이 일한다.

그렇다면 이러한 보고서나 협상, 그리고 공문의 주제를 이루고 있는 내용은 무엇인가? 런던에 주차하고 있는 어느 소국의 대사의 예를 들어보기로 하자. 그는 자기 나라와 직접적인 이해관계를 갖는 것으로서 영국 정부와 협상해야 할 어떤 문제들이 있을 것이다. 그의 정부는 차관(借款)이나 자국 수출품의 관세 인하를 요청할 수도 있고, 제네바에서 영국이 자기들을 지원해 준다거나 아니면 자기의 이웃 나라에게 경고를 해달라고 부탁할 수도 있다. 이런 모든 일을 하자면 상당한 양의 통신문과 수많은 면담이 필요하다.

그리고 이 밖에도 그는 영국의 정책의 주된 경향이 어떤 방향으로 흘러가고 있는가를 본국에 통보해야 한다. 이를테면 그가 본국 정보에 보고해야 하는 사실들로서는 다음과 같은 것들이 있다.

   (1) 의회에서의 집권당의 위상
   (2) 야당의 영향력
   (3) 노동조합협의회(Trade Union Congress)의 태도
   (4) 수상과 각료와의 인간 관계
   (5) 영국의 군비 계획의 진척 상황
   (6) 제3국에 대한 여론의 동향
   (7) 고용 · 보건 · 재정 상황
   (8) 조세율
   (9) 생계비
  (10) 기타 영국의 상황과 인물에 관하여 본국 정부를 깨우쳐줌으로써 본국 정부의 인사들이 기존 사실과 장래의 방향에 관하여 정확한 지식을 가지고 정책을 입안할 수 있는 사건의 전개나 내막

사절의 사교도 또한 중요한 일이다. 그는 자기가 대표하고 있는 국가의 존엄성에 상응하는 품위를 지켜야 한다. 그는 다른 사람들과 자주 어울려 즐기는 공식 만찬회나 무도회를 열고, 주재국의 관리나 동료 외교 사절 그리고 사업가들을 수시로 비공식 식사에 초대해야 한다. 그는 주재국의 유력자나 명사들과 친교를 쌓고, 주재국의 산업 · 예술 · 체육 · 문학에 깊은 관심을 보이며, 지방을 방문하고, 산업 · 농업 조건을 숙지하고, 자기와 함께 '유배' 생활의 고락을 나누고 있는

주재국 주민들과 우정 어린 접촉을 가질 필요가 있다. 이러한 모든 것들은 시간을 필요로 하는 일들이다.

5 회의에서 합의가 이루어지면
그 결과는 조약, 최종 결의, 협약 또는 의정서로
구체화되어 대표들이 서명·날인한다.

이상에서 논한 것이 외교관의 일반적인 생활과 일과이다. 서열이나 또는 의전에 대해 더 상세한 것은 새토우 경이 저술한『외교실무입문』을 참고하면 될 것이다. 본장을 끝맺으면서 국제회의와 국제회담의 통상적인 절차에 관하여 약간 언급할 것이 남아 있다.

회의의 초청장은 보통 그 회의가 개최되는 당해국 정부에 의하여 발송되지만 이 규칙이 반드시 준수되는 것은 아니다. 알헤시라스회의 (Algeciras Conference)[16]는 스페인에서 개최되었음에도 불구하고 모로코 황제(Sultan)의 명의로 초청장이 발송되었다. 여러 당사국에 의하여 임명된 회의 대표들이나 전권대사들의 지위는 논의될 주제의 중요성에 따라 차이가 있다. 역사상 중요한 대회 때에 열강들은 보통 수상이나 외무대신이 대표로 참석하였다. 소회의 때에는 소수의 외교관들이 대표자로 선출되는 것이 보통이다. 전문적인 회의에는 전문가를 선출하는 것이 상례로 되어 있다.

---

16) 알헤시라스회의(Algeciras Conference) : 스페인 안달루시아 지방의 해안 도시. 1905년 3월에 프랑스가 우위를 차지하고 있는 모로코의 탕헤르항(Tanger)을 독일이 기습함으로써 발생한 제1차 모로코 사건을 해결하기 위하여 모였던 국제회의(1906. 4.) 결과적으로 독일의 뜻은 관철되지 못했고, 영·불 관계만 밀착되었다.

비록 의무적인 것은 아닐지라도 그 회의를 개최하는 국가의 수석 대표가 그 회의의 의장으로 선출되는 것이 관례이다. 전혀 관련이 없는 국가에서 회의가 개최될 때에는 이러한 점에서 약간의 곤란이 발생하기 쉽다. 그러한 예로 1922~23년에 개최된 로잔느회의(Lausanne Conference)[17]는 스위스연방의 대통령에 의하여 개막되었지만 그 다음 순서부터 그는 진행에서 물러났다.

그러자 영국, 프랑스, 이탈리아의 수석 대표들 간에는 어느 수석 대표가 의장의 자리를 차지하느냐 하는 문제를 둘러싸고 논쟁이 야기되었다. 그러다가 3국의 대표가 윤번제로 사회를 맡는다는 타협안으로 문제가 낙찰되었다. 이러한 방식은 총회에는 적용되었지만 위원회 회의에는 적용되지 않는다고 커즌 경이 주장함으로써 그 약정을 회피하였다. 그런 후 그는 회의가 언제나 위원회가 '되어야만 한다'고 확언하였다. 그리고 그는 그 주요한 정치위원회의 의장이었기 때문에 2개의 모임을 제외하고 모든 회의의 의장이 되었다.

회의의 사무총장은 일반적으로 회의를 개최하는 국가의 관리 중에서 선출된다. 그 회의가 중립국에서 개최될 경우, 사무총장은 프랑스 대표 중의 하나가 되는 경향이 있다. 그는 자기의 수하에 다른 나라 대표들의 비서들로 구성된 혼성 참모진을 가진다. 이 기구의 기능은 회의의 사무를 정리하고 회의 일정을 준비하며 또 무엇보다도 회의 의사록(Minutes)을 초안하고 배포하는 것이다. 여러 국가의 대표가 참석하는 중요한 회의에서는 약간 형식적인 전체 회의를 제한하는 것이 상례로 되어 있다. 토의될 주제는 일반적으로 여러 범주로 분석되며 이러한

---

17) 로잔느회의(Lausanne Conference) : 제1차 세계 대전 후의 전후(戰後) 문제 중에서도 특히 터키와 연합국 사이의 문제를 처리하기 위하여 스위스의 로잔느에서 개최된 국제회의.(1922. 11.~1923. 5.) 이 회의를 통하여 터키의 독립이 보장되고 배상과 군비 축소의 문제를 면제하는 대신에 터키 근해 연안의 비무장화를 결의하였다.

주제를 검토하여 총회에 보고할 위원회가 몇 개국 대표 중에서 임명된다. 위원회의 건의는 일반적으로 법률 전문가로 구성된 기초위원회(Drafting Committee)에 의하여 적당한 형식을 갖추게 되어 있다.

파리강화회의에서는 이례적이고도 다소 과격한 방법이 사용되었다. 연합국은 그 회의의 주도권을 장악하여 5강대국의 수석 대표와 차석 대표만이 참석하는 10인 이사회(Council of Ten)를 구성하였다. 며칠이 지나자 이것으로써도 배타적인 권한을 충분히 행사할 수 없다는 것이 드러나자 끌레망소(G. Clemenceau), 윌슨(W. Wilson), 로이드 조지(Lloyd George), 그리고 오를랜도(V. Orlando)로 구성된 4인이사회(Council of Four)로 넘어갔다.

그 결과로 약소국가들은 드물게 그리고 지극히 오랜만에 열리는 총회에만 참석하도록 초청되었다. 모든 회의에서 야기되는 곤란한 문제는 내용의 발표 여부에 관한 것이다. 일반적인 관례에 의하면 회의는 총회가 막을 내리기 전에 지상에 발표될 공동 성명의 조항에 대한 합의를 보아야 한다. 그러나 각국 대표는 자기가 좋아하는 기자가 있기 마련인데, 그 대표는 그에게 다소는 과장해서 그리고 흔히 부정확한 정보를 누설하는 일이 틀림없이 발생한다. 이와 같은 불편함에 의하여 많은 곤란과 불안이 야기된다.

회의에서 합의가 이루어지면 그 결과는 조약(Treaty), 최종 결의(Final Act), 협약(Convention) 또는 의정서(Protocol)로 구체화되어 대표들이 서명·날인한다. 그런 다음에 그 조약문은 조인국의 외무성에 완전히 보관되도록 수교된다. 그리고 때가 되면 최종적으로 비준 절차로 넘어가게 된다.

IX
외교 업무

신제도의 특성을 살펴보면,
과거에 요구되었던 장문의 필기시험은 폐지되고
단문의 자격 필기시험으로 대치되었으며
이 시험은 인사전형위원회와 최종전형위원회의
철저한 선발 과정에 의하여 지원을 받았다.
현재 여자들도 남자와 동등한 조건 하에
시험에서 경쟁할 수 있다.
일반 훈련 계획에 어학에 대한 연수가 포함되어 있으므로
외교관을 지원하는 사람에게 광범위한 어학 지식이
요구되지는 않는다.

Diplomacy by Sir Harold Nicolson

조직적인

외교 업무의 시원(始原) / 영국의 제도 / 피트(Pitt) 시대의 외무성 / 추천 임명 제도 / 자격 제도의 도입과 그에 따른 경쟁시험 제도의 시작 / 옛날 시험 제도의 결함 / 1905년도의 개혁에 따라서 신임 외교관들은 대학에서 공부해야만 했다. / 재산 자격의 철폐 / 외교부(Diplomatic Service)와 외무성(Foreign Office)을 통합한 외교 활동의 시작 / 이든(A, Eden)의 개혁 / 외교관들의 목적과 활동 영역 및 성격 / 재건의 시대 / 장래 규정되어야 할 외교관 지원자들의 조건에 관한 주요 방향들 / 영국과 외국들과의 외교 실무상의 차이점 / 독일 · 프랑스 및 미국의 제도

1

프랑스어, 독일어, 이탈리아어, 스페인어,
지리를 공부하기 위해서는 학교를 떠나 대륙에서
4년을 소비하는 것이 필수적인 과정으로 되었다.

　앞 장에서 나는 국가 간의 접촉과 통신이 빈번해짐에 따라서 국제
관계를 몇 가지의 공인된 절차상의 제도에 기초하도록 하고, 직업적인
협상자들인 상설 직원에게 그러한 절차의 수행을 일임하는 것이 유용
하다는 점을 어떻게 알게 되었나에 관하여 살펴보았다. 이 분야에 종
사하고 있는 직원들은 오늘날 외교 업무(diplomatic service)니 해외 근무
(foreign service)라고 하는 말로 묘사된다. 이 장에서 나는 어떻게 하여
영국의 외교 업무가 조직화된 직업이 되었으며, 오늘날 그 충원과 내
부 조직을 통괄하는 규칙은 무엇이며, 영국의 제도는 미국, 프랑스, 그
리고 독일에서 적용된 것과 어떻게 비교될 수 있나를 살펴보고자 한
다.

　1815년의 비엔나회의까지만 해도 영국에서는 공인된 외교 업무가
존재하지 않았다. 레드클리프 경(Lord Straford de Redcliffe)[1]은 "내가 외교
계에 투신할 때만 해도 소위 외교 업무라는 것은 존재하지 않았다."고
기록하고 있다. 18세기에 와서야 2개의 국무성이 있었는데 하나는 '북

---

1) 레드클리프 경(Lord Straford de Redcliffe, 1786~1880) : 영국의 외교관. Stratford
　Canning을 의미함. 캠브리지대학 졸업, 콘스탄티노플 특명전권공사(1810~12), 스위
　스 대사(1814~18), 미국 영사(1820~24)를 거쳐 의회에 진출했다.(1828~41)

성'(北省, The Northern Department)이었고, 다른 하나는 '남성'(南省, The Southern Department)으로 불렸다. 이 부서는 매우 불안정한 기초 위에서 국내외적인 문제를 처리하였다. 피트(W. Pitt)가 수상이었을 당시 그는 사무실에 2명의 차관과 9명의 직원을 거느리고 있었는데 그들의 기능은 오늘날의 수상 비서실에서 처리하는 것만큼이나 다양하였다. 1782년에 '북성'이 외교부(Foreign Department)로 바뀌었으며 1790년에 다우닝 가(Downing Street)로 자리를 옮김으로써 외무성의 시초가 만들어졌다. 이때 상임 차관은 연봉 1,500파운드로 임명되었다. 그는 수석 직원 1명, 2명의 고위 직원, 9명의 하위 직원, 1명의 라틴어 비서, 그리고 1명의 문서해독자(Decipherer of Letters)의 보좌를 받았다. 1822년에는 이들을 증원하였으며, 임무를 띠고 외국으로 파견되는 직원들에게 적용될 근무 규정이 최초로 마련되었다.

그때까지만 해도 대사는 개인적으로 믿을 만한 젊은이들 중에서 자기의 직원들을 뽑는 것이 관례였는데, 이는 오늘날 총독이 자기의 전속 부관을 뽑는 것과 꼭 같았다. 특별한 경우에 대사가 개인적인 봉급에서 얼마의 비용을 주었을 뿐 이 젊은이들은 국가로부터 아무런 돈을 받지 않았다. 그들은 대사관에서 살며 식사했다. 그리고 기술적으로 말하면 그들은 '대사의 가족'을 이루었다.

그 후 몇십 년 동안 영국 외무성에 소속된 부서 직원들의 임명이나 지명은 전적으로 국무장관의 직권에 속해 있었다. 1856년에 클래런던 경(Lord Clarendon)[2]은 프랑스어와 필적이 탁월함을 골자로 하는 입학 시험 제도를 시작했다. 그렌빌 경(Lord Grenville)에 이르러 이 자격 시험은 경쟁 시험이 되었다. 그럼에도 불구하고 후보자의 임명은 국무성의 손

---

2) 클래런던 경(Lord Clarendon, 1800~1870) : 영국의 정치가. 주스페인 대사(1833~39)를 지냈고, 외상(1853~58) 재임 중에 크리미아전쟁을 치렀으며, 파리 선언(1856)을 기초함으로써 해전 국제법의 성립에 기여하였다.

안에 남아 있었다. 그리고 모든 후보자는 적어도 부임 2년 동안만은 1년에 400파운드의 개인적인 수입을 가지고 있어야만 했다. 이와 같이 외교관을 임명하거나 재산적인 자격을 두는 것은 유산자들에게만 외교관의 기회를 제한하는 것이 되었음이 분명하다. 그러나 그것은 장점을 가지고 있었다.

첫째로, 국무장관은 임명을 승인하기 전에 그 젊은이가 외교관으로서 적당한가, 그리고 재정적인 능력에서 그의 조국에 대해 신임을 줄수 있나에 대한 조사에 큰 고통을 겪었다. 둘째로 그가 임명을 받고 자격 시험을 통과한다고 해도 그는 단지 수습대사관원(attaché on probation)으로 받아들여졌을 뿐이다. 임명이 정실에 흐르고 그 시험이 주로 형식적이었던 것과는 달리 수습 기간은 매우 엄격했다. 수습 기간이 끝나면 그의 수습 책임자는 그의 수습 기간을 꾸준히 관찰한 다음 그가 외교관의 봉급생활자로 적격인지 아닌지를 상부에 보고할 수 있다. 이때 탈락되는 비율은 매우 높았으며, 1880년으로부터 1910년에 이르기까지 영국이 탁월한 외교관들을 보유하게 만들어 준 점진적인 '도태작업'(weeding-out)이 바로 이 제도였다.

그렌빌 경이 도입했던 경쟁 제도는 실제로 지난날의 방법을 개선한 것이 아니었다. 외교관을 임명하던 구제도는 계속 유효하였다. 시험은 형식적인 것 대신에 매우 실제적이고 현실적인 것이 되었다. 비록 시험이었다 할지라도 그것에 대한 인식은 좋지 않았다. 프랑스어, 독일어, 이탈리아어, 스페인어, 그리고 지리에 정확한 지식을 갖는 것이 필요했다. 따라서 다른 경쟁자들을 누르기 희망하는 젊은이들은 학교를 떠나 대륙에서 4년을 소비하는 것이 필수적인 과정으로 되었다. 이들 중에 어떤 사람은 부모의 국적이 달라 2개 국어를 구사하는 사람도 있었다. 외국의 가족이나 기숙사에서 생활하는 동안 그 후보자는 스쿤스

(Sir Geoffrey A. Scoones)[3] 씨의 학교에서 주입식으로 지리학을 배울 수도 있다.

이 제도를 통하여 얻을 수 있는 것은 국가가 필요로 하는 것이 아니었다. 이 젊은이들은 언어에서는 매우 탁월한 사람이 될지는 몰라도 그 밖의 것은 전혀 알지 못한다는 것이 발견되었다. 그뿐이 아니었다. 그럴 바에는 구제도에서처럼 수습 직원을 제거하는 것이 훨씬 쉬웠다. 왜냐하면 그들을 대사관의 직원으로 임명하는 것은 전적으로 정실에 의해 이루어졌기 때문이었다. 이를테면 만약 그가 어려운 경쟁 시험을 위해 공부에 그의 청춘을 소비했다면 수습 기간을 마친 다음에 젊은이를 도태시키는 것은 더욱 어려운 일이었다.

1905년에 랜스다운 경(Lord Lansdowne)[4]이 프랑스와 독일에서 시행되는 자격 시험에다가 평범한 공무원 임용 시험을 치루는 방법을 가미해야 한다고 주장한 것은 바로 이 때문이었다. 그들이 배워야 할 외국어의 수를 줄이고, 통상적인 공무원 임용 기준을 주장함으로써 랜스다운 경은 젊은 후보자들을 피렌체(Florence)의 가정집이나 말라가(Malaga)의 기숙사로부터 불러 들여 영국의 대학에서 좀 더 건설적인 훈련을 받도록 해주었다. 이는 분명히 제도의 개선이었다.

1907년이 되어 그레이 경은 더 큰 개혁을 이룩했다. 이때 그는 지명 후보자의 선발권을 국무장관으로부터 하원 · 인사위원회 · 대학교 등 외부 인사들로 구성된 '선발위원회'(Selection Committee)로 넘겨주었다. 1918년까지만 해도 외무성(Foreign Service)과 외교부(Diplomatic Service)는

---

3) 스쿤스(Sir Geoffrey A. Scoones, 1893-1975) : 영국의 군인. 인도군 작전 · 정보국장 (1941), 인도군 4군단 사령관을 지냈으며, 제2차 세계 대전 당시에는 버마 전선에서 일본군과 싸웠다. 육군 중장으로 퇴위. 작위(KCB)를 받았다.
4) 랜스다운 경(Lord Lansdowne, 1845~1927) : 영국의 정치가. 캐나다 총독(1883~88), 인도 총독(1888~94), 육군장군(1895~99), 외상(1900~06) 등을 역임하면서 영일동맹 (1902), 영불협정(1904)을 체결하였다.

별개의 조직으로 간주되었으며 후보자는 그가 경쟁하기를 원하는 바를 2개의 분야에서 선택할 수 있었다. 1918년 7월에 이 두 기구는 외무성(Foreign Service)으로 불리는 단일화된 직장으로 통합되었다. 더욱 더 중요한 것은 부임 2년 동안에는 연간 400파운드의 개인적인 수입을 가져야 한다는 재산 제한이 폐지되었다는 점과 개인적인 수입이 없는 사람이라 할지라도 외무성에 들어갈 수 있도록 봉급과 수당의 기준이 높아졌다는 사실이다.

피트의 시대로부터 1919년에 이르기까지 외무성이 걸어온 과정을 살펴보면, 민주주의 제도가 안고 있는 대표성을 외무성에서 좀 더 부여하려는 진보적인 시도가 있었음을 알 수가 있다. 그럼에도 불구하고 외교관 후보자들에게 학사 출신의 실력과 대등한 자격을 갖추도록 그때까지도 기대했었다는 사실이라든가, 동시에 독일어와 프랑스어에서 매우 엄격한 시험을 거쳐야 했다는 사실은 그들이 고등학교를 졸업한 후 적어도 3년 동안은 대학에서 수업을 받아야 하고 대학을 졸업한 후 외국에 나가서 외국어를 공부하는 동안 사비로 생계를 꾸려나갈 수밖에 없었다는 사실을 의미하는 것이다.

이와 같이 오랜 기간 동안 돈을 쓰는 준비 기간을 거쳐야 한다는 사실은 22살까지 사재로서 생활할 수 있는 사람들에게로 후보자의 범위를 제한하는 것이었다. 1941년 6월에 이든(A. Eden)이 구제도의 방법과 재산에 관계없이 능력 있는 사람에게 문호를 개방해야 한다는 의욕을 보인 것도 바로 그와 같은 이유 때문이었다.

2

이든의 개혁이 나오자 추천, 선발, 훈련, 시험의 제도는
전면적으로 변경되어 재능 있고 근면한 청년은
배경에 관계없이 외무성에 들어갔다.

이든(A. Eden)이 창안하여 현재 베빈(Ernest Bevin)이 실행하고 있는 외교 기관의 전반적 개편은 더욱 광범한 기초를 가진 채용과 더욱 전문적인 훈련을 보장하고 새로운 혈액의 주입과 순환을 목적으로 한 것이다. 이든 시대 이전에는 외교 기관의 3개 부분, 즉 외교 업무, 영사 업무, 그리고 외교 통상 업무가 전혀 다른 직업으로 운용되었다. 그들은 다른 방법과 다른 부류에서 충원되었고 각기 다른 추천 제도와 시험을 따르고 있었으며, 일반적으로 독립적이었다. 여러 해 동안, 외무성의 고위 직원들과 특히 웰즐리 경(Victor Wellesley)[5]은 이러한 세 분야가 하나로 통합되어야 한다고 주장하였다.

그러나 이와 같은 훌륭한 해결책을 가져오기까지에는 두 차례의 세계 대전과 이든만한 독창력과 권위를 가진 외상의 지원을 필요로 하였다. 앞으로는 외무성 이외의 3개의 다른 외교 기관이 필요하지 않을 것이다. 이와 같은 통합의 효과는 점진적으로 나타나겠지만 유익할 것임에 틀림이 없다. 이 책의 초판에서 이러한 주요 개혁을 주장하면서 나

---

5) 웰즐리 경(Victor Wellesley, 1760~1842) : 영국의 외교관. 옥스퍼드대학을 졸업하고 의회에 진출하여(1784), 주스페인 대사(1809), 외상(1809~12), 아일랜드 총독(1821~28, 1833~34)을 지냈다.

는 다음과 같은 이론으로 그것을 합리화했었다.

"영국 외교 기관의 주요 약점은, 지난날의 외무성 시절과 마찬가지로 고급 관리들이 비록 치명적인 과오가 없이 적절한 판단과 정력을 발휘한다고는 하지만, 자기에게 맡겨진 지위를 감당하기에 부적당한 사람이 많다는 것이다.

매우 유능한 사람들에게조차 고통을 주지 않고 이와 같은 현재의 과잉 상태를 해소하기는 곤란하다. 그 반면에 영사들의 심한 훼방 때문에 자신의 승진이 봉쇄되리라는 생각을 갖게 되면 야심 있는 청년들은 젊었을 때에 외무성을 떠나야겠다는 유혹을 느낄 수도 있다. 그래서 외부의 평론가들은 이러한 경향을 과장하여 야망 있는 청년들이 항상 이직(離職)한다고 주장하지만 반드시 그러한 것은 아니다. 그러나 외교관으로 일생을 보내려는 사람이면 과오를 범하지 않는 한 종국에는 공사가 될 수 있다는 자신을 가지게 되는 것도 사실이고, 더욱 활동적인 사람들은 고참들 틈에 끼어 하염없이 기다릴 것을 생각하다가 때로는 실망하는 것도 사실이다.

한편 영사관원들은 승진의 기회와 야심의 돌파구가 없어 고민한다. 다행스럽게도 과거 20년 동안에 상황은 매우 호전되었으며, 영사관원은 필연적으로 외교관보다 사회적으로나 지적으로나 열등하다는 이론은 거의 사라져 버렸다고 나는 확신한다. 그러나 결점은 여전히 남아 있으며 두 기관이 완전히 통합하게 되면 이러한 결점은 사라지리라고 나는 생각한다.

그런가 하면 외교부와 외무성이 통합함으로써 많은 자리가 생길 텐데 그렇게 되면 능력이 있으면서도 힘을 못 쓰고 있는 사람들을 만족시켜 줄 것이며, 동시에 청년의 적극적 참여와 야망을 자극할 것이다. 늙고 권태로운 참사관에는 공사의 직책을 주어야 한다는 느낌 대신에 그렇게 하위가 아닌 총영사직을 줄 수도 있을 것이다.

반면에 영사직 이상의 승진을 저지함으로써 젊은 부영사의 진취

성과 야망을 깨뜨리기보다는 그에게 어느 강대 국가의 도시에 대사가 된다는 희망을 줄 수도 있을 것이다. 심지어는 하급 직위의 상호 교류로 각자의 수완 발휘를 촉진할 수 있다.

만약 내가 아다나(Adana)[6]에서 부영사로 2년간 근무하였다면 콘스탄티노플 주재 대사관에서 3등서기관으로 있었던 것보다 터키에 관한 지식을 많이 얻었을 것이다. 만약 아다나 주재 부영사가 대사관원과 동일한 조건 하에 콘스탄티노플에서 1년을 보냈다면 그는 정치적으로나 사회적으로 더 많은 지식을 얻을 것이다. 두 기관의 통합이 양자에 별로 큰 소득이 없으리라는 사람들의 주장을 나는 믿을 수 없는 것이다."

이든의 개혁이 세상에 나오자 내가 1939년에 기대했던 것보다 더 많이 진행되었다. 3개의 기관이 하나로 통합되었을 뿐 아니라 높은 직위에 부임하는 것이 부적당하다는 사실이 판명된 직원에게는 연금을 주어 강제로 인퇴(引退)시키는 규정을 제정하였다. 이러한 방법에 의하여 포화 상태는 더욱 완화될 것이다.

추천, 선발, 훈련, 시험의 제도가 전면적으로 변경되어 재능 있고, 근면한 청년은 그의 사회적 · 재정적 배경에 관계없이 외무성에 들어갈 수 있게 되었다. 이러한 방법에 의하여 외교관의 길은 유능한 인사에게 널리 공개되었다. 외교관은 매우 훌륭한 직업이다.

제1차 세계 대전 중에는 외교 기관에서 정상적인 채용이 전면적으로 정지되었음은 물론이다. 외무성은 특채 제도에 의하여 부족한 인원을 보충하지 않으면 안 되었는데, 이러한 특채는 필기 경쟁 시험보다도 인물과 경력, 그리고 특별선발위원회의 천거에 그 기초를 두고 있었다. 이러한 과도기도 종결되어 가고 있다. 이제는 앞으로 외무성의 지

---

6) 아다나(Adana) : 터키 남부의 도시.

망자가 선발·도태·훈련하는 데 적용될 원칙을 개략만이라도 설명할
수 있게 되었다.

신제도의 특징을 살펴보면 다음과 같다. 과거에 요구되었던 장문의
필기시험은 폐지되고 단문의 자격 필기시험으로 대치되었다. 이 시험
은 인사전형위원회(Civil Selection Board)와 최종전형위원회(Final Selection
Board)의 철저한 선발 과정에 의하여 지원을 받았다. 현재 여자들도 남
자와 동등한 조건 하에 시험에서 경쟁할 수 있다. 일반 훈련 계획에 어
학에 대한 연수가 포함되어 있으므로 외교관을 지망하는 사람에게 광
범위한 어학 지식이 요구되지는 않는다.

외교관 시보(試補)는 어학과 현대 외교 업무의 몇 가지 기본적 기술
에 대하여 철저한 훈련을 받게 되며 그들의 직업적인 활동의 배경으로
서 영국 생활의 모든 면을 공부할 기회를 갖게 될 것이다. 외무성의 모
든 직원은 외무성 업무의 전반에 걸친 지식을 가져야 하며 훈련과 경
험에 의하여 산하의 어떠한 직위도 감당할 수 있어야 한다.

따라서 신제도의 요체(要諦)는 주로 일련의 전문적인 개인 면담을 통
하여 청년 남녀를 선발하는 것이다. 이와 같이 선발된 시보는 정부의
경비로 견습기에 들어가 해외에서 외국어를 공부하고 국내의 특수 문
제들을 연구한다. 이러한 견습 또는 훈련기는 어떤 경우라도 3년간 계
속되며 외교관 시보가 정식 임명을 받게 되는 것은 이러한 훈련이나
연수기에서 자격을 얻은 후의 일이다. 사실상 혁명적이라고 말할 수
있는 이러한 신제도를 아직도 외무성에서는 시험적인 것으로 간주하
고 있다. 오늘날 채택된 세목(細目)은 많이 변경될 수도 있지만 그 주요
목적만은 지금도 명백하다.

⑴ 신제도는 사회적·재정적 배경에 관계없이 모든 청년 남녀에게

외무성을 개방한다.

(2) 청년이 시험 공부를 하는 동안 자비로 생활해야 하는 구제도를 정부의 경비로써 견습기에 공부하는 신제도로 대치한다.

(3) 구제도 하에서 외교관이나 영사가 해외에 있을 때 외국 물정에는 정통하나 국내 여론과 사정에 어둡던 폐단을 제거한다.

(4) 여러 가지의 각기 다양한 취향과 재능을 가진 젊은이들이 외교 업무가 3개의 부분으로 완전히 분리되어 있을 때보다 더욱 광범하게 전문화되고 진보된 지식을 갖도록 해준다.

이와 같은 신식 충원 제도와 훈련 제도가 기대했던 성과를 가져 올 것인지, 또 어느 정도의 확장 또는 수정이 필요할 것인지는 경험에 의하여 밝혀질 것이다. 이것은 영국 외무성의 성격과 미래를 전면적으로 변하게 할 혁명적인 경험이다. 이것은 매우 과감한 처사이지만 오랫동안 지연되어 왔고 또 외무성의 뜻있는 인사들이 여러 해 동안 주장해 오던 개혁을 도입하고 있다.

이상에서 말한 신제도의 개요는 오늘날 청년 남녀들에게 영국 시민이라면 성별이나 수입에 관계없이 외교관이 될 수 있다는 점을 지적하여 주려는 데 바로 그 의도가 있다. 현재 요구되고 있는 것은 고도의 정신 노동을 위한 능력과 자질이다.

3 오늘날의 외교관 채용 시험은 각 나라에서
모두 매우 엄격하여 20세기 초 영국의 경우와 마찬가지로
최고의 수준과 대학 교육을 필요로 한다.

외교관의 충원, 임관, 임명의 방법은 어느 나라에서도 동일하지 않
다. 독일의 경우, 제1차 세계 대전 이전에는 외교 업무와 영사 업무가
동일한 것으로 간주되었다. 지원자들은 동일한 임관 자격을 가지고 있
어야 했고 같은 시험에 통과해야 했다. 이들은 외교 사절이나 영사관
또는 총영사관의 직원으로 자기 생애의 일부분을 보냈다. 독일 외무성
에 들어가기를 원하는 지원자는 몇 가지 시험을 반드시 통과해야 했
다.

그는 우선 프랑스어와 영어의 어려운 시험에 통과해야 했다. 그리고
나서 그는 외무부의 직원으로 1년을 지내야 했다. 그 해의 마지막에 그
는 두 번째 시험을 치러야 했다. 만일 그 시험에 합격했을 때 그는 다시
사절단 혹은 해외의 영사관에 수습 직원으로 파견된다. 그 후 그는 베
를린으로 돌아와 3개월 동안 집중적으로 공부한 다음 국제법, 경제학,
그리고 역사 시험을 치른다. 그리고 나서야 겨우 외교관보(Attaché)라는
칭호를 얻을 수 있었다.

프랑스의 제도는 1875년부터 비롯된 것으로서 다른 나라보다 더욱
복잡하다. 그곳에는 각기 본시험(Le Grand Concours)과 예비시험(Le Petit

Concours)이라고 알려진 두 가지 유형의 시험이 있다. 이 두 가지 유형의 시험 중 더 어려운 것에 합격한 사람은 외교관보의 자격으로 외무성에 들어가든지 혹은 영사보(Consuls Suppléants)가 된다. 이 두 가지 유형의 시험 중 쉬운 것에 합격한 사람들은 영사관원(Attachés de Consulat)이 된다. 이 두 가지 유형의 영사보와 영사관원의 차이는 전자가 즉시 3등 영사(Consuls of the Third Class)가 되고, 후자는 부영사(Vice-Consul)의 중간 단계를 반드시 통과해야 한다는 점이다.

프랑스의 제도는 외교와 영사 업무 사이의 간격이 적었던 영국의 구제도와도 다르다. 특히 본시험을 통과한 사람은 예비 시험을 통과한 사람보다 승진이 빠르다는 것이 다르다. 그러나 영사관원으로 들어간 사람이라 할지라도 재주만 있으면 정상에까지 올라갈 수 있으며, 현재 베른(Berne) 주재 프랑스 대사인 알빵(M. Alphand)[7]도 예비 시험을 거쳐 외교관의 생활을 시작한 사람이다.

본시험은 대단히 고행의 길이다. 이 시험은 약 2개월 동안 계속되며 '도태' 제도에 따라 실시된다. 첫 번째 시험은 영어와 독일어를 치르는데 이 과목은 총점 중의 4분의 1에 해당된다. 이 과정의 후보자는 대사관의 참사관이나 총영사가 주관하며 대학 교수들로 구성된 한 위원회에서 시험을 치른다.

만일 후보자가 이 첫 번째 과정을 통과하면 그는 다음으로 실무 수습 과정(le stage professionel)이라고 부르는 두 번째 과정에 들어간다. 그는 프랑스 외무성에서 선발된 5인의 위원회 앞에서 작문과 요약의 시험을 보고 위원회의 각 시험관에게 10분 이상 면접을 해야 한다. 만일 그가 이 고행에서 살아남는다면 그는 다시 대사를 위원장으로 하며 대

---

7) 알빵(M. Alphand, 1907~?) : 프랑스의 정치가. 워싱턴 주재 상무관(1940~41)을 거쳐 자유 프랑스 운동에 참여했고(1941~44), UN주재 프랑스 대표부에서 근무했다.(1945)

학 교수들에 의해 집행되는 마지막 시험을 치러야 한다. 이런 단계를 거치는 동안 그는 역사·지리·국제법을 시험 보게 된다. 이 시험은 필기와 구두 시험을 함께 본다. 그 경쟁은 일반적으로 가혹하며, 50~60명의 후보자는 공석 중인 평균 5개의 자리를 놓고 경쟁한다.

지금 미국에서 따르고 있는 제도는 더욱 흥미롭다. 옛날 미국은 강대국이 되기 전까지만 해도 정치적 봉사에 대한 보답으로써 외교관을 임명하는 것이 관례적이었다. 좀 더 중요한 직책에는 항상 능력과 평판을 함께 갖춘 인물이 임명되었다. 그러나 지성과 행동이 미국의 국위와 일치하지 않는 사람에게는 다소 영향력이 없는 공사관에 배속되는 경우도 흔히 있다. 이러한 현상은 단지 엽관제도(spoils system)의 폐단이라고만 볼 수 없다. 모든 외교적 지위들은 대통령이 임명하는 것이기 때문에 다른 대통령이 계승하게 되었을 때 모든 외교적 지위도 포기한다는 것이 그들의 이론이었다. 이는 통치권의 변화가 외교관의 완전한 경질을 초래한다는 것을 의미한다.

이와 같이 미국의 외교 업무는 비전문가들의 끊임없는 승계에 의하여 지원을 받는 상황이 발생하게 되었다. 이 비전문가들은 다른 나라의 외교관들을 다루면서 자신들이 매우 불리한 입장에 놓여 있다는 사실을 발견하게 되었다. 이와 같이 자기들의 외교 제도가 눈에 띄리 만큼 비능률적이고 낭비적이라는 사실이 발견되자, 미국의 여론은 상임 직원들이 참여하는 직업적 외교 업무를 창설하는 방향으로의 개혁을 요구하게 되었다. 이 요구는 1924년 5월에 처음으로 실시된 '미국 외교 업무의 재편성에 관한 법'(Reorganization Act of the American Foreign Service)으로 결실을 맺었다.

이 법에 의하면 외교와 영사 업무가 단일 기구로 통합되었으며, 이와 같이 생겨난 외교 업무는 어떤 야심적 젊은이에게 좋은 인생 행로를 제공해 주는 것 같았다. 실제로는 높은 단계의 업무에서보다 낮은 단계의 업무에서 교류가 더욱 빈번히 일어나고 있지만 모든 업무는, 오늘날 영사관과 국무성 산하 기관 사이에서 볼 수 있듯이, 교류될 수 있는 것이다.

미국 외교관의 충원은 단순하다. 어떠한 젊은이도 응시할 자격이 있지만 그가 응시했다고 해서 그가 반드시 시험을 치를 수 있도록 허락된다는 것을 뜻하지는 않는다. 국무성은 젊은 사람의 신뢰도와 교육 기록을 시험한다. 그리고 이러한 것들이 만족스럽지 못할 경우, 시험 허가는 취소된다. 오늘날 이 시험은 매우 엄격하며 영국의 경우와 마찬가지로 최고 수준의 대학 교육을 필요로 한다.

X
외교 용어

나는 이제 외교 용어 소사전을 살펴보고자 한다.
이 소사전을 꾸미도록 크게 도움을 준 책은
리치(Hugh Ritchie)가 오늘날까지 성실하게 보관해오다가
1932년에 출판한 새토우 경(Sir Satow)의 고전적 저작인
『외교 실무 입문』이다.

Diplomacy by Sir Harold Nicolson

신중하고

삼가서 말하는 것을 의미 있는 표현으로서의 외교 용어 / 외교 용어의 편리함과 불편함 / 본래의 외교 공영어로서의 라틴어 / 점차로 프랑스어로 바뀜 / 전후 프랑스어의 쇠퇴 / 외교 매개체로서의 프랑스어의 적합성 / 이제는 구식이 된 외교 숙어 / 현재 통용되고 있는 몇 가지의 외교 용어들

1

정치가는 언어의 점증법을 조심스럽게
사용함으로써 위협적인 언사를 사용하지 않고도
상대국 정부에 무서운 경고를 전할 수 있다.

'외교 용어'라는 말은 대략 다음과 같은 세 가지의 의미를 가지고 있
다.

(1) 라틴어든, 프랑스어든, 아니면 영어든 간에 외교관들이 서로 대
   화를 하거나 통신할 때 실제로 사용하는 용어.
(2) 몇 세기를 경과하는 동안에 통상적인 외교 용어가 된 전문 술어들.
(3) 가장 상식적인 것으로서, 외교관이나 대신들이 강경한 내용의
   말을 서로 흥분시키거나 실례가 되지 않게 말할 수 있는 신중한
   언어를 표현할 때 사용되는 표현.

본장에서는 이 세 가지의 의미 중에서 (3)의 의미를 먼저 검토하고
다음에 외교관들이 사용하는 실제 용어를 음미한 다음 끝으로 외교 교
섭에 사용되는 현행 전문 용어를 첨가하기로 한다.
새토우 경의 말을 빌리면, '외교는 독립 국가의 사이에 공적 관계를
다루면서 정보와 술책을 적용하는 것'이라고 정의를 내리고 있다. 정보
가 필요함은 자명한 사실이나 그와 같은 정도의 술책이 절대로 필요하
다는 사실은 흔히 간과되고 있다. 외교관이 딱딱한 동전과 같은 일상

회화 대신에 지폐와 같이 관습화된 어법을 사용하는 것은 후자와 같은 술책이 필요했기 때문이다. 이러한 어법은 어딘지 사근사근한 인상을 보이면서도 누구나 알 수 있는 통용 가치를 가지고 있다.

따라서 만약 정치가나 외교관이 상대국 정부에 대하여 "우리 정부는 어떤 국제적인 분쟁에 대하여 무관심할 수 없다."고 통고한다면 이것은 그의 정부가 확실히 개입할 것임을 의미하는 것으로 그 사람은 이해하고 있음이 분명하다. 만약 그의 통신이나 연설에서 "영국 정부는 관심을 가지고 본다."거나 또는 "깊은 관심을 가지고 본다."는 말을 사용하였다면 이것은 그 문제에 관하여 영국 정부가 반드시 강경한 태도를 취하리라는 것을 의미한다는 것은 분명한 사실이다.

이상과 같이 정치가는 언어의 점증법을 조심스럽게 사용함으로써 위협적인 언사를 사용하지 않고서도 상대국 정부에게 무서운 경고를 전할 수 있다. 만약 저쪽에서 이러한 경고를 무시한다면 정중하고도 부드러운 어조를 사용하면서 음성을 한층 더 높일 수 있다. 만약 그러한 사태에 대하여 "영국 정부는 자신의 입장을 신중히 재고하지 않을 수 없음을 느낀다."고 말하면 이것은 우호 관계가 적대 관계로 변할 가능성이 있음을 암시하는 것이다. "영국 정부는 ○○에 관하여 명백한 유보를 표명하지 않을 수 없음을 느낀다."고 말한다면 이것은 사실상 '우리 정부는 ○○의 사태에서 용납하지 않을 것'이라고 말하는 것이다.

"그 문제에 대하여 우리 정부는 자신의 이해관계를 고려하지 않을 수 없다."라든가 또는 "자율권을 주장한다."는 말은 국교 단절을 고려하고 있음을 의미하는 것이다. "귀국 정부의 그러한 행동은 비우호적 행동으로 간주될 것이다."라고 경고한다면 저쪽에서는 이쪽 정부가 전쟁으로써 위협하리라는 것을 암시하는 뜻으로 해석한다. 만약 "귀하는 그 결과에 대한 책임을 지고 사퇴하여야 한다."고 말한다면 그것은 그가 전쟁을 유발시킬 수 있는 어떤 사건을 주장하려 하고 있음을 의미한다. 또 극히 점잖은 말로써 '25일 저녁 6시 이내에' 회답하기를 요구하면 이 통고는 최후 통첩으로 간주하는 것이 옳다.

이상과 같은 관례적인 통고 방식은 정치가들이 상호간에 오해를 일으키지 않고 엄중한 경고를 행하면서도 냉정한 분위기를 유지할 수 있는 장점을 가지고 있다. 일반 대중은 물론이고 때로는 정치가까지도 외교계에서 사용되는 이 표현 방식의 진의를 이해하지 못하는 단점도 있다. 한편 이러한 용어를 남용하거나 경솔히 사용한다면 애당초 생기지 않을 위험 사태를 야기할 수도 있다. 그런가 하면 사실상 중대한 위기가 박두하였을 때에도 일반 대중들은 온건한 용어의 사용을 보고 그 위기가 그 '경고자들'이 그들에게 암시한 바와 같이 그렇게 중대한 단계에 이르지 않았다고 짐작하기 쉽다.

더구나 극단적인 경우에는 외교를 모호하게 표현하거나 삼가서 말하는 버릇이 실질적으로 오해를 유발시킨다. 이를테면 나는 제1차 세계 대전 전에 어느 해외 총영사의 공문을 읽은 적이 있었다. 그는 외무성에 보내는 공문에서 자기가 데리고 있는 부영사가 "의사의 지시대로 자신의 건강을 돌보지 않았음을 유감스럽게 생각한다."고 말했다. 그러나 그 가엾은 부영사의 건강은 유감스러울 정도가 아니라 이미 알콜 중독에 의한 섬망증(譫妄症)의 말기적인 현상을 보이고 있었다.

실제 모습을 더 과장해서 표현하는 일이란 그리 흔치 않다. 따라서 국제적인 분쟁의 여지가 있는 중요한 문제에서는 그처럼 지폐와 같이 흔히 통용되는 용례(用例)들을 사용하기 전에 그것을 매우 주의 깊게 검토한다. 따라서 '외교 용어'를 구사하면서 정부 사이의 통문이나 외교 문제에 관한 중요한 발표를 분명하게 표현함으로써 얻어지는 이득은 외교 용어가 안고 있는 어떠한 불이익도 압도한다고 말할 수 있다.

2 극동지방에서는 영어가 일반적인 공용어이어서
예외적이지만, 유럽에서는 모든 문서·각서의 작성과
공식적·사교적 대화에는 프랑스어가 사용되었다.

18세기까지의 '외교 공용어'(*Lingua Franca*)는 라틴어였다. 외교관들
은 문서뿐만 아니라 대화에서도 라틴어를 사용하였다. 1648년의 웨스
트팔리아조약(Treaty of Westphalia)이나 1670년의 영국−덴마크조약
(Anglo-Danish Treaty), 1674년의 영국−네덜란드조약(Anglo-Dutch Treaty)은
모두 라틴어로 초안되고 서명되었는데 사실상 이렇게 하는 것이 당시
의 일반적인 관례였다.

18세기에 프랑스인은 프랑스어를 외교어로 채택하려고 끊임없이 노
력했다. 다른 국가들은 이들의 노력을 완강하게 제지했다. 그래서
1748년의 엑스 라 샤펠조약(Treaty of Aix-la-Chapelle)은 프랑스어로 서명
되어지긴 했지만 이것이 선례를 남기는 것은 아니라는 특별 조항이 삽
입되었다. 체약국들의 주장에 따라서 1763년의 파리조약(Treaty of
Paris), 1783년의 베르사이유조약(Treaty of Versailles), 그리고 심지어는 비
엔나회의(Congress of Vienna)에서도 그와 유사한 유보 조항들이 삽입되
었다.

이러한 유보 조항에도 불구하고, 18세기 중반에 이르기까지 프랑스
어는 명실상부한 외교 공용어로 굳은 위치를 차지하고 있었다. 1815년

의 비엔나회의나 1856년의 파리회의는 시종일관 프랑스어로 진행되었다. 1918~1919년의 파리회의 이전까지만 해도 영어는 사실상 프랑스어와 대등한 권리를 갖고 있지 못했다. 베르사이유조약의 비준 문서에는 '프랑스어와 영어로 기술된 현대 조약은 모두 유효하며……' 라고 기술하고 있는데, 이 구절은 사실상 외교 공용어로서의 프랑스어의 주장을 결정적으로 끝장낸 것이라 할 수 있다.

위와 같은 현상은 아마도 불가피한 것이었는지도 모른다. 프랑스어의 우월성은 프랑스 외교관들에게 타국의 외교관들 보다 더 나은 잇점들을 갖게 했다는 것은 분명한 사실이다. 구외교 시대에는 모든 국가의 외교관들이 거의 두 가지 이상의 언어를 말할 수 있어야 했는데, 이때에는 프랑스어를 구사한다는 것이 그렇게 압도적인 잇점을 누릴 수는 없었지만 그래도 유리한 편이었다. 그러나 민주적 외교가 출현하고 또 국민이 선출한 대표자가 협상을 다루는 일이 빈번해 짐에 따라 이제는 프랑스어로 대화한다는 것이 현실적으로 불가능하게 되었다. 예를 들면 그레이 경 같은 사람들은 그 자신이 프랑스어를 이해해야 한다고 공언했지만, 그는 프랑스어를 거의 몰랐다. 윌슨(W. Wilson) 대통령이나 로이드 조지(Lloyd George)도 외국어에 능통한 사람은 아니었다.

그리하여 각국의 대표자들은 본인이 원한다면 자국어로 말하는 관례가 생겼다. 그의 말이 끝나면 즉시 통역되는 관례가 생겼다. 이와 같은 관례는 많은 이들이 추측하던 것처럼 그렇게 불편한 것은 아니라는 것이 입증되었다. 숙련된 통역이라면 매우 빠른 속도로 명확하게 성명이나 연설을 통역할 수 있다. 망투(P. Mantoux)[1] 교수 같은 이는 파리회의 동안에 천재적인 솜씨로 그의 통역 임무를 훌륭히 수행했었다. 통

---

1) 망투(P. Mantoux, 1877~1956) : 프랑스의 역사학자. 런던대학에서 근대사를 교수하다가 파리강화회의 때에는 서기(1919)를 지냈고, 국제연맹 정치부장(1920~27), 제네바국제연구소 소장(1927~31)을 지냈다.

역할 때에 뒤따르는 시간의 지체가 협상자들에게 불편을 주지 않았다. 왜냐하면 협상자들은 그가 좀 전에 피력된 소견들의 요점을 정리함으로써 통역하는 시간 동안에, 자신의 답변을 신중히 생각할 수 있었기 때문이다.

프랑스어가 우위를 누린 것은 회담에서 뿐만이 아니었다. 베르사이 유조약 때까지 통상적인 외교상의 접촉은 거의 배타적으로 프랑스어로 이루어졌다. 극동 지역에서는 영어가 일반적인 공용어이기 때문에 예외적이었다. 유럽에서는 모든 문서와 각서 등의 작성이나 공식적 · 사교적 대화가 모두 프랑스어로 진행되었다. 제정러시아 시대의 외교적 사무를 처리하면서 많은 러시아 대사들은 본국 정부에 보내는 공문까지도 프랑스어로 작성하였다. 그리고 현대에 이르러서도, 유럽 전반에 걸쳐 프랑스어를 외교 교섭의 통용 매체로 보는 것이 통례로 되어 있다.

어떤 점에서 본다면 구시대 외교의 관례가 사라져 가고 있다는 것은 다소 유감스러운 일이다. 리투아니아인이 포르투갈인과 대화를 나눈다거나 그리스인이 덴마크인과 대화를 나눌 수 있는 어떤 공용어가 존재한다는 것은 분명 편리한 일이다. 그와 같이 일반적으로 통용될 수 있는 언어가 존재하지 않을 때 우리는 곤경에 빠지게 된다. 최근 런던에 주재하는 어느 강대국의 대사관은 자신의 북구어로 공식적 환영연의 초대장을 발송한 적이 있었다. 중동 지역의 대표자들은 이 초청에 대해 아랍어로 응신하였다. 그러다 보니 손님들이 초청을 수락하는 것인지 안하는 것인지를 파악하는 데 정작 애를 먹은 것은 초대장을 보낸 그 대사였다.

프랑스어가 어떤 언어보다도 외교 교섭의 모든 목적을 달성하는 데 우월함이 있다고 주장할 만한 특질을 지니고 있음은 의심할 수 없는 사실이다. 자신의 생각을 바르게 정리하지 않고서는 누구도 프랑스어를 정확히 사용한다거나 생각을 논리적으로 전개한다거나 단어들을 기하학적으로 치밀하게 사용한다는 것이 불가능하다. '정확성'이 외교에서 주요한 가치 중의 하나라고 본다면 인간의 정신이 일찍이 창조한 가장 고귀한 언어 중의 하나인 프랑스어를 우리들의 협상 매체에서 배제한다는 것은 유감스러운 일일지도 모른다.

3

'유럽 체제'라는 말도 오늘날은 의미 없는
용어가 되고 말았고, '유럽의 협조'도
'유럽의 전쟁' 때문에 살아남지 못했다.

이제 나는 현행 외교계에서 사용되고 있는 보다 전문적인 용어들의
정의를 살펴보고자 한다. 이 용어들을 보노라면 19세기의 많은 공용어
들 중에는 현재에 거의 쓰이지 않는 것들이 많다는 것을 부수적으로
알게 될 것이다.

오늘날에는 국무장관이 내각의 각료를 '폐하의 충실한 신복'(His
Majesty's Servants)이라고 부르지 않는다. '유럽 체제'(European System)라
는 말도 오늘날은 별 의미 없는 용어가 되고 말았으며 오히려 '유럽의
협조'(Concert of Europe)도 '유럽의 전쟁'(The European War)에서 살아남
지 못했다.

현대 외교관들은 소비에트 정권이나 독일을 '북왕국'(The Northern
Courts)이라고 호칭하지는 않는다. 그리고 크레믈린 정권도 이젠 그들
의 대사를 '우리 성 제임스 궁정의 대사'(Our Ambassador at the Court of St.
James)라고 부르지는 않는다. 웰링턴 공(Duke of Wellington)[2]이 말했듯

---

2) 웰링턴(Duke of Wellington, 1769~1852) : 영국의 군인 · 정치가. 주프랑스 대사
   (1814), 비엔나회의 영국 대표(1815)를 지냈고, 나폴레옹(Napoleon)의 백일천하를
   격파한 후(1815), 영국군 총사령관(1827~28, 1842~52)과 수상(1828~1830), 외상
   (1834~35)을 지냈다.

이, 어떤 공사가 학살을 '딱한 처사'(transaction complained of)라고 말한다면 현대의 우리는 어리둥절하게 될 것이다. 그리고 '각하'(Excellency)라는 칭호를 사용하여 야기되는 혼란은 전전(戰前)의 외교관들을 몹시괴롭혔을 것이다. 영자지(英子紙)의 해외 특파원들에게 친근했던 것으로서, 몇몇 국가의 외무성을 애칭으로 부르던 관례가 사라졌다는 것은환영할 만한 변화이다.

우리는 아직도 흔히 프랑스 외무성을 께도르세(Quai d'Orsay)라고 부르며, 독일 외무성을 빌헬름슈트라세(Wilhelmstrasse)[3]라 부른다. 하우스암 발프라츠(The Haus am Ballplatz)[4]라는 용어는 더 이상 사용되지 않는다. 그리고 '우아한 포트'(The Sublime Porte)[5]라는 표현도 외교사를 전공하는 학생들조차 잘 모르는 정도이다. 사실상 이 단어는 태평성세 시대에 사용하던 '성스러운 문'(Bab Ali)이라는 뜻의 '우아한 문'(Gate of Sublimity)이 오역되어 쓰여졌던 것에 지나지 않는다.

나는 이제 외교 용어 소사전을 살펴보고자 한다. 이 소사전을 꾸미는 데 크게 도움을 준 서적은 리치(Hugh Ritchie)[6]가 오늘날까지 성실하게 보관해 오다가 1932년에 출판한 새토우 경의 고전적 저작인 『외교실무 입문』이다.

---

3) 빌헬름슈트라세(Wilhelmstrasse) : 독일의 베를린 중심부에 있는 관청가로서 독일 외무성의 별칭으로 불린다.
4) 하우스 암 발프라츠(The Haus am Ballplatz) : '무도가의 집'이라는 뜻으로서 독일외무성의 별칭이었다.
5) '우아한 포트'(The Sublime Porte) : 1923년 앙고라로 환도하기 이전의 터키 왕조를의미하는 것이나, 오늘날에는 터키 정부의 대명사로 쓰이고 있다.
6) 리치(Hugh Ritchie, 1864-1948) : 그린노크대학(Grennock Academy) 수료. 영국 외무성에 들어가 조약국 차관보를 지냄. 새토우(E. Satow)의 유고 『외교 실무 입문』을 출판하였다.

- **Accession**(추후 가맹) : 어떤 국가 대표가 협상에 참석치 못해서 조약에 서명하지 못했을 경우에, 그 국가가 후일에 '가맹' 할 수 있도록 추후 가맹에 관한 구절을 국제조약에 삽입하는 것은 흔히 볼 수 있는 관례이다. 그 좋은 예로서 1912년 1월 23일에 체결된 국제아편협정(International Opium Convention) 제22조가 있는데, 이 협정문에는 이 "협의에 참석치 못한 국가도 이 협정에 서명할 수 있다."라는 조항이 포함되어 있다.

- **Accord**(협약) : 일반적으로 국제적인 관심사가 되면서도 공식적인 조약(Treaty)이나 협정(Convention)이 될 만큼 중요하지 않은 문제들은 협약(Accord)이나 합의서(Agreement)로서 처리된다. 그 예로서는 국가 간의 저작권, 공공 보건, 약품 처방 등에 관한 협정들이 있다.

- **Acte Final**(최종 문서) : 어떤 국제 회의나 회담이 종결되었을 때, 회의 진행을 공식적으로 요약하거나 설명하는 것이 편리하다고 생각될 경우에는 흔히 최종 문서를 만든다. 이 문서의 설명문은 회담의 결과로 서명된 조약을 자세히 설명하고 토의 주제에 대한 의사 표현과 수긍할 만한 비평들을 포함한다. 이러한 요약 문서는 때때로 문서(Acte), 의정서(Protocol), 최종 구약서(口約書, Procès Verbal Final)등으로 불리나, 최종 문서(Acte Final)가 가장 정확한 표현이다.

- **Ad Referendum**(잠정 합의) : 협상 대표가 본국 정부의 언질을 받지 않고 상대국의 제안을 편의적으로 수락할 경우가 있다. 이렇게 할 경우 협상자는 상대국의 제안을 '잠정 합의' 라는 조건으로 일단 동의할 수 있는데, 이는 '본국 정부의 승인을 받도록 된 사항' 임을 의미한다.

- **Agrément / Agréation**(사절의 접수 승인) : 어느 정부가 자국의 대사나 공사에게 신임장을 주어 타국으로 파견하고자 할 때는 선임된 외교

관에 대한 주재국 정부의 사전 승인을 받는 것이 필요하다. 외교관이 개인적인 곤경에 처하지 않도록 '사절의 접수 승인'(Agrément)을 위한 공식적인 신청서를 작성하여 우송하기 전에 사적(私的)인 경로를 통하여 그 국가의 외무성에게 타진해 보는 것이 관례이다. '사절의 접수 승인'이 보류된 유명한 예로서는 러시아의 니콜라스 황제(Nicholas)[7]가 성 페테르부르크에서 영국 대사 캐닝 경(Sir Stratford Canning)의 접견을 거부한 일이 있다.

- **Asylum**(망명처) : 외국에 몸을 피한 정치적 망명자들은 그들이 탈출한 국가로 호송되지 않는 것이 일반적인 외교 관례이다. 그러나 정치적 망명자들이 외국으로 도피하여 망명처를 찾는 것이 아니라 자기 나라의 수도에 있는 외국 대사관이나 공사관을 망명처로 택할 때에는 좀 더 어려운 문제가 발생한다. 동양 국가들 중에 특히 페르시아에서 이 제도가 남용되어 망명 정치가 개인만이 아니라, 그의 모든 부족과 가족들이 페르시아 주재 영사관에 한 덩어리가 되어 '피난'(bast)을 하곤 했었는데 이는 그들의 군주로부터 보복을 피하기위해서였다. 이러한 피난민들을 제3국으로 떠나보내기 위해서는 흔히 오랜 협상이 필요하다.

- **Attaché**(대사관원, 공사관원) : 이에는 3가지 유형이 있다.

  (1) 해군 무관, 육군 무관, 공군 무관, 상무관 등으로 대개는 고위 공무원들인데, 이들은 특별한 공무 수행을 위해 파견되는 사절단을 수행한다.

  (2) 외교관보로서 최하급의 외무직 서기관들인데, 최근에는 많은 국가들이 이 등급을 폐지하였으며, 그 명칭도 3등 서기관으로 바

---

7) 니콜라스 황제(Nicholas, 1796~1855) : 니콜라스 1세를 의미함.(재위 1825~55) 터키와의 불화로 크리미아전쟁을 일으켰다.

꾸었다.

(3) 명예직 외교관(Honorary Attaché)으로서 이들은 무보수로 근무하는 지원자들로서 영구직 공무원들이 아니다. 그러나 이들은 대개 젊은이들로서 별도의 사적인 생계 수단을 가지고 있으며, 대사 관과의 남다른 연고를 가지고 있다. 이들은 대학을 다니면서 자기 일생의 과업에 정착할 때까지 대사관이나 공사관에서 여가를 보낸다.

- **Bag, The**(행낭) : 대사나 공사는 본국 정부와 연락하기 위해서 암호 전문, 국제 전화 등을 사용하기도 하고, 때로는 보고서나 급송 공문 들을 이용하기도 한다. 이러한 보고서나 급송 공문은 우편 행낭에 봉합되어져 특별한 급사(急使)나 칙서 송달원(King's Messengers)에 의해 우송된다. 때로는 자기 나라 선박의 선장에게 외무성 행낭의 안전 송달 일체를 위임하기도 한다. 현대에 와서는 급사를 이용하는 경향이 점점 감소되고 있다. 칙서 송달원이나 급사는 특별 여권을 부여 받으며 이들의 행낭은 불가침의 특권을 갖는다. 구외교 시대의 외국 주재 사절들은 이 '행낭의 특전'을 이용하여 사신(私信) 뿐만 아니라 대량의 소모품까지도 수수(授受)할 수 있었다. 그러나 오늘날 영국의 외교 관들에게 이러한 특권이 상당히 제한되고 있다. 해외 공관에서는 이 행낭이 도착하거나 발송되는 날에 항상 분주하게 되는데 그래서 이 날을 '행낭의 날'(bag day)이라고 부른다. 프랑스 사람들도 이와 비슷한 표현으로 가방(la valise)이라는 용어를 쓴다.

- **Belligerent Right**(교전권) : 이 용어는 외교 실무와 관계된다기보다는 오히려 국제법과 관계가 있다. 국제법상 교전 중인 국가는 국제적으로 공인된 몇몇 권리와 의무를 갖는다. 이러한 권리 중에서 가장 중요한 것은 적국의 해안이나 항구들의 봉쇄를 선언할 수 있다는 것이

다. 일반적으로 폭도들이나 혁명군들은 그들이 국제적으로 승인받기 전까지는 '교전국'으로 인정되지 않는다. 그러나 폭동이 모반의 단계에서 내전으로 확대되는 단계에 이르렀다는 것이 분명해지면 그 반정부군들에게도 교전권을 승인해 주는 것이 외교적인 관례로 되어 있다. 그러나 이런 절차에 대한 절대적 원칙은 존재하지 않는다.

- **Bilateral**(쌍무적) : Treaty의 항목을 참조
- **Capitulations**(강대국 우대조약) : 강대국들은 몇 세기 동안, 그들의 국민이 거주하고 있는 비기독교 국가들에게 자국 국민이 그곳에서 특권과 면책을 누릴 수 있는 특정 조약을 강요해 왔다. 이러한 특권들 가운데는 면세권과 주재국의 법정에서 재판을 받지 않는 권리들이 포함되어 있다. 이러한 조약들은 소위 강대국 우대조약(Capitulations)이라 부르며, 대체로 무한정하게 복잡해진 이 협정 체제를 강대국 우대조약 체제(Capitulations System)라고 부른다. 그리고 이러한 조약상의 특권을 누리는 국가들을 그러한 체제의 권외에 있는 약소 국가들과 구분하여 특권 강대국(Capitulatory Powers)이라 부른다. 제1차 세계 대전 이후 터키와 페르시아는 강대국들의 동의 아래 이러한 제도를 폐기했다.
- **Casus Belli**(개전 이유) : 한 나라가 어떤 국가에게 전쟁을 정당화할 수 있는 성격의 행동을 취했을 때 그것을 '개전 이유'라 한다. 만일 어떤 외국이 이집트를 침공했다면 영국은 이를 '개전 이유'로 간주할 수 있다.
- **Casus Foederis**(지원 의무의 발생 사유) : 이는 '개전 이유'와 다른 의미를 갖는다. 이는 어떤 특정한 동맹조약을 발효시킬 수 있는 행동이나 사건을 의미하며, 또한 한 체약국이 동맹국의 지원 요청을 정당화시킬 수 있는 사유가 되는 사건을 의미한다. '지원 의무의 발생 사유'

를 구성함으로써 체코 정부는 프랑스와 러시아 정부에 대해 동맹조 약상의 지원 의무의 이행을 요청한 바 있다.

- **Chancelleries**(공관 사무국) : 이 단어(Chancellery)는 공관(Chancery)이라 는 단어와 혼동되는 일이 흔히 있다. '사무국'이라 함은 본시 공관에 근무하는 1등 서기관의 사무실을 의미하지만 요즈음에는 단지 외교 정책을 조정하고 조언하는 공사나 직원들을 지칭하는 용어로 쓰인 다. 유럽 사무국(The Chancelleries of Europe)이라는 말은 사실상 열강의 외무성(Foreign Offices of the Powers)이라는 말과 별 차이가 없다. 공관 (Chancery)이라 함은 사절단장과 1·2·3등 서기관, 그리고 사무원까 지 포함한 모두 직원들의 실제 집무실을 지칭하는 말이다. 이 용어는 또한 그들이 집무하고 있는 공관 사무국의 구내를 지칭하는 데 쓰이 기도 한다. 공관 비서(Chancery Servant)는 또한 본국 외무성의 문서 송 달 담당 직원(Office Messenger)에 해당된다.

- **Chargé d'Affairs**(대리공관장) : 대사나 공사가 임지를 잠시 떠나게 될 때에는 공사관이나 대사관의 통할을 공관 직원들 중의 다음 서열인 참사관이나 1등 서기관에게 위임한다. 위임받은 직원은 당분간 공관 장이 되어 외국 정부와 협상하고 또한 본국 정부에 제반 사안을 보고 한다. 외국 정부에 대한 불쾌감을 표명하는 것이 바람직하다고 생각 될 때에는 대리공관장을 오랫동안 주재시키며 후임 대사나 공사를 임명하지 않는다. 대리공관장의 경우에는 사절 접수 승인(Agrément) 이 필요 없다.

- **Compromis d'Arbitrage**(중재 협약) : 양국이 중재에 의한 분쟁 해결에 합의할 경우에는 그들이 따르게 될 중재 절차를 규정한 계약을 입안 하는 것이 편리하다는 점을 알게 된다. 이 계약을 중재 협약이라 하 며 통상적으로 협약(Promis)이라고도 한다.

- **Concordat**(정교협약) : 교황이 일국의 원수와 함께 서명한 조약을 정교협약(政敎協約)이라 한다. 이런 조약은 '최고로 신성하고 영원한 성부·성자·성령의 이름으로'(In the Name of the Most Holy and Indivisible Trinity)라는 서두로 시작한다. 최근의 '정교협약' 중에 가장 특기할 만한 것은 1929년 2월 11일에 '로마 문제의 해결'을 위해서 교황과 이탈리아 왕이 래터런(Lateran)[8]에서 조인한 것이 있다.

- **Conference / Congress**(회담 / 회의) : 이 두 단어 사이에 별다른 의미상의 차이가 없다. 그러나 같은 뜻이긴 하지만 회의(Congress)는 때때로 회담(Conference)보다 더 강한 의미를 가지며 대규모의 전쟁이 종결된 후 영토를 재분할하는 것을 다루는 모임이라든가 또는 사실상 모든 열강들이 참석한 모임을 '회의'라고 주장하는 경우도 있다. 제1차 세계 대전 이후 파리에서 개최된 비엔나회의(Congress of Vienna)는 회담(Conference)의 형식을 취했던 예가 있다는 점에 비추어 볼 때 역사적으로 회의와 회담을 실제로 구별하기는 어렵다. 회담은 전쟁의 승전국들이나 직접 당사자들만이 모인 회담을 지칭하는 것이오, 회의는 승전국과 패전국들은 물론 중립국들까지 참석한 회의를 가르키는 용어로 적당할 것이라고 말할 수는 있다. 그러나 순수주의자들은 이러한 구분조차 문제 삼을 것이다.

- **Convention**(협약) : 협약은 국가 간에 크게 중요시되지 않는 조약 형태를 말하는 것으로서 국가의 대표 간에 체결되는 조약이 아니라 정부 사이에 체결되는 조약을 뜻한다.

- **Corps Diplomatique**(사절단) : 어떤 국가의 수도에서든 사절단은 각국 주재 공사관원을 포함한 간부급 외교 참모들로 구성된다. 영사나

---

8) 래터런(Lateran) : 로마교황청의 한 궁정. 16세기 이후에는 박물관으로 사용되고 있다.

학생 신분의 통역들은 일반적으로 이 사절단에 포함되지 않는다. 수석 대사나 공사는 사절단장(Doyen)이 되며 이들은 그들의 공동 권익에 관계되는 문제를 대변한다.

- **Counsellor**(참사관) : 1등 서기관은 대사관이나 혹은 예외적인 경우에는 공사관에서 참사관(Counsellor, Conseiller, Botschaftsrat)의 직위를 갖는다. 예외적인 경우에는 공사관에도 참사관의 직위가 있다. 예컨대 파리나 워싱턴과 같은 중요한 대사관에서는 참사관을 공사로 대우한다. 공관장이 부재 중일 때에는 참사관이 그 직무를 대리한다.

- **Credentials**(신임장) : 외교관이 어떤 국가의 대사나 공사의 직책에 임명되면 군주나 원수가 서명한 신임장을 받는다. 그리고 그가 상대국 원수에게 신임장을 제출하기 전까지는 그 권한을 수행할 수 없다.

- **Démarche**(알선) : '알선하다'(faire une démarche)라는 프랑스어에 딱 맞는 영어로는 의사를 '표현한다'(make representation)라는 단어밖에 없다. 그러나 이 프랑스어는 제안에서 협박에 이르기까지의 모든 표현 방법을 의미하고 있다는 것을 잊어서는 안 된다.

- **Détente**(긴장 완화) : 일부 사람들이 생각하고 있는 것처럼 긴장 완화(Détente)는 협약(entente)의 반의어는 아니며 단순히 긴장의 완화(a relaxation of tension)를 의미할 뿐이다.

- **Diplomatic Illness**(외교적 신병) : 정치가나 협상 대표가 어떤 의식이나 회합에 불참하는 것이 편할 때가 흔히 있는데 이때 부당한 공격을 유발하지 않기 위해서 병을 칭탁한다. 이렇게 가식적인 구실로 사용되는 질병을 외교적 신병이라 한다.

- **Diplomatic Privilege**(외교 특권) : 외교관들은 그들이 공식적으로 주재하고 있는 국가 내에서 특권과 면제권을 누린다. 이러한 특권들은 공관장뿐만 아니라 그들의 부인, 가족, 그리고 고용원들에게 부여된

다. 이러한 특권들은 신체와 주거의 불가침권과 주재국 세금의 면제, 형사상 · 민사상의 법적 면제를 포함하고 있다. 외교관은 법관에 의해 소환되거나 피소되거나 법정 증언을 강요당하지 않는다. 경우에 따라 주재국 정부로부터 "외교적 특권을 포기하라."는 요구가 제기될 수도 있지만 이러한 요구에 동의하지 않아도 된다. 다행히도 이런 경우는 거의 없지만, 극단적인 경우 그 외교관이 너무 온순해 보이면 그가 범법 행위를 한 국가에서 그의 소환을 요구할 수도 있고 또 그가 일단 공적 신분을 상실하면 심지어 체포될 수도 있다. 외교적 특권은 때에 따라 전문적인 의미에서 외교관이 아닌 연맹 사무국의 직원들에게 부여되는 수가 있다.

- **En Clair**(보통 電文) : 전보는 암호문으로 타전될 수도 있고 보통문으로 발송되어 질 수도 있는데 후자를 '보통 전문'이라 한다. 보통 전문은 주재국 정부가 별 문제 없이 전문을 해석하게 할 필요가 있을 때 이용된다.

- **Entente**(협약) : 이 말은 친선 협약(entente cordiale, cordial understanding)에서 파생된 용어이다. 협약(entente)이라는 용어는 추축국(axis)이라는 새로운 용어처럼, 어떤 국가들 간의 견해와 이해관계가 동질하다거나 어떤 특정한 문제에 대해서도 동일한 정책을 취하고 있음을 의미한다. 따라서 이 용어는 동맹 관계(alliance)와 선린 관계(good relations)의 중간 정도를 의미한다. 제1차 세계 대전 기간과 그 후기에 이르러서는 구체적으로 상호 이해의 형태로 결속된 국가들, 이를테면 3국 협약(Triple Entente)이라든가 발칸협약(Balkan Entente) 등을 지칭하는 데 이 용어가 많이 쓰이고 있다.

- **Excellency**(각하) : 영국에서는 바보스러운 이 경칭을 대사(Ambassador), 인도 총독(Viceroy), 총독(Governors-General)에 한해서만 사용한다.

그러나 다른 국가에서는 내각 각료들은 물론 어떤 특정 연령층이라든가 지위를 보아 경칭을 붙이는 것이 바람직한 사람들에게도 각하라는 칭호를 확대하여 사용하고 있다.

- **Exterritoriality**(치외법권) : 이 단어는 앞서 언급한 외교적 특권이나 면책권을 정의할 때에 좀 막연히 사용되는 것이다. '강대국 우대조약' (Capitulation)의 설명을 참조할 것.

- **Extradition**(범인 인도) : 세계 거의 모든 국가들 사이에 시행되고 있는 범인 인도조약(Extradition Treaty)에 따르면 외국으로 도주한 형사범을 범죄가 저질러진 당사국으로 인도하도록 되어 있다. 그러나 정치범들은 범인 인도조약의 범주 안에 포함되지 않으며 정치적 망명자들은 일단 탈출에 성공하면 망명(Asylum)이 허용된다.

- **Extraordinary**(특명대사) : 예전에는 '일반' 또는 주재 대사와 특별 임무로 파송되는 '특명' 대사와는 구별이 있었다. 그러나 이렇게 사람을 구별하는 것은 비위에 거슬리는 일이었기 때문에 오늘날에는 모든 대사가 다 특명대사이다.

- **Fin de Non Recevoir**(접수 거절) : 이 용어는 일국의 공식적인 불만이 상대국에 의해 일말의 고려도 없이 거부되는 외교적 의사를 나타낼 때 사용된다. 자기의 어떤 요구 사항이 상대국에 의해 접수 거절(Fin de Non Recevoir)을 당했다고 말한다면 그것은 바로 '상대편이 그 문제를 절대적으로 거부하였음' 을 의미하는 것이다.

- **Full Powers**(전권위임서) : 협상 대표가 어떤 국제조약에 서명하기 위해서는 그의 원수에 의해 서명 날인한 전권위임서(Full Powers)를 갖추어야 한다. 만약에 그가 단순히 그 조약에 서명만 한다면 그의 전권위임서는 외상의 서명으로서도 충분하다. 영국의 경우 왕실이 발행하는 전권위임서는 다음과 같이 사절을 보장하고 있다.

"이 전권위임서를 접수하게 될 모든 사람 또는 개인에게 보증하노니, 지혜와 충성과 성실과 신중함에서 신뢰할 수 있는 우리의 진실하고 경애하는 ○○경을 대영국제국과 북아일랜드의 의심할 나위 없는 위원 · 대리인 · 전권대사로 임명하였다."

- **General Act**(일반 의정서) : 일반 의정서라 함은 회의의 결과를 요약한 것이거나 조약문에 구체화된 어떤 원칙에서 추출한 세부 규정을 의미한다.

- **Good Office**(선의의 주선) : 두 국가 사이에 논쟁이나 전쟁이 발생하는 경우 논쟁을 완화시킨다든지, 평화 협상을 개진시키기 위하여 3국이 '선의의 주선'을 마련하는 일이 흔히 있다. 이 선의의 주선은 다만 그 정도의 면에서 중재와 구별된다. 즉 전자는 제3국 정부가 분쟁 중인 두 국가를 위하여 의사 소통의 역할을 하는 것에 지나지 않지만, 중재는 보다 공식적인 방법으로서 제3국 정부가 중재자가 되어 실제로 협상을 수행하는 것을 뜻한다.

- **Guarantee, Treaties of**(보장조약) : 어떤 조약들은 조약 가맹국들이 조약상의 의무 수행과 조약 유지를 보장한 조문들을 조약문에 포함하고 있다. 그 예로 1839년의 런던조약에 따라 영국은 벨지움의 영토 보전을 보장하였으며, 1914년에 영국이 제1차 세계 대전에 참전하게 된 것도 이러한 약속을 수행하기 위한 것이었다. 그리고 집단 보장(collective guarantee)은 공동 및 다국 보장(joint and several guarantee)과 상당한 차이가 있다. 1867년의 조약에 따라 룩셈부르크의 영토 보전을 보장했던 바와 같이, 집단 보장의 경우에 가맹국은 단지 다른 가맹국들이 똑같은 행동을 취할 때에만 행동을 취하게 된다. 그러나 그와는 달리 공동 및 다국 보장은 1839년에 벨지움에게 취해져야 한다고 주장했던 경우와 같이 어떤 가맹국이 그들의 의무를 회피하거나 파기할

경우에 다른 가맹국들은 단독으로도 행동을 취할 의무가 있다.

- **Laisser Passer**(통행증) : 직무상 여행을 하는 외교관들은 방문하고자 하는 국가에 주재하는 대사관에서 추천장을 받아 세관을 통과하게 된다. 이 추천장은 외교관의 휴대품이 국경선에서 조사받지 않는다는 것을 보장하고 있다. 영국의 해외 사절들은 공직 임무로 여행을 하는 실질적인 공무원에게만 통행증을 발급하기 때문에 의기소침해 있지만 다른 나라들은 이런 제도에 대하여 훨씬 너그러운 편이다.
- **Mémoire**(각서) : 각서는 공관장이 주재국 정부에게 보내는 통고문(Note)과는 달리 여러 가지 다양한 형식이 있다. 각서는 서두가 없이 시작하고 서명이 없다는 점에서 통고문과 다르다. 각서에는 비망기록(Pro-mémoriae), 추단(Déduction), 또는 동기 설명(Exposé de Motifs)이라는 명칭도 부여된다. 또 다른 형식으로 보조비망록(Aide-Mémoire)이라는 것이 있는데, 이것은 회견이 끝난 후 대사가 본국으로부터 지시받아 구두로 진술한 사항을 요약하여 상대국 외무장관에게 넘겨주는 약식 각서이다.
- **Mise en Demeure**(독촉) : 한 정부가 다른 정부에게 '수락하든가 포기하라'는 식으로 짧게 요청한다든지, 어떤 문제에 대한 분명한 의사 표시를 요구할 때 이를 m.e.d(Mise en Demeure)라 한다.
- **Modus Vivendi**(잠정협정) : 후일 좀 더 공식적이고 정밀한 회담을 통하여 다시 대체할 목적으로 행해진 일시적 합의를 의미한다.
- **Notes**(외교 문서, 각서) : 통상적인 외교 문서는 공관장이 주재국 정부에게 보내는 공식적 의견서로서, 1인칭 또는 3인칭으로 기술된다. 외교 문서는 아래와 같이 세 가지 유형이 있다.

  (1) Collective Notes(공동 각서) : '공동 의사 표시'를 하라는 본국의

훈령을 받은 몇 개국 대표들이 어떤 특정 문제에 대해 공동으로 작성하여 주재국 정부에 보내는 각서를 말한다. 이 공동 각서는 참석 대사들이 한 장의 문서에 같이 서명하는 경우는 드물지만 원문은 모두 동일하다.

(2) Identic Note(동문 동첩) : 동문 동첩은 공동 각서와 유사하지만 의미는 약간 미약한 편이다. 원문은 내용과 형식이 꼭 동일하지 않을 수도 있으며, 상대국 정부에 동시에 제출되지 않아도 된다.

(3) Note Verbale(구상서) : 구상서(口上書)는 대사들이 서명한 각서보다는 비공식적이며 각서(Memorandum)보다는 공식적이다. 구상서에는 서명을 하지 않지만, 말미에 관례적으로 사용되는 인사말을 덧붙이는 것이 일반적이다. 사실상 이런 정중한 인사말을 첨언하기 때문에 구상서는 비망록(Mémoire)과 구분된다.

• **Persona Grata**(호감가는 인물)[9] : 대사나 또는 그 밖의 사절이 주재국 정부로부터 심한 미움을 받고 있을 때 그 외교관은 '호감가는 인물'로서는 끝장이 났다고 말한다. 이 정도가 되면 그 외교관은 본국으로 소환된다. 그러한 예로서 스페인 내정 문제에 관한 과감한 충고를 서슴지 않았던 벌워(H. Bulwer)는 이미 예상하고 있는 출국을 "조속한 시일 내에 실행하길 바란다."는 요청을 소토마요르(Sotomayor)로부터 받았다. 이에 대해 벌워는 "조금도 그럴 의사가 없다."고 응신한 적이 있다. 마침내 벌워는 스페인 정부로부터 여권을 회수당했으며, 출국 통고를 받았다. 이 사건으로 영국 수상 파머스톤(H. Palmerston)은 스페인과의 외교 관계를 단절하고, 런던 주재 스페인 공사를 출국시켜 버렸다.

• **Placement**(좌석 배치) : 옛날의 서열 다툼은 현저히 감소되었지만 현

---

9) 이와 반대되는 의미로는 기피 인물(*persona non grata*)이라는 용어를 쓴다.

재에도 외교관들은 만찬회의 좌석 순위로 매우 고역을 치루고 있다. 외교상 초청된 손님들의 비위를 거스르지 않기 위한 좌석 배치의 기술을 '좌석학'(Science of "Placement")이라고 부른다.

- **Prendre Acte**(신중한 처신) : 이 용어는 "나는 이 문제를 기록해 두었다가 추후에 귀하와 토론하겠습니다."라고 표현하는 화술을 의미한다.
- **Procés Verbal**(의사보고서) : 회의의 기록(Minute)이다. 참가국들이 서명한 의사보고서는 구속력을 갖는다.
- **Protocol**(의정서) : 의정서는 본래 조약이나 협정보다 훨씬 비공식적인 합의 기록이다. 많은 국제 협약들이 이 의정서의 형식으로 이루어졌었는데, 그 대표적인 예는 1920년 제네바에서 조인된 국제사법상설재판소(Permanent Court of International Justice)의 설치를 위한 협약이다.
- **Protocole**(의전) : 이 용어를 영어로는 정확히 변역할 수 없다. 이는 영어의 의식(Ceremonial)이라는 말과 절차 규칙(Correct Form of Procedure)이라는 말이 결합된 것과 의미가 같다. 따라서 의전국장(Chef du Protocole)은 영국에서는 시종장(侍從長: Lord Chamberlain)에 상당하기도 하고 외무성 조약국장(Head of the Treaty Department)에 해당되기도 한다. 형용사인 Protocolaire는 관례적 준칙에 얽매인 외교관을 지칭하는 데 사용된다.
- **Raison d'État**(국가 이유) : 국가적 이익은 모든 개인적 도덕률에 우선한다는 외교적 · 정치적 이론.
- **Rapporteur**(보고 책임자) : 어떤 회의에서 특별한 문제를 신중히 처리하기 위해 위원회 또는 분과위원회의 설립을 결정하면 그 위원회의 구성원들은 대변인을 선출하여 본회위에 보고서를 제출하게 하는데 그때의 이 대변인을 '보고 책임자'라 부른다.
- **Recognition, De Facto**(사실상의 승인) : 한 국가에서 반란군이 중요 지

역을 점령하여 실제적으로 통치할 수 있는 충분한 행정부를 수립하
게 되면 다른 국가들은 그 정부를 그 통치 지역에서의 사실상의(*de
facto*) 정부로 간주하는데 이는 법률상의(*de jure*) 정부와는 다르다. 이
와 마찬가지로 교전 중에 있는 한 국가가 적국의 넓은 지역을 통치
하에 두게 되면 그 점령 국가를 그 지역에서의 '사실상'의 정부로 인
정한다.

- **Safe-Conduct**(전시 통행) : 어떤 개인이 간섭받거나 방해당하지 않고
  적국의 영토를 통과할 수 있는 허가를 의미한다. 연합국들의 '전시
  통행'에 의해 번스토르프 백작(Count Bernstorf)이 1917년 미국에서 독
  일로 돌아갈 수 있었던 것이 그 좋은 예이다.

- **Sanction**(제재) : 국제법을 위반했거나 동맹 규약을 어겼을 때 가해지
  는 벌칙을 의미한다.

- **Status Quo**(현상 유지) : 이 용어는 어느 특정한 순간에 존재하는 상황
  을 표현할 때 사용된다. 어떤 주권이 특정한 기간 동안 점령한 영토
  를 의미할 때 옛날 외교 용어로는 '점유물 유보의 원칙'(uti possidetis)
  이라 하였다. '전전(戰前) 현상의 유지'(status quo ante bellum) 또는 '이
  전 현상의 유지'(status quo ante)라 함은 단순히 전쟁 전의 상태를 지칭
  한다.

- **Treaties**(조약) : 조약은 양국 간에 체결되는 쌍무적(bilateral)인 것이거
  나 아니면 다변적(multilateral)인 것이 있다. '상호 보장' 조약은 로카르
  노조약(Treaties of Locarno)과 같이 외국의 공격에 대한 가맹국의 안전을
  보장하는 국제 협약을 의미한다.

- **Ultimatum**(최후 통첩) : 최후 통첩은 때때로 선전 포고(declaration of war)
  를 의미할 때도 있으나 이것은 오해이다. 이 용어는 단순히 협상이
  결렬되기 직전의 '마지막 말'이라는 의미로 쓰이는 때가 흔히 있다.

이 최후 통첩은 일반적으로 어떤 날, 어떤 시기에까지 만족할 만한 응답이 없으면 어떤 특별 조치가 취해질 것이라는 식의 서면 형식을 취한다. 상대국의 반응이 만족스럽지 않더라도 그 결과가 반드시 전쟁을 유발하는 것은 아니다. 파머스톤(H. Palmerston) 수상은 돈 파시피코(Don Pacifico)[10]의 불행한 사건에 직면했을 때 만일 그리스 정부가 24시간 이내에 영국의 제안을 수락치 않는다면 영국은 그리스 선박을 나포하고 그리스 해안을 봉쇄하겠다는 최후 통첩을 그리스에 보낸 바 있다.

- **Under Flying Seal**(경유 문서) : 대사가 본국 정부에게 보고서를 우송할 경우, 보고서의 내용이 다른 수도에 있는 자국 대사에게도 알려지는 것이 유리하다고 생각될 경우가 흔히 있다. 그럴 경우 그 대사는 그 문서가 송달되는 동안에 다른 대사가 그것을 읽도록 '경유 문서'로 그것을 발송한다. 이를테면 러시아 주재 영국 대사가 '베를린 경유 문서'(Under Flying Seal to Berlin)라고 겉봉에 써서 보내면 그 보고서가 본국 외무성으로 오는 도중에 베를린 대사도 그것을 읽게 된다.

- **Unfriendly Act**(비우호적인 행동) : 한 국가가 전쟁을 야기할 수 있는 정도의 위험한 행동을 취하는 어떤 국가를 경고할 필요가 있을 경우, 그와 같은 행위는 '비우호적인 행동으로 간주될 것'(be regarded as an un-friendly act)이라고 흔히 말한다.

- **Unilateral Declaration**(단독 선언) : 경우에 따라서 강대국들은 다른 열강들에게 자신의 정보와 지침을 전할 수 있는 원칙을 선언함으로

---

10) 돈 파시피코(Don Pacifico, 1784~1854) : 포르투갈 출신의 유대계 영국인. 그리스 주재 포르투갈 총영사(1837~42) 재직 이후 아테네에 정착. 1847년에 그리스의 폭도들이 그의 집을 불태우자, 그리스 정부에 보상을 요구, 이 당시 외상이던 파머스톤은 그리스에 함대를 파견하고(1850년), 의회에서 5시간 동안 파시피코를 지지하는 연설을 한 바 있다.

써 자신의 권익과 정책을 수립하려고 모색한다. 효과의 면에서 볼 때 먼로주의(Monroe Doctrine)가 그러한 예에 속한다. 좀 더 최근의 예로서는 커즌 경(Lord Curzon)이 1922년 3월 15일에 열강들에게 보낸 순회 각서(Circular Note)를 들 수가 있다. 커즌 경은 이 각서에서, 영국과 이집트 사이에 존재하는 특수한 관계가 제3국에 의하여 문제화되거나 논란이 되는 것을 용납할 수 없으며, 이집트에 대한 어떠한 개입도 '비우호적인 행동'으로 간주할 것임을 경고하였다.

• **Venue**(현장) : 노련한 외교관들은 이 단어를 잘 사용하지 않지만 주로 언론인이 많이 쓴다.[11] 이것은 회의나 회담이 개최되고 있는 장소를 의미한다. 직업적 외교관들은 이 용어를 저속하다고 생각한다.

• **Voeux**(요망 사항) : 회의 참가국들은 장래의 보다 이상적 조정을 위하여 조약 원문에 어떤 '권장'할 만한 사항을 첨가시키기를 원하는 경우가 있는데, 이를 '요망 사항'(Wishes, Voeux)이라 한다. 그 예로서 1899년의 헤이그 평화 회의는 6가지의 '요망 사항'을 결의한 바 있었다. 그러나 이런 것들은 가맹국들에게 아무런 구속력을 갖지 않는다.

---

11) 본래 Venue 라는 단어는 '범행 현장'을 뜻하는 것으로 사용되기 때문이다.

XI 장
외교의 어제와 오늘*

외교 정책이 비밀에 부쳐져서는 안 된다.
그러나 협상은 반드시 비밀에 부쳐져야 한다.
오늘날 협상이 언론 기관에 누설됨으로써
방해를 받거나 좌절되는 예는 허다하다.
신뢰의 파괴는 항상 신문에서 비롯된다.

* 이 글은 *Foreign Affairs*(New York :
Council on Foreign Relations Inc.,
October 1961)에 게재되었던 것을
다소 수정하여 전재한 것임.(필자 주)

Diplomacy by Sir Harold Nicolson

1

현대의 외교관은 신용의 획득과 신뢰의 창조라는
과거의 제도에 자신이 더 이상 의지할 수 없다는
사실을 알아야 할 것이다.

1914년 이래 세계의 구조는 변화되었다. 오늘날에 벌어지고 있는 동
서 양대 진영의 대립에 비교해 본다면 18~19세기의 경쟁들은 하찮은
것에 지나지 않는다. 오늘날 우리는 이해관계의 대결에 직면하고 있는
것이 아니라, 한편으로는 개인적 자유를 지키려는 욕망과 다른 한편으
로는 대중적 신앙을 부과시키려는 욕망 사이에서 어느 쪽을 선택해야
하는지의 이념 투쟁에 직면하고 있다. 시간이 흐름에 따라서 지난날의
가치 규범이나 관습, 그리고 국제 협상의 방법은 그 신뢰도를 상실하
고 있다. 우리가 원자탄을 발명하지 않았더라면 우리는 이미 제3차 세
계 대전을 겪었을지도 모른다.

오늘날 공산 진영의 국가들은 조만간 그들이 세계 지배권을 획득하
여 이 땅 위에 그들의 교의(教義)와 권위를 실현시킬 수 있다고 확신하
고 있다. 그들은 이 목적을 위해 종교적 집착을 가지고 혼신의 힘을 쏟
고 있으며, 그것의 달성을 위해서는 그들의 생명이나 안락 그리고 행
복에 대한 기대까지도 바칠 준비가 되어 있다. 그들의 목적을 진작시
키는 것은 '옳고,' 그들의 목적에 방해가 되는 것은 '그르다.' 관습적
도덕이라든가 심지어는 신뢰심의 창조와 같은 것은 이러한 체제 속에

서 그 터전을 잃었다.

진실성도 무의미하게 되었다. 그들이 표방하는 복음의 빛나는 진리에 비교할 때 사소한 진실은 모두가 단순히 유산자적인 금지 조항에 지나지 않는다. 과거의 외교는 신뢰의 창조 내지는 신용의 획득이라는 점에 그 바탕을 두었었다. 현대 외교관은 신뢰라고 하는 과거의 제도에 더 이상 의지할 수 없다는 사실을 알아야 할 것이다. 그는 그의 상대들이 사실을 주저 없이 왜곡시키려고 하며, 그들의 표리부동함이 폭로된다고 하더라도 조금도 부끄러워하지 않는다는 사실을 알아야 한다. 옛날에 사용되던 통화도 이미 없어졌고, 우리는 새로운 화폐를 사용하고 있다.

이러한 가치의 변화는 국제 관계에 대한 새로운 또는 '민주적' 개념에 의하여 조장되었다. 옛날의 외교 문제는 소수의 국제적인 엘리트들에게 맡겨졌다. 그들은 꼭 같은 배경을 가진 사람들이고, 꼭 같은 종류의 세계를 유지하고자 노력하는 사람들이었다. 오늘날의 대중은 외교 문제에 관심을 가져야 하며, 그리고 지금 일어나고 있는 논쟁들에 대해서 자세히 알아야 하며, 그들 나름대로의 결론을 가져야 하며, 언론이나 의회를 통해서 이러한 결론이 효과를 내도록 해야 한다.

그러나 동시에 오늘날의 문제들은 복잡하게 얽혀 있다. 그 문제라는 것이 무엇인가를 한 마디로 설명하기는 힘들지만, 간단히 한 마디로 말한다면 그것은 구주공동체(Common Market)와 같은 것이다. 따라서 일반인이 국제 문제에 대하여 자기 나름의 의견을 가져야 하면서도 국제 문제의 복잡성 때문에 그들의 판단을 뒷받침해 줄 정보를 제공해 준다는 것은 어려운 일이다.

'공개 외교'와 '비밀 외교'를 서로 비교하다 보면 문제는 더욱 어려워진다. 이것은 '외교'를 대외 정책과 협상의 두 개념으로 보는 잘못에 그 원인이 있다. 국민에게 사전에 알려주지 않은 조약이나 흥정에 대하여 정부가 반드시 국민에게 언질을 줄 수 없다는 정신 때문에 외교 정책이 비밀에 부쳐져서는 안 된다. 그러나 협상은 반드시 비밀에 부쳐져야 한다. 오늘날 협상이 언론 기관에 누설됨으로써 방해를 받거나 좌절되는 예는 허다하다. 신뢰의 파괴는 항상 신문에서 비롯된다.

더욱 심각한 민주주의적 신화는 평등주의의 신화이다. 아무리 힘이 없고 자원이 제한된 나라라 할지라도 그 나라들이 다른 모든 나라와 '동등하게' 취급되어져야 한다. 약소국가의 결정을 지지하는 강대국의 힘 때문이 아니라, 약소국의 목소리에 따라서 중요한 결정이 이루어진다.

더구나 소련은 이미 독립되어 있던 몇몇 나라들의 자유를 파괴하면서도 자신이 '식민주의'에 대항하여 싸우는 약소국들의 수호자라는 신화를 창조하려고 책동했다. 실질적인 진리보다는 이상을 더 좋아하는 그들의 처사에서 볼 수 있듯이, 그들은 공산주의가 장차 전세계적인 종교가 될 수밖에 없으며, 공산주의의 기치 아래에서 그들은 지난날의 열등국에서 세계의 지배자로 등장할 것이라는 사실을 신생 해방 국가들에게 설득하려고 책동하고 있다. 따라서 적어도 오늘날의 공산주의는 민족주의와 동일시되고 있으며, 민족주의는 야심과 동일시되고 있다.

변화의 바람이 아시아와 아프리카를 태풍처럼 스쳐가고 있다. 과거와 관련된 모든 것은 간악한 것으로 간주되고 미래를 지향하는 것들은 모두가 우아하고 영광스럽게 윤색되고 있다. 서양은 과거와 연관이 있고 동양은 미래와 관계가 있다. 따라서 서양은 모두 패배한 전쟁에서 싸우고 있다고 말할 수 있고 또 그렇게 말했다. 이것은 불합리한 논리이다. 만일 우리가 이러한 엄청난 실수들 즉 수에즈(Suez)[1]나 쿠바

---

1) 1959년에 이집트가 수에즈운하의 국유화를 선언했을 때 영국을 비롯한 서방 국가들이 이집트를 공격함으로써 그들이 좌경(左傾)하게 된 것을 의미한다.

(Cuba)[2]에서의 실수 같은 것을 피할 수 있다면 우리는 향후 50년에 대한 방어 위치를 견지할 수 있을 것이다.

그러는 동안에 공산주의 인민 전선은 붕괴되기 시작했을 것이다. 마르크스주의자들의 사회관과 역사의 필연성에 따르면 대중은 영원히 하나의 교리를 신봉하도록 되어 있다. 그것은 인간 본성에 대한 그릇된 개념이다. 세상에는 항상 이단자가 있게 마련이고, 그들은 압제를 받으면 받을수록 더욱 열광하고 확신을 갖게 된다. 서양은 결국 동양의 이단자들에 의해서 구원될 것이다.

---

2) 미국이 쿠바에서 바티스타(Batista Zaldivar)의 독재를 비호함으로써 카스트로(Fidel Castro)의 등장을 가능케 했고, 결과적으로 미국의 후두부에 사회주의 국가를 출현시켰던 사실을 의미한다.

외교관이란 오로지 그가 주재하는 나라의 상황에만
전념해서는 안 된다. 그는 그러면서도 동시에
자기 나라의 상황과 여론을 알아야 한다.

　　최근에 나는 『추악(醜惡)한 미국인』(*The Ugly American*)[3]이라는 제목의
흥미 있는 책을 읽은 적이 있는데 그 책은 서구가 동남아시아에서 공산
주의자의 침투를 저지하지 못한 원인을 오늘날 워싱턴에서 유행하고
있는 낡은 유형의 외교에 돌리고 있다. 소련의 외교 정책은 대중의 지
혜를 얻는 데 온 힘을 기울이는 반면에 미국의 외교 당국은 주로 일부
지배층의 지혜를 얻는 데 그 관심을 집중하기 쉽다고 그는 말하고 있
다. 이러한 접근 방법의 차이의 한 징후로서 미국의 외교관들은 자신의
모국어 외에 다른 언어는 거의 할 줄 모르는 데 반해, 소련의 외교관들
은 주재국의 국어나 통용어에 정통한 자만이 선발되어 파견된다.

　　이것은 그럴 듯한 논쟁점이 된다. 신생 · 후진국의 행정부는 높은 교
육을 받은 관리들로 구성되어 있어서 동남아시아의 경우에는 영어나
프랑스어를 통상적으로 구사할 수 있다. 그들은 언어상의 재능에 자부
심이 강하기 때문에 외국의 외교관이 주재국의 언어로 말을 걸어온다
면 오히려 감정을 상할지도 모른다. 심지어 지난날 제정러시아 시대의

───────────────
3) 영국의 작가 그린(H. Graham Greene, 1904~1991)의 작품임. 그린은 옥스퍼드대학
　에서 수학했고, 한때 공산주의 사상에 공명하였으나, 1926년 가톨릭으로 개종하였
　다. 처음에는 시를 썼으나 신문사와 관계를 맺으면서부터 소설을 썼다.

외무대신인 이즈볼스키(A. Izvolsky)조차도 외국의 사신들이 러시아 말을 했다면 모욕을 느꼈을 것이다.

심지어는 오늘날 사이공의 외상도 사절단이 프랑스어로 말하기를 기대하고 있는지 모른다. 물론 이론상으로는 오슬로(Oslo) 주재 미국 대사가 노르웨이 말을 할 수 없고 노르웨이 신문을 읽을 수 없다는 것은 불합리한 것처럼 보인다. 그러나 실제상으로는 그와 협상하는 사람들이 영어를 썩 잘하며, 또한 그에게는 번역을 하는 참모진이 매일 노르웨이 신문을 정확히 요약해 준다.

더구나 외교관이란 오로지 그가 주재하는 나라의 상황에만 전념해서도 안 된다. 그는 그러면서도 동시에 자기 나라의 상황과 여론을 알아야 한다. 예컨대 라오스와 같은 나라의 언어, 전통, 편견, 금기 등을 알자면 사실상 여러 해 동안 공부하고 또 그곳에 머물러야 한다. 그러한 방법으로 외교관은 라오스인의 취향에 관해서 상당히 많이 알게 될는지는 모르지만, 시간이 흐름에 따라서 자기 나라의 여론에서 멀어지게 된다. 그는 주재국에 '토착화' 되기 쉬우며, 그의 판단은 현지의 순수한 정취로 인해 뒤흔들릴 수도 있다.

소련은 어디에서 어떤 수단으로든 자본주의의 영향력을 소멸시켜 버리자는 그들의 일관된 정책에 의해 라오스의 모든 마을에 요원을 보내어 마을의 촌장을 설득할 수도 있고, 소비에트 교의의 박애주의를 설득할 수도 있다. '세포 조직' 에 의해서 그들은 소동을 일으키고, 폭동과 시위를 조장하고, 심지어는 정부를 전복할 수도 있다. 그러나 결국 그러한 방법은 그들을 불합리한 상황에 빠지게 만들 것이다. 그들은 자치 정부를 설교하는 동안에 자신이 수립해준 그 정부의 통제권을 상실하고 있다는 사실을 알게 될 것이다. 야심 있는 정치인은 학생들의 데모에 의해 정권을 잡게 되었음을 기뻐할지 모르지만, 그 정치인은 학생들의 시위가 다시 되풀이되지 않음을 알게 될 것이다.

비록 대사에 의해서 외교 정책이 지도·통제되어야 하고, 또 대사 자신이 주재국의 어려운 언어를 구사할 수 없다는 것이 그다지 중대한 것이 못 된다 할지라도 대사는 그 나라에 오랫동안 생활함으로써 현지의 전통과 특성을 몸에 익혔고, 영향력을 가진 유명 인사들의 뒷배경과 성격에 정통한 상주 참모진의 협조와 충고를 받아야 한다는 것이 필수적인 것이다. 기반이 튼튼한 대사관에는 그와 같은 노련한 참모진이 항상 있다.

지난날 영국 외무성에는 동북지중해지역영사과(Levant Consular Service)와 중국영사과(The Chinese Consular Service)가 있어서 대사들이 조언을 구할 수 있는 전문가들을 각 대사관에 보내 주었다. 그러한 전문가들은 정직한 애국자였다. 『추악한 미국인』의 필자가 암시하고 있는 바와 같이 그들이 너무 토착화되어 모두 첩자가 되었다고 상상할 필요는 없다.

한편 외국에 대해 모든 것을 익히기 위해서는 최소한 현지에서 생활한 경험이 필요하다. 그리고 만약 어떤 사람이 자신의 한 평생을 어느 특정한 사회에서 생활했다면 진상을 왜곡할 정도로 그 사회에 대한 애착과 편견을 갖지 않을 수 없다. 사람이 모든 주관적인 충동에 물들지 않을 만큼 상황에 객관적이라고 생각하기는 어렵다. 그와 같은 현지 전문가들에 대한 나의 체험에 의하면, 그들은 자신이 들은 것은 무엇이든 곧이들을 정도로 잘 속아 넘어 가거나 가장 정직한 진실성조차도 미심쩍어할 만큼 의심이 많다. 만일 대사가 전문가가 되어야 할 필요가 있다면 커다란 혼란이 야기될 것이 분명하다.

영국 외무성은 그와 같은 위험을 매우 심하게 예상하기 때문에 극동에서 상당히 오랫동안 근무하던 외교관을 라틴아메리카의 어딘가로 전보하는 것이 관례로 되어 있다. 그러나 그러한 변동은 당해 외교관을 분개시키며 국민에게도 놀라움을 야기한다. 사람들은 "인도네시아에서 오랫동안 살던 사람을 몬테비데오로 보내다니 얼마나 이상한 일인가! 외무성이란 대체 어떻게 생겨먹은 거야!" 라고 소리친다. 그러나 그것이 그렇게 이상하거나 불합리할 것이 없다.

외교관의 직무는 외국에서 자신의 정부를 대표하는 것이다. 만일 그가 너무 오랫동안 외국의 한 곳에만 상주한다면 그는 자기 나라의 여론과 멀어지게 될지도 모르며 그렇게 되면 재외 사절로서의 그의 의미는 감소될 것이다. 전문가의 지식은 판단을 위하여 필수적이다. 그러나 판단하고 결정하는 것이 아니라 충고하고 정보를 제공하는 것을 주업으로 하는 전문가에게 그러한 지식을 얻을 수가 있다.

3

서방 외교관은 아무리 노력해도
동방 외교관만큼 복잡하지는 못할 것이다.
거기에는 항상 서방인이 들어가길 꺼리는 거짓의 영역이 있다.

『추악한 미국인』에서 비판받고 또 실제로 조소당하고 있는 바와 같이 미국 외교의 두 번째 양상은 사교적인 것이다. 이 재미있는 책의 저자는 해외에 있는 미국인이 별로 민주적인 인물이 아니라는 것을 암시하고 있다.

외교에는 언제나 칵테일 바(cocktail side)와 같은 면이 있다는 것을 나는 인정한다. 구외교 시대에는 국제 문제가 일종의 계급적 특징을 가지고 있었으므로 사교적인 요소가 중요하다는 것은 사실이다. 예를 들면 제정 러시아나 비엔나에서는 사회의 상위 신분들이 내각이나 대신들에게 사실상 큰 영향을 미치고 있었기 때문에 대사나 그 참모들이 사회적으로 용납될 수 있는 인물이어야 한다는 것은 매우 중요한 일이었다. 예컨대 몇몇 직원들의 사회적인 품위가 부족했던 프랑스 대사관은 현지 사회와 접촉할 경우 성 페테르부르크나 비엔나와 같이 속물 근성이 있는 곳에서는 자신의 입장이 불리하다는 것을 알게 되었다.

이러한 사회의 지도자들은 그들 스스로를 유럽 귀족주의의 정수라 생각하고 있었기 때문에 출신이나 태도에서 부르주아라고 생각되는 사람들과 어울리려고 하지 않았다. 비록 그들은 어리석었다고 하지만 그래도 그들은 권력 주변에 영향력 있는 사람들이었기 때문에 그들이 위로와 위안을 받는다는 것은 매우 중요한 문제였다. 이러한 귀족 사회가 제거되었거나 아니면 정치적인 모든 영향력을 상실한 지금에 와서 그런 필요성은 더 이상 존재하지 않는다. 그렇다면 왜 대사관들에게 큰 집을 제공하고 접대비를 제공해야 하는가? 그들은 도대체 누구를 접대하려는 것인가?

이러한 질문은 피상적으로 나타난 것보다 더 절실한 문제이다. 전체주의 국가에서는 다른 나라의 대사관을 방문하는 사람들의 이름이 경찰에 보고된다. 상사가 잘 봐주는 데 따라서 야망이나 생활이 좌우되는 사람들은 외국의 대사관을 자주 드나듦으로써 상사들의 호감을 잃는 것을 원치 않는다. 그러므로 활동가들은 대사관의 연회에 참석하기를 꺼리며 혹시 참여할지라도 단체로 참여해서 서로를 감시할 수가 있다. 바꾸어 말해서 집권층에 있는 사람들의 호의를 얻어 보고자 하는 대사는 야당 인사를 너무 자주 만나는 것을 두려워한다.

예컨대 제정 러시아에서는 군중으로부터 불쾌감을 살 위험을 각오하지 않고서는 대사가 진보적 지도자들을 만찬에 초대할 수 없었다. 자유주의 국가에서는 이와 같은 위험이 생기지는 않는다. 정부 각료는 누가 프랑스, 러시아 혹은 독일 대사관에서 점심을 같이 하든, 저녁을 같이 하든 알지도 못하며 알려고도 하지 않는다. 그러나 전체주의 국가에서는 별로 중요하지도 않는 사람들만이 대사관의 파티에 참석하며, 그나마도 똑같이 늙은 잉어가 빙글빙글 돌면서 흐릿한 눈으로 서로 쳐다보는 식의 썩은 연못으로 타락하는 경향이 생길는지도 모른다.

그러나 이론상으로 보면 큰 나라는 큰 대사관을 가져야 하고, 그 대사관의 규모는 접대의 규모로써 평가될 수 있으며, 따라서 접대를 받는 사람들이 영향력이 있는 사람이든 없는 사람이든 간에, 지루하고 고리타분한 연회는 계속되어야 한다고 주장한다. 외교 연회는 자발적인 것이 아니기 때문에 따분하다는 것은 어쩔 수 없는 일이다. 대사는 조촐한 연회에 5~6명의 중요한 인사를 초대하는 것이 좋고, 초대받은 것을 많은 사람들이 자랑할 수 있도록 환영 잔치를 가끔 열어 많은 사람을 만족시켜 주는 것이 좋다고 나는 생각한다.

대사관의 하급 직원은 자기 자신을 대사관 손님들의 제한된 범주에 넣어야 할까, 아니면 밖으로 마구 놀아야만 하는가? 오슬로 대사관에 있는 젊은 친구가 노르웨이 사회에 융화되기 위해서는 그의 직업에 깊은 헌신과 입센(H. Ibsen)[4]의 작품에 대한 깊은 관심이 필요할는지도 모른다. 나는 애송이 외교관들이 대사관 안에서만 안주하면서 게으름을 피우지 말고 내외의 언론인과 폭넓게 사귀라고 권하는 바이다. 외교관이 유익한 충고나 논평을 얻을 수 있는 것은 바로 그들로부터이다.

히틀러(A. Hitler) 시대 이전에 베를린 주재 영국 대사관에서 근무하던 몇 년을 되돌아보면 나는 아들론 바(Adlon Bar)라고 하는 술집에서 기자들과 몇 시간씩 열심히 이야기를 주고받던 일을 고맙게 생각한다. 나는 그들과의 대화에서 다른 어떤 사교에서 배운 것보다 더 많은 것을 배웠다. 내가 만약 노동조합 지도자나 공장 노동자들과 장래 문제를 의논하는 데 그만한 시간을 소비했다면 나는 그릇된 인상을 받았을지도 모른다. 그 당시로서는 어느 누구도 그렇게 잘 조직된 노조 운동이 불과 며칠 만에 히틀러의 말 몇 마디로 쑥밭이 되어 버릴 수 있으리라고는 예상하지 못했다. 나치(Nazi) 운동이 전개되어오고 있다는 것을 나에게 처음으로 경고해준 것도 아들론 바의 기자들이었다. 외교가(外交街)는 남을 오도하는 일이 흔히 있다.

---

4) 입센(H. Ibsen, 1828-1906) : 노르웨이의 극작가로서 『인형의 집』(A Doll's House)의 저자이다.

그러므로 나는 대사와 고참 관리들이 주재국과 밀접한 관계를 가질 필요도 없고 그래서도 안 될 뿐만 아니라, 외교의 사회적·대표적 성격은 재검토되어야 하고 또 가능하다면 재평가될 필요가 있다는 사실에 동의한다. 그러나 협상의 기술은 책임과 신뢰심에 달려 있다는 옛날의 원리는, 아무리 적대자들이 일시적인 계략으로 이익을 볼 수도 있다고 할지라도, 불변하는 원칙임을 강조하는 바이다. 훌륭한 외교는 건전한 은행과 마찬가지로 신용에 그 기초를 두고 있다는 사실을 나는 누누이 강조한 바 있다. 당신의 반대파가 교활한 수단으로 한두 번 득점을 한다고 해도 당신은 경기 규칙에 따라야 한다.

　　동양 사람들의 정신 상태는 꿰뚫어 보거나 탐사할 수 없을 만큼 뒤틀린 미궁으로 되어 있다. 당신의 주장은 항상 맺고 끊음이 분명해야 한다. 당신은 아무리 노력해도 동양 사람들만큼 복잡한 양상을 짜낼 수는 없을 것이다. 거기에는 항상 서방인이 들어가기를 주저하는 거짓의 영역이 있다. 그 사람들을 상대한다는 것은 나보다 100배 정도의 밑천을 가지고 달려드는 노름꾼을 상대하는 것과 같을 것이다. 그러므로 서구인은 그가 가지고 있는 모든 역량을 동원하여 진리를 고수하라고 충고할 수밖에 없다. 어떤 경우에 그의 행동은 오해를 받을 수도 있을 것이다. 그러나 만약 그 행동이 명백한 진실에 기초를 두고 있다면, 아무리 배우지 못한 사람에게도 그 오해는 밝혀질 것이다.

4

선전은 과거의 어둡던 그림자를 강조하고,
공산주의의 미래를 보여줌으로써
우리의 적대자가 커다란 효과를 얻게 만들 수도 있다.

덧붙여 말하거니와 통신의 발달과 더불어 대사의 임무와 역할은 훨씬 줄어들었으며 오늘날 외교관은 전화선의 끝에 앉아 있는 서기의 신분으로 몰락하였다고 말하는 사람들이 있다. 우선 전화는 소식을 전달하거나 훈령을 보내는 위험하고도 작은 기계이다. 건전한 외교의 가장 중요한 자산의 하나는 정밀도이다. U-2기 사건[5]에서 나타난 바와 같이 전화는 부정확한 기계이며 오해를 일으키기 쉽다.

더욱이, 내가 나의 책에서 이미 언급한 바와 같이, 조금만 깊이 생각해 보면 외교관을 '전화 끝에 있는 서기'라고 비웃는 것은 부질없는 일이라는 점을 알게 될 것이다. 먼 곳에 주재하는 대사가 자신의 파면이나 소환, 또는 전쟁을 유발시키는 상황을 더 이상 초래할 수 없다는 것은 사실이다. 이것은 현대 외교의 커다란 소득이다. 런던이나 워싱턴에 있는 그의 장관이 전화로 통화하거나 만일 최악의 사태가 벌어질 경우에는 외상이 직접 비행기를 타고 그 대사에게 들이닥칠 수 있는

---

5) U-2기 사건 : 1960년 5월에 터키에 기지를 둔 미국의 고공정찰기 U-2기가 소련의 영내에서 격추된 사건. 이 사건으로 미·소 정상 회담이 결렬되었으며 조종사 파워즈(Francis G. Powers) 대령은 그 후 소련의 거물 간첩인 아벨(Abel)과 교환·석방되었다.

차제에 대사 행동의 독립성이 줄어들 수 있고 또 당연히 줄어진다는 것이 사실이다.

그러나 그 자리에 있는 사람이 문제의 열쇠를 쥐고 있을 뿐만 아니라 그의 충고 없이는 최고 상층부에서 아무런 행동도 취할 수 없다는 것은 엄연한 사실이며, 이는 변하지 않을 것이다. 외국의 수도에 있는 어떤 큰 사업이나 신문도 전화의 끝에 있는 서기보다 낮은 사람에 의해서 대표될 수는 없다. 주재국의 상태를 연구하고, 주재국의 감정적 영역을 측정하고, 주재국의 정치가와 안면을 넓힘으로써 외교관은 교섭하는 상대자에게 어느 정도까지 접근할 수 있고 어느 정도까지 신뢰할 수 있는가를 본국의 외상에게 보고할 만한 위치에 이르는 것이 재외 사절의 본분이다.

그러한 충고를 제공하면서 외교관은 전문가들이 그에게 제공한 정보, 주재국 정치가와의 개인적인 교재, 주재국의 신문에 대한 면밀한 연구, 그리고 외교계의 동료 및 주재 통신원과 교환된 의견과 정보에 의존하여 판단해야 한다. 오늘날의 대사들은 더 이상 주요한 인물로 고려되지 않는다 말을 나는 여러 번 들었다. 그와 유사한 내용이 주재국의 큰 회사나 언론에도 적용된다는 것을 나는 듣지 못한다. 그들의 입장은 마찬가지이다. 당신은 당신을 대표하여 서기를 외국에 보내지 않는다. 당신은 지혜롭고, 솔선하며, 성실한 점에서 신임할 만한 사람을 보낸다. 오늘날에 볼 수 있는 유일한 차이는 매우 신속하게 움직인다는 것이다. 깊이 생각할 시간이 없다.

오늘날 국제 교섭에서 나타나는 변화의 다른 요소는 선전을 무기로 사용한다는 점이다. 외교 문제가 특수한 연구 과제로 인정되었고, 그의 집행이 전문가에게 위임되었던 옛날에는 선전의 요소가 거의 고려되지도 않았다. 오늘날에는 선전이 커다란 영향력을 발휘하는 경우가 때때로 발생한다. 선전은 역효과를 내거나 반동을 유발하기 쉬운 것이기 때문에 위험한 무기이다. 선전은 과거의 어둡던 그림자를 강조하고, 공산주의의 찬란한 미래를 보여줌으로써 우리의 적대자가 커다란 효과를 얻을 수 있는 무기이다.

더욱이 선전에는 항상 과장된 비리의 요소가 들어 있다. 선전의 공격에 대하여 서구는 동구보다 훨씬 더 큰 어려움을 겪고 있다. 그러나 여기에서도 결국에는 진실이 이길 것이다. 선전에 대한 우리의 태도는 항상 방어 자세를 지녀야 한다. 우리는 우리의 적대자들에게 우리를 공격할 수 있는 선전 무기를 주지 않도록 하는 것으로 스스로를 만족해야 한다. 선전전에서 동구가 언제나 그리고 모두 이긴 것처럼 보인다는 것은 확실히 불행한 일이다.

일련의 조그만한 성공과 우연한 승리 때문에 공산주의는 마치 무적이요 필연적인 듯한 인상을 구축하고 있다. 이러한 인상은 그들이 나타내기를 원하고 우리가 피하기를 바라는 것이다. 그것은 어려운 일이기는 하지만 거짓말로 이룰 수 있는 것은 아니다. 공산주의자들은 공산주의의 명분에 도움만 된다면 '명예로운 거짓말'이나 '대중적인 비진실'이 '진실이 될 수 있다'고 확신하고 있다.

그러나 "여러분이 모든 사람을 항상 바보로 만들 수는 없다."는 링컨 (A. Lincoln)의 경구는 아직도 진리이다. 어떤 사람이 오랜 시간 동안 많은 사람을 우롱하고, 큰 손해를 입힐 수 있다는 것은 불행한 일이다. 선전 요소가 도입됨으로써 서양 외교의 과업이 매우 까다로워졌다는 점을 나는 인정한다. 무지한 대중이 착취당하고, 굴욕을 겪고, 억압 받는다는 것을 그들에게 확신시킨다는 것은 쉬운 일이다.

그리고 자유의 댓가를 그들에게 설명하기란 더욱 어렵다. 자신의 권리가 무시당했다는 것을 확신하고 있는 사람들은 기꺼이 창문에 돌을 던지거나 자동차를 뒤엎을 것이다. 그러나 개인의 자유를 누려야 한다는 교리가 그러한 열정의 행동을 불러일으키지는 않는다. 우리가 무산자에게 선전을 적용할 때는 불리한 입장에 놓이게 된다. 달러가 항상 넉넉한 것은 아니다. 그리고 우리의 교리가 특권 계급에 더욱 호소력을 갖는다는 사실은 어느 집단이 이용하거나 공언할 수는 없는 사실이다.

평등주의의 원리는 외교적인 힘의 균형을 바꾸어 놓았다. 나의 생애 중에도 세계의 문제는 8대 강국에 의해서 지배되었고 어떤 모순이 일어나면 그들의 힘은 압도적이었다. 예컨대 영국 정부는 베시카 만(Besika Bay)[6]에 순양함 3척을 파견함으로써 동양 문제의 모든 균형을 바꿀 수 있었다. 그러나 오늘날 강대국의 행동은 약소국의 연합된 투표권에 의해서 좌절될 수도 있다. 국제연합 안정보장이사회(UN Security Council)는 일종의 행동 내각을 의도한 것이었다. 그러나 그 결정은 소련의 거부권 때문에 부결되고 있었으며, 그 행사는 현재까지 95회나 된다.

따라서 국제연합의 결정권은 항상 총회로 옮겨지는데 이곳에서는 99개의 대표국이 다수결로써 어떠한 행동도 막을 수 있다. 이 대다수 국가가 항상 러시아의 노선을 지지하지 않는다고는 하지만, 낡은 식민주의의 기미가 있는 것에 대해서는 적어도 손을 잡고 적의를 보이고 있다. 그리하여 힘은 힘이 없는 자에게로 옮겨갔으며, 불확실한 상황이 벌어지고 있다. 불확실하고, 예언할 수 없는 것은 어떤 국제 상황에서도 위험한 요소가 된다. 외환 시장이 불안정할 때 은행업을 건전하게 경영한다는 것은 불가능한 일이다.

---

6) 베시카 만(Besika Bay) : 터키 서북방의 작은 만으로서 다다넬즈(Dardanelles)의 입구이다.

5

샌프란시스코에서 국제연합 헌장의 초안을 작성한
사람들도 '1국 1표주의'가 비합리적인 것이
되리라고는 아무도 예측하지 못했다.

'유럽의 협조'(Concert of Europe)의 구상과 같은 구시대의 세력 균형
의 이론은 제1차 세계 대전 이후 국제연맹(League of Nations)이나 국제연
합(UN)과 같은 국제기구로 바뀌었다. 15년 전에 샌프란시스코에서 국
제연합 헌장의 초안을 작성한 사람들도 '1국 1표주의'가 비합리적인
것이 되리라고는 예측하지 못했다. 오늘날 총회에서 99개의 주권국이
행사하는 투표권은 그들이 가질 수 있는 책임의 정도나 그들이 행사할
수 있는 권력의 양과는 관계없는 것이 되었다. 국제연합의 세력은 너
무도 다양하여 그 권능이 어떻게 행사될는지 예측할 수가 없다.

분쟁의 평화적 해결을 모색하면서 국제연합이 아무리 값진 것이라고
할지라도, 그 결의에 공법상의 절대성을 부여하기에는 그 권한이 미치
는 범위가 너무도 애매한 실정이다. 거부권의 행사는 집행부를 마비시
켰으며, 투표 제도는 총회를 마비시킬지도 모른다. 힘을 가지고 있고
또 그것을 행사할 수 있는 준비가 된 국가들이 이 세계의 중요한 문제
를 결정한다. 동의나 투표가 강제를 위한 것으로 바뀌었다는 사실은 국
제연합의 권위를 손상시키는 비현실성을 국제연합에게 안겨주었다.

'1국 1표'의 원칙은 법의 지배가 존재함을 전제로 하는 것이다. 그러

나 소수의 관습만이 존재할 뿐 국제법의 준수는 존재하지 않는다. 그러므로 투표에 의하여 평화가 보장된다는 생각은 허구이다. 만약 현실이 그렇지 않다면, 세계가 평화를 이룩하기 위하여 그와 같이 명백하게 현실주의를 결여한 조직에 의존하지 않을 수 없다는 것은 지극히 불행한 일이다. 내가 15년 전에 국제연합의 헌장 초안을 작성한 사람들을 비난하는 것은 결코 아니다. 그 헌장은 어느 모로 보나 정직하고 유능한 것이다. 그러나 현실과 비현실 사이에 생겨난 간극(間隙)은 심각한 위협이 되고 있다. 소련이나 미국에 의해 지탱될 수 있는 힘에 세계의 미래가 의존하는 현상을 수락하는 것이 바람직한 일일까?

나는 이러한 냉엄한 현실 이외에 아무 것도 권할 수 없다는 것이 두려울 뿐이다. 그러한 결론 속에 내포되어 있는 나의 비관은 국제 외교가 수행해야 할 역할이 없다고 내가 믿고 있다거나 모스크바나 워싱턴의 의도나 결정에 세계 인류가 전적으로 따르고 있다는 것을 의미하는 것은 아니다. 다만 전세계 국민, 특히 서방 세계의 국민은 과거 수에즈 운하 사건과 쿠바 사건 때와 같이 실제와 이론을 분리시키는 오류를 피해야 한다는 뜻이다. 국제 도의 따위는 존재하지 않는다. 국제 도의는 눈에 보일 만큼 경계선이 있는 것이 아니고 국경선이 그어져 있는 것도 아니다.

그러나 우리는 그것이 어디에 있는지를 알고 있다. 만약 그러한 경계선을 침범하는 국가가 있더라도 우리는 최소한 그 경계선을 존중해야 한다. "다른 사람은 그럴지라도 너마저 그래서는 안 된다."(Aliis si licet: tibi non licet) 다른 사람에게는 옳은 것이 우리에게는 옳지 않다. 바로 이 점이 우리의 지표가 되어야 하며, 이 지표를 따를 때 우리는 결국 승리할 수 있을 것이다.

참고문헌
찾아보기

참고문헌

· 趙義卨, 世界史大事典(서울: 민중서관, 1976)
· Barnhart, C. L. (ed.), *The New Century Cyclopedia of Names*(New York: Appleton-Century-Crofts, Inc., 1954)
· *Concise Dictionary of National Biography*(London: Oxford University Press, 1953)
· *Encyclopaedia Britanica: Macropaedia & Micropaedia*(Chicago: The University of Chicago Press, 1974)
· Habel, W. (ed.), *Wer ist Wer?* (Berlin: Berlin-Gruneward, 1963)
· Kunitz, S. J. & Haycraft, H. (ed.), *Twentieth Century Authors*(New York: The H. W. Wilson Co., 1952)
· Langer, William L.(ed), *An Encyclopaedia of World History*(Boston: Houghton Mifflin Co., 1940)
· *Webster's Biographical Dictionary*(Springfield: G. & C. Merriam Co., 1943)
· *Who Was Who : 1941-1950*(London: Adam & Charles Black, 1964)
· *The Biographical Dictionary*, http :/ / www.s9.com/ cgi-s9/ engine98.

찾아보기

신복룡 (申福龍)

충청북도 괴산 출신/ 건국대학교 정치외교학과 · 동대학원 수료(정치학 박사)/ 건국대학교 교수 (1979-07)/ 건국대학교 석좌교수(현)/ 총무처고등고시위원 역임/ 한국정치학회 이사 · 감사 역 임/ 한국정치외교사학회 회장(1999-2000)/ 미국 Georgetown대학교 객원교수 역임/ 건국대학 교 중앙도서관장 · 대학원장 역임/ 대한민국학술원상 심사위원(1990)/ 독립운동사전편찬위원회 편찬위원(1994-2007)/ 2001년도 한국정치학회 학술상 수상

저 서 :『동학사상과 한국민족주의』,『아침의 메아리』,『한말 개화사상 연구』,『전봉준평전』,『한 국정치사상사』,『한국의 정치사상가』,『한국분단사연구: 1943-1953』,『한국사 새로 보기』,『이 방인이 본 조선 다시 읽기』,『大同團實記』,『동학사상과 갑오농민혁명』

번역서 :『민족자결주의』(*National Self-Determination*),『군주론』(*The Prince*),『칼 마르크 스』(*Karl Marx*),『현대정치사상』(*Political Ideologies*),『모택동자전』(Red Star over China),『공산주의간부제도의 연구』(*A Comparative Analysis of the Communist Cadre System*),『미국의 대아세아정책』(*A U.S. Foreign Policy for Asia*),『묵시록의 4기사』(*Four Horsemen*),『한국분단보고서』,『한말외국인기록』(全23권),『정치권력론』(*Political Power*), 『갑신정변회고록』,『入唐求法巡禮行記』,『林董秘密回顧錄』

외교론 DIPLOMACY
SIR HAROLD NICOLSON

개정 1판 1쇄 발행일   1998년 3월 16일
개정 3판 1쇄 발행일   2009년 4월 20일
개정 3판 3쇄 발행일   2018년 9월 10일

지 은 이   해롤드 니콜슨 경
옮 긴 이   신복룡
만 든 이   이정옥
만 든 곳   평민사
　　　　　서울시 은평구 수색동 317-9 동일빌딩 202호
　　　　　전화: (02)375-8571(代) 팩스: (02)375-8573

평민사 모든 자료를 한눈에 －
http://blog.naver.com/pyung1976
이메일: pyung1976@naver.com

등록번호   제10-328호

 ISBN   978-89-7115-627-8   03340

 정 가   15,000원